Aider à prévenir le suicide chez les jeunes

La Collection du CHU Sainte-Justine
pour les parents

Aider à prévenir le suicide chez les jeunes

Nouvelle édition revue et augmentée

Michèle Lambin

Éditions du
CHU Sainte-Justine

Catalogage avant publication de Bibliothèque et Archives nationales du Québec et Bibliothèque et Archives Canada

Lambin, Michèle, 1957-

Aider à prévenir le suicide chez les jeunes

2e éd.

(La Collection du CHU Sainte-Justine pour les parents)

Comprend des réf. bibliogr.

ISBN 978-2-89619-196-3

1. Jeunesse - Comportement suicidaire. 2. Suicide - Prévention. 3. Jeunesse - Psychologie. 4. Parents et adolescents. I. Titre. II. Collection : Collection du CHU Sainte-Justine pour les parents.

HV6546.L33 2010 362.280835 C2010-940386-X

Illustration de la couverture : Denis Gagnon

Conception graphique : Nicole Tétreault

Diffusion-Distribution au Québec : Prologue inc.
en France : CEDIF (diffusion) – Daudin (distribution)
en Belgique et au Luxembourg : SDL Caravelle
en Suisse : Servidis S.A.

Éditions du CHU Sainte-Justine
3175, chemin de la Côte-Sainte-Catherine
Montréal (Québec) H3T 1C5
Téléphone : (514) 345-4671
Télécopieur : (514) 345-4631
www.editions-chu-sainte-justine.org

ISBN 978-2-89619-196-3 (imprimé)
ISBN 978-2-89619-204-5 (pdf)

Dépôt légal : Bibliothèque et Archives nationales du Québec, 2010
Bibliothèque et Archives Canada, 2010

Membre de l'Association nationale des éditeurs de livres

ASSOCIATION NATIONALE DES ÉDITEURS DE LIVRES

Aux parents de Thomas, Doris et Pierre,
qui ont tant fait pour la reconnaissance de la dépression
chez les jeunes et pour favoriser une approche concertée
entre les différents intervenants

Que votre vie soit sereine !

À Marc-André, Sophie, Benoît, Amélie,
Éric, Corinne, Stéphanie, Karine, Mélanie, Jules,
Véronique, Frédéric, Julie, Émilie, Maude, Nicolas,
Catherine, Ariane, Andréanne, Philippe, Mylène, Hugo,
Isabelle, Louis, Maryse, Marie-Ève et Simon,
ainsi qu'à François, Audrée, Marie-Audrey,
Sébastien, Cloé et Daphné, Sabrina, Pascale et Jessica,
Marie-Lyne, Gabriel, Geneviève et Vincent,
Marie-France, Francis, Jacob, Landyane, Guillaume,
Sacha, Sandra, Laïla, Chloé, Maude et Pascal.

Que votre vie soit belle !

Remerciements

Cet ouvrage est dédié aux jeunes et à leur famille qui m'ont tellement appris en me permettant d'être avec eux dans des moments de grande souffrance et de participer à leur renaissance. Merci de votre confiance à mon égard. Elle n'a d'égale que ma propre confiance en vous.

Merci à Denis, le grand amour de ma vie, et à nos cinq enfants, Jonathan, Francis, Laurence, Marie et Sandrine. Pour votre compréhension face à ces centaines d'heures d'absence, pour votre complicité dans mon projet d'écriture, pour tout ce bonheur que je vis chaque jour avec vous… Merci d'être ce que vous êtes et de rendre ma vie si belle. Je vous aime tellement !

Merci du fond du cœur au docteur Charles Bedwani, pédopsychiatre, pour son engagement et sa disponibilité dans l'élaboration et la révision du manuscrit ; c'est à lui que je dois, entre autres, la crédibilité des chapitres portant sur la santé mentale. Soyez assuré, Charles, de ma profonde gratitude. Vous avez partagé votre sagesse et votre savoir, bien simplement, avec l'humilité qui sied aux plus grands.

Les mots me semblent bien limités pour exprimer ma profonde reconnaissance envers Luc Bégin, pour son soutien indéfectible à mon égard, sa très grande souplesse, son professionnalisme, son immense générosité et pour tout le temps qu'il m'a consacré. Merci, Luc, de m'avoir aidée à croire jusqu'au bout que je pouvais écrire cet ouvrage.

Que dire de Pauline Gendron qui a accepté, dans des délais très courts, de transcrire plus d'une fois le manuscrit. Merci, Pauline de m'avoir soulagée des affres de l'ordinateur et ce, avec ta bonne humeur légendaire, le sourire aux lèvres.

Merci à mon ami Michel Delagrave, travailleur social et auteur de *Ados : mode d'emploi*, qui m'a permis de vous présenter sa façon de concevoir l'adolescent sain. Michel, je te le dis contamment, ton livre est celui que j'aurais aimé avoir écrit sur l'adolescence. Longue vie à notre amitié !

Je ne voudrais pas passer sous silence la collaboration inestimable de Marie-Christine Saint-Jacques, chercheure émérite à l'École de service social de l'Université Laval. Merci, ma grande amie, de m'avoir si généreusement aidée à la mise à jour des connaissances sur le suicide.

Enfin, je ne saurais terminer sans dire à chacun d'entre vous, membres de ma famille, amis, collègues de travail, collaborateurs, et à vous qui êtes venus me consulter et qui m'avez fait partager votre vie, à quel point il a été important pour moi que vous soyez là. Chacun de vous porte en lui une partie de l'espoir que je désire transmettre aux familles et aux jeunes aux prises avec des idées suicidaires. C'est grâce à vous tous que d'autres jeunes et leur famille pourront à leur tour croire qu'il est possible d'aider à prévenir le suicide.

Table des matières

PRÉFACE

Le suicide chez les jeunes est devenu un problème majeur de santé mentale dans tous les pays industrialisés.

De quoi souffrent tant ces jeunes pour vouloir mettre un terme à leur courte existence ?

La réponse est souvent complexe et doit, en tout temps, éviter les réductionnismes ou les généralisations. Assimiler le suicide des jeunes exclusivement à la maladie mentale et aux dérèglements de leur matière grise risque d'occulter le rôle et la responsabilité des familles et de la société envers le bien-être et le bon développement des enfants. À l'autre extrême, vouloir expliquer le phénomène du suicide uniquement par l'effondrement de valeurs sociales et familiales, sans tenir compte des fragilités psychologiques et biologiques propres à l'individu, c'est risquer de priver des jeunes suicidaires du traitement approprié à leur condition.

C'est dans ce souci constant de rigueur face à la complexité du phénomène que Michèle Lambin tente, tout au long de son ouvrage, d'éclairer le lecteur sans le faire sombrer dans l'illusion d'un problème simple.

Clinicienne au long cours, Michèle Lambin s'adresse à tous ceux et celles qui sont concernés par les jeunes suicidaires et, en premier lieu, aux parents, en leur rapportant des témoignages vécus, corroborant ou complétant son texte. Ainsi faisant, elle permet au lecteur préoccupé par la suicidalité d'un jeune d'intervenir de la bonne façon, en évitant les pièges de l'émotivité et du déni. Très consciente que les enfants et les adolescents présentant des problèmes de santé mentale (notamment des troubles de l'humeur) et les jeunes aux prises avec des troubles liés à la consommation d'alcool et de drogues ou des troubles de comportement sont à haut risque suicidaire, Michèle Lambin tentera de familiariser le lecteur avec ces entités cliniques en se référant aux recherches les plus récentes dans ces domaines.

J'ai eu le double privilège de suivre le cheminement de l'auteure tout au long de l'élaboration de cet ouvrage et de le lire une fois complété. Je pense que Michèle Lambin a vraiment réussi à conjuguer son expérience clinique et ses talents de communicatrice pour livrer une œuvre fidèle au consensus clinique actuel sur la question du suicide chez les jeunes, et ce faisant contribuera, je n'en doute pas, à empêcher un certain nombre d'entre eux de s'engager dans l'irrémédiable impasse.

Nagy Charles Bedwani
M.D., pédopsychiatre

PRÉFACE À QUATRE MAINS

Je connais Michèle Lambin depuis plusieurs années et j'admire sincèrement tout ce qu'elle a réalisé comme clinicienne et auteur de son livre sur le suicide, forte de sa longue expérience d'intervenante.

Je sais maintenant que j'ai été un bipolaire depuis l'âge de 18 ans, non diagnostiqué jusqu'à ce que j'atteigne la quarantaine, alors que les pensées suicidaires se sont mises à m'envahir de façon permanente, surtout quand j'étais en phase dépressive.

Lors de ma dernière année de maladie, ces pensées devinrent de plus en plus fortes et je ne pensais qu'à me suicider. Évidemment je ne consultais personne, ni les médecins, ni les psychologues que je ne rencontrais plus, tellement j'étais déçu par leur incapacité à diagnostiquer mon problème.

Un jour, alors que je voulais passer à l'acte, ma femme qui me surveillait étroitement m'a surpris et, dès le lendemain matin, je me suis retrouvé à l'Hôtel-Dieu de Montréal, face, pour la première fois de ma vie, à un psychiatre qui m'a dit « Venez avec moi, on va s'occuper de vous »

J'ai passé 42 jours dans cet hôpital où j'ai reçu un diagnostic de maladie bipolaire, passé toutes sortes de tests avant de prendre du lithium et de l'épival, ce qui a changé ma vie.

Depuis 1985, j'ai connu 25 ans de bonheur et de plaisirs. J'ai fondé une nouvelle famille. Et mes affaires sont redevenues florissantes. Je n'ai jamais retrouvé ces hauts et ces bas de la maladie bipolaire, ni les pensées suicidaires qui m'ont hanté pendant toutes ces années.

Ma jeune fille, née en 1990, a eu des pensées suicidaires quand elle a eu 14 ans, mais fort de mon expérience je l'ai tout de suite dirigé vers un psychiatre de Saint-Hyacinthe qui l'a diagnostiquée bipolaire et qui lui a donné les médicaments qu'il fallait.

Il est donc très important d'être sensibilisé à la santé mentale des jeunes pour qu'ils puissent continuer d'être bien vivants et qu'ils ne se laissent pas mourir comme plusieurs de mes cousins et cousines qui se sont suicidés avant même d'avoir 20 ans.

Guy Latraverse

Président-fondateur de Revivre,
organisme de soutien aux personnes
souffrant de troubles anxieux,
dépressifs et bipolaires

Peut-on parler de la vie tout en parlant de suicide? Oui. Un livre visant la prévention du suicide doit aussi faire la promotion de la vie, celle où la santé mentale prévaut. Dans cet ouvrage, Michèle Lambin réussit admirablement bien cet exploit. Tout au long du livre, elle relève le défi d'aborder sans préjugé ni barrière la problématique du suicide, tout en mettant l'accent sur la vie et ses bienfaits lorsque les outils pour être en bonne santé mentale sont mis de l'avant. C'est à la fois grâce à sa grande expérience clinique et à son empathie à l'égard des jeunes et de leurs parents qu'elle a pu réussir ce tour de force.

En marge de ce livre, je ne peux passer sous silence l'implication exemplaire de Michèle Lambin comme conférencière bénévole à Revivre, une association qui vient en aide aux personnes souffrant de troubles anxieux, dépressifs ou bipolaires ainsi qu'à leurs proches. Il ne faut pas oublier qu'elle a fait partie, vers la fin des années 90, de l'équipe de professionnels de la santé qui ont collaboré à la mise sur pied du volet jeunesse de Revivre, destiné à soutenir les jeunes atteints de troubles affectifs ou anxieux et leurs parents. Son expertise a grandement contribué au succès des services jeunesse de notre association, et je lui en suis extrêmement reconnaissant. Depuis de nombreuses années, elle brise les tabous entourant les maladies mentales en présentant des outils qui permettent aux personnes touchées par ces troubles de mieux vivre au quotidien en visant une santé mentale optimale. Ce présent ouvrage ne fait que confirmer que Michèle Lambin n'a rien perdu de son enthousiasme lorsqu'il s'agit des jeunes et des parents !

Je souhaite aux lecteurs de parcourir le livre en y saisissant l'occasion de s'interroger sur la place qu'occupent leur santé mentale et celle de leurs proches dans la vie quotidienne. Le but de cet ouvrage est très clair : réaliser l'importance de notre équilibre mental — autant chez les parents que chez les jeunes — dans notre quotidien. C'est la prémisse pour se préparer aux soubresauts occasionnés par les aléas de la vie. Comme personne n'est à l'abri d'un problème de santé physique ou psychique à un moment donné de sa vie et que les pensées suicidaires peuvent malheureusement s'y incruster, le fait d'avoir les outils nécessaires pour s'en sortir permettra de retrouver sa santé.

Le livre de Michèle Lambin, je peux vous l'affirmer, contribuera à sauver des vies.

Jean-Rémy Provost
Directeur général, Revivre

Avant-propos

Me voici rendue à plus de trente années de pratique au cours desquelles j'ai essayé d'aider des jeunes et leur famille à traverser des moments difficiles de leur vie. Mon plus grand désir ? Les amener à croire de toutes leurs forces qu'ils peuvent y arriver. La rédaction et la publication de *Aider à prévenir le suicide chez les jeunes* étaient une façon de leur rendre hommage et de nous permettre de rejoindre d'autres familles qui pourraient traverser les mêmes épreuves.

Par ailleurs, nombreux ont été les intervenants qui m'ont fait savoir que le livre leur avait été très utile pour mieux saisir la problématique du suicide chez les jeunes, l'impact des différents problèmes de santé mentale sur le risque de suicide et les points de repère destinés à l'intervention clinique auprès des jeunes et de leur famille.

Permettez-moi ici de m'adresser directement aux parents ainsi que je le fais tout au long du livre.

Chers parents,

Vous avez été nombreux depuis 2004 à me livrer votre appréciation et vos témoignages à la suite de la lecture de *Aider à prévenir le suicide chez les jeunes*. Ce livre, ne l'oublions pas, a vu le jour grâce à vous, à votre vécu, à votre souffrance, à votre grande capacité de vous en sortir et à votre confiance à mon égard. Ces expériences partagées ont permis à d'autres parents et à d'autres jeunes de traverser cette période de grande noirceur où l'on perd de vue que la souffrance, bien que difficilement tolérable, est temporaire. En leur nom, je vous en remercie.

Nous avons rejoint un grand nombre de parents dont les réactions, à la suite de la lecture du livre, ont été nombreuses et extrêmement touchantes. Plusieurs se reconnaissaient dans les symptômes, les réactions ou les exemples de jeunes qui illustraient les différentes situations. La plupart m'ont dit avoir été rassurés par la lecture du livre, se sentant mieux outillés pour faire face aux difficultés et plus confiants dans leur capacité à détecter des signes de détresse chez leur jeune. Plus confiants aussi dans la façon d'aborder leur jeune pour lui en parler et l'accompagner au besoin vers des intervenants susceptibles de l'aider. Cela fait chaud au cœur de savoir que j'ai pu contribuer à vous aider. C'était et c'est toujours le but premier de ce livre.

Vous aussi, comme parents, avez enrichi mon expérience par vos commentaires et par les questions que cela a suscitées en vous. J'ai donc choisi d'ajouter à la fin du livre une section portant sur les questions qui me sont le plus fréquemment posées. Et c'est avec le souci que vous ayez accès à l'information la plus récente possible que, la version originale étant épuisée, je vous présente une nouvelle édition mise à jour et augmentée.

Ainsi, nous prendrons le temps de développer davantage certains aspects dont le portrait d'un adolescent sain, les changements qu'apporte la puberté sur les plans physique, psychologique, affectif, cognitif, social ainsi que la maturation biologique du cerveau.

Nous explorerons plus en profondeur l'école comme milieu de vie du jeune et ses enjeux relationnels. De plus, nous mettrons à jour nos connaissances sur les problèmes de santé mentale que peuvent vivre nos jeunes de même que celles sur les conduites suicidaires. Nous constaterons avec bonheur que depuis 2006, le taux de suicide chez les jeunes est enfin en diminution même s'il reste toujours aussi vrai que chaque suicide est un suicide de trop.

Quant au mot de la fin, il a été confié à Danielle, maman d'un jeune, Marc-André, qui a été dangereusement suicidaire au cours d'une période sombre de sa vie. Cette maman a soutenu son enfant de toutes ses forces, l'a entouré de son amour, a sonné l'alarme, l'a accompagné dans ses démarches d'aide. Non seulement cette période de grande souffrance et d'extrêmes inquiétudes est-elle derrière eux, mais la vie poursuit sa route avec l'arrivée toute récente de la fille de Marc-André.

Alors c'est du fond du cœur que je nous souhaite ardemment que, pour nos jeunes, la vie soit plus forte que tout et l'espoir, inépuisable.

Michèle Lambin

INTRODUCTION

Depuis de très nombreuses années, je tente d'aider des jeunes et leurs parents à traverser des moments difficiles de leur vie. Je suis toujours frappée par la grande capacité, des uns comme des autres, à utiliser la crise comme un tremplin vers le changement. Ils en sortent grandis, redéfinissant leurs priorités, découvrant leur propre valeur et leurs compétences, apprenant à vivre avec leurs limites.

Bien souvent, je m'aperçois aussi que ces personnes ont surtout besoin d'être rassurées. Elles possèdent les ressources nécessaires pour surmonter la crise, mais souvent elles l'oublient ou ne le reconnaissent pas, étant trop préoccupées par la situation.

Comment une situation peut-elle nous inquiéter au point que l'on doute de soi et de ses capacités à agir ? Selon moi, trois facteurs importants entrent en jeu ici. Le premier est le fait de ne pas bien connaître ou comprendre le problème sous-jacent à la situation. En étant insuffisamment informés, nous ne pouvons pas reconnaître les indices symptomatiques, ni évaluer la situation ou nous orienter convenablement. Il devient alors difficile d'accomplir l'action qui permettra de résoudre le problème. Sans information pertinente, on procède à l'aveuglette, en tâtonnant, ce qui nous rend anxieux et risque de nous faire passer à côté des solutions.

Le deuxième facteur, et celui qui m'apparaît le plus répandu de nos jours, est la crainte de se tromper. Plus que l'orgueil, c'est la peur de se décevoir soi-même qui est généralement en cause ici. On veut tellement faire la *bonne* chose, sinon la meilleure, et éviter de faire des erreurs !

Pourquoi ne se donne-t-on pas le droit à l'erreur ? Et sans se blâmer pour ce qu'on n'a pas fait ? On exige de soi la perfection même si, rationnellement, on sait qu'elle est impossible à atteindre.

Or, ces exigences élevées que l'on s'impose soi-même, nous les imposons aussi à ceux qui nous entourent. Avec d'autant plus de facilité que l'on vit dans un monde axé sur la performance. Les parents sont souvent surpris d'apprendre que leurs enfants sont perfectionnistes. Pourtant, il est fréquent qu'un enfant soit perfectionniste lorsque ses parents le sont ou que l'un des deux l'est. Ce perfectionnisme ne se manifeste pas toujours dans les domaines que les parents jugent importants (ranger sa chambre par exemple) mais dans *ceux que l'adolescent juge fondamentaux pour lui.* En ce domaine, l'âge n'est pas en cause : les enfants exigent souvent beaucoup plus d'eux-mêmes que leurs parents ne le font.

Enfin, une situation nous trouble au point de nous faire perdre nos moyens lorsqu'elle touche des fibres sensibles de notre être, qu'elle éveille en nous de vieux fantômes ou qu'elle concerne quelqu'un que nous aimons profondément. En ce sens, y a-t-il quelque chose qui interpelle davantage un parent que la peur de perdre son enfant ? Y a-t-il quelque chose de plus douloureux pour un parent que de sentir la souffrance de son enfant ? Comment alors ne pas être envahi par la douleur ? Comment ne pas avoir peur de se tromper ? L'enjeu est si grand…

Les parents que je rencontre sont si désemparés, se sentent si impuissants et coupables face à l'état suicidaire de leur enfant qu'ils ignorent comment intervenir. C'est pourquoi j'ai décidé d'écrire ce livre à l'intention des parents et de leurs proches afin qu'ils comprennent ce qui se passe et qu'ils agissent efficacement. Pour qu'ils sachent aussi qu'ils peuvent aider leur enfant à surmonter sa détresse.

La prévention du suicide nous concerne tous. Chacun peut y apporter sa propre contribution. Si les parents ne peuvent pas être les thérapeutes de leur enfant, personne ne peut par contre se substituer à eux et créer un lien d'attachement aussi fort que celui qu'ils ont avec leur enfant.

Bien qu'aujourd'hui on connaisse mieux la problématique, le nombre de suicides reste malheureusement beaucoup trop élevé. Depuis une quinzaine d'années, nos connaissances dans ce domaine s'approfondissent, et un rapprochement s'est opéré entre les tenants de l'approche psychosociale et ceux de l'approche médicale. On parle désormais de l'approche biopsychosociale qui tient compte : 1° de la possibilité d'un trouble de santé mentale (la dépression, l'abus de drogues et d'alcool, etc.) ; 2° des traits de personnalité (l'impulsivité, le perfectionnisme, etc.) ; 3° d'une vulnérabilité génétique ou familiale (la présence d'une dépression ou d'un autre trouble de santé mentale dans la famille, de difficultés inhérentes au milieu familial, de problèmes majeurs au plan de la communication, de l'encadrement, du soutien émotif, etc.) ; 4° des circonstances aggravantes (la souffrance ressentie à la suite d'une rupture amoureuse, d'un rejet par les pairs, d'un échec scolaire, etc.). Les intervenants prônent aujourd'hui davantage une approche concertée entre les différents partenaires (professionnels de la santé, intervenants sociaux, milieu scolaire, organismes communautaires, famille et amis du jeune, etc.).

Il existe des traitements adaptés à chaque jeune et à chaque situation. On doit travailler en équipe et créer un réseau de soutien. Ensemble, on peut aider la personne, afin qu'elle sente qu'elle n'est pas seule, pour qu'elle sache que cet état suicidaire, bien que souffrant, est passager et que le soleil finit toujours par se lever.

La souffrance fait partie de la vie. Grande, elle attaque l'âme, et ce mal à l'âme, on a l'impression qu'il ne finira jamais ! Et pourtant, le soleil est toujours là, derrière les nuages. Il faut que les jeunes sachent qu'il brillera de nouveau pour eux.

Je souhaite de tout cœur que ce livre soit un guide pour ceux qui vivent dans l'obscurité et l'inquiétude, qu'il puisse leur communiquer la foi en la vie et leur ouvrir une porte sur l'espoir.

Note au lecteur

Cet ouvrage se veut un guide pour que chacun, parent, proche ou intervenant, puisse reconnaître les symptômes d'un état suicidaire chez un jeune, le soutenir durant la crise et l'aider à en ressortir grandi. Il est conçu de telle sorte qu'on peut l'utiliser selon ses besoins. Il n'est donc pas indispensable de lire les chapitres les uns à la suite des autres. Par exemple, si vous reconnaissez chez l'enfant des symptômes et des indices présentés dans un chapitre, vous désirerez sans doute lire immédiatement les conseils qui y sont donnés pour pouvoir l'aider rapidement. Je vous suggère quand même de prendre le temps de consulter aussi les autres chapitres, car ils vous permettront de mieux comprendre le problème, d'en connaître la portée et, conséquemment, d'établir vos propres points de repère.

Le livre ayant été conçu pour vous permettre de consulter les chapitres indépendamment les uns des autres, il était inévitable que certaines notions clés se retrouvent à différents endroits dans l'ouvrage. La décision de répéter ou de reprendre dans les différents chapitres les éléments qui m'apparaissent les plus importants a été prise dans le but que vous ayez toujours accès rapidement à l'information pertinente concernant la problématique du suicide chez les jeunes.

PREMIÈRE PARTIE

Ce que l'on sait sur le suicide et ses particularités

Chapitre 1

Principales croyances sur le suicide

Depuis une dizaine d'années, les connaissances des chercheurs et des cliniciens sur la problématique du suicide ont considérablement évolué. D'abord en intégrant deux façons de voir qui auparavant étaient incomplètes l'une sans l'autre. Il y avait d'un côté ceux qui croyaient en une explication psychosociale de ce problème, c'est-à-dire l'influence des expériences de vie et du milieu familial, celle de l'environnement global du jeune, soit ses amis et l'école, les conditions économiques et sociales ainsi que les traumatismes et les pertes qui font partie de l'histoire de la personne. De l'autre côté, il y avait les tenants de l'approche dite médicale où tout en tenant compte de l'histoire de vie, on mettait l'accent sur le développement biologique, psychique et affectif de la personne ; on recherchait la présence d'un problème de santé mentale et, si l'on tenait compte de la famille du jeune, c'était pour y chercher surtout des composantes génétiques en escamotant trop souvent les liens familiaux et leur impact dans la vie du jeune. Aujourd'hui, il y a un large consensus sur la pertinence de l'approche biopsychosociale qui tient compte véritablement de tous ces aspects, en sachant qu'ils sont aussi importants les uns que les autres.

L'avancement des connaissances a aussi permis de mieux identifier les éléments qui sont spécifiques aux jeunes et qui peuvent être différents de ceux que présentent les adultes. Par exemple, les états dépressifs chez les jeunes se manifestent bien souvent principalement par de l'irritabilité et des sautes d'humeur alors que chez l'adulte, on s'attend davantage à une certaine apathie ou tristesse. On a longtemps cru à tort que la dépression n'existait pas chez les jeunes parce qu'on n'en connaissait tout simplement pas les symptômes. Lorsqu'on était en présence d'un jeune qui ne fonctionnait plus du tout à l'école ou à la maison, on croyait qu'il s'agissait de la crise d'adolescence et on avait tendance à croire que cela était inévitable et faisait partie du développement normal. Aujourd'hui, nous savons que lorsqu'un jeune ne fonctionne plus, c'est un signe majeur qu'il y a un problème très important dont il faut s'occuper.

Vérifions d'abord l'état de nos connaissances actuelles sur le suicide. Quand un sujet nous fait peur ou est tabou, on a tendance à s'en tenir éloigné afin de s'en protéger, surtout lorsqu'il soulève en nous une grande souffrance. Par contre, le manque d'information, tout comme une mauvaise maîtrise de l'information, laissent place à la désinformation. Les mythes sont très résistants. Même confrontés à des faits, à des données objectives, à des statistiques crédibles, ils sont difficiles à déloger et peuvent se perpétuer. Aussi allons-nous d'abord prendre conscience de nos croyances personnelles à propos du suicide et chercher ensuite à développer nos propres connaissances sur le sujet.

Pour ce faire, je vous propose un petit test. Répondez par vrai ou faux. Attention à la formulation : les énoncés affirmatifs ne laissent aucune place à la nuance.

Mini-test sur les croyances concernant le suicide chez les jeunes

	Vrai	Faux
1. Le suicide est un phénomène récent qui découle de tous les bouleversements de la société actuelle.	❍	❍
2. Le suicide est l'une des principales causes de décès chez les jeunes.	❍	❍
3. Le suicide est une question de courage ou de lâcheté, selon nos convictions personnelles.	❍	❍
4. C'est seulement dans les familles à problèmes que les jeunes se suicident.	❍	❍
5. Une amélioration après une crise suicidaire signifie que le risque est passé.	❍	❍
6. Les jeunes qui parlent de suicide ou qui font des menaces de suicide ne veulent pas vraiment passer à l'acte.	❍	❍
7. Parler de suicide avec un jeune qui est déprimé peut lui donner des idées suicidaires.	❍	❍
8. Les jeunes suicidaires ont une personnalité faible.	❍	❍
9. L'état suicidaire est héréditaire et se transmet de génération en génération.	❍	❍
10. Quelqu'un qui a déjà été suicidaire le sera une grande partie de sa vie.	❍	❍
11. La dépression n'existe pas vraiment chez les jeunes.	❍	❍
12. Il n'y a pas de risques à vivre une dépression sans aller chercher d'aide.	❍	❍
13. Un jeune qui a tendance à la dépression a toujours l'air déprimé.	❍	❍
14. Ça prend un spécialiste pour soupçonner des symptômes de dépression chez un jeune.	❍	❍
15. Un jeune qui reçoit la confidence du désir de suicide d'un ami sous le sceau du secret se sent en conflit de loyauté.	❍	❍

Réponses au mini-test

1. **Le suicide est un phénomène récent qui découle de tous les bouleversements de la société actuelle.**

La réponse est : *Faux*.

Contrairement à la croyance populaire, le suicide n'est pas un phénomène nouveau. Georges Minois, historien des mentalités religieuses, s'est penché sur l'histoire du suicide dans la société occidentale[1].

Ses travaux font ressortir que le suicide remonte à aussi loin que l'Antiquité. À cette époque, Rome faisait de la « mort volontaire » une vertu. C'est au ve siècle que l'Église a décrété officiellement que le suicide était « le pire des crimes, car il est le refus du don divin par excellence, celui de la vie ». Déjà à ce moment, on identifie clairement la cause du suicide comme étant le désespoir, que l'on attribue toutefois à l'œuvre du Diable. Et, au Moyen Âge, « l'Église est venue frapper d'infamie le suicide, qui est désormais tabou »[2].

Malgré cette position rigide de l'Église, à l'époque du Siècle des Lumières, la tendance était au désespoir romantique et on recourait au suicide lorsqu'on vivait un amour impossible. Toutefois, les attitudes étaient très contradictoires non seulement d'un peuple à l'autre, mais aussi chez les membres d'un même peuple. Ainsi, chez les Grecs, le suicide était une honte lorsqu'on était pauvre et un acte d'héroïsme et de noblesse quand on était riche.

Les recherches de Georges Minois font ressortir que c'est au début du xxe siècle que les premières études scientifiques sur le suicide ont été réalisées. Celle du sociologue Durkheim en 1897, bien que contestée, était très documentée et demeure encore à ce jour l'une des plus remarquables sur le plan sociologique. Durkheim fait ressortir deux types distincts de causes de suicide : celle liée à la fragilité d'un individu

1 MINOIS, Georges. « Le suicide en Occident : de l'éloge à la condamnation ». *L'Histoire*. 1995 (189) : 22-44.

2 MINOIS, G. *Idem*.

et à sa difficulté à s'intégrer dans la société, et celle liée aux répercussions de très grands bouleversements sociaux. En 1905, Freud, psychiatre et neurologue, considérait le suicide comme un geste d'agressivité envers soi. Cette notion d'agressivité a été reprise en 1975 par Jean Baechler, qui y voyait des facteurs physiologiques et génétiques, et une difficulté à surmonter les épreuves de l'existence. La médecine considère que cette notion d'agressivité serait due en partie à la sécrétion de testostérone, une hormone mâle favorisant l'agressivité. Ce qui pourrait être un des éléments expliquant que, de tous les temps, les suicides sont davantage complétés par des hommes. De nos jours, chercheurs et cliniciens tendent de plus en plus vers un consensus où les aspects biologique, psychologique, familial et social doivent être pris en compte pour saisir le phénomène du suicide et aider les jeunes en détresse.

2. Le suicide est l'une des principales causes de décès chez les jeunes.

La réponse est : *Vrai.*

Le suicide est l'une des principales causes de décès chez les 15-29 ans. Les récentes données de l'Institut national de santé publique en 2007 font état qu'il s'agirait malheureusement toujours de la première cause de décès chez les 15-29 ans. On attribue au suicide le tiers des décès des jeunes de cette tranche d'âge[3]. Toutefois depuis 2004-2005, le taux de suicide chez les jeunes aurait enfin commencé à diminuer alors qu'il était jusque-là en hausse perpétuelle. Il aurait connu en 2006 son plus bas niveau depuis les 25 dernières années[4]. Fait important, le taux de suicide a beaucoup diminué chez les jeunes de 15 à 19 ans ; il est devenu pour ce groupe d'âge la seconde cause de décès après les accidents de la route.

3 Institut national de santé publique. *Surveillance des suicides au Québec.* Montréal : INSPQ, 2007.

4 SÉGUIN, M. *Le suicide, le comprendre pour le prévenir.* Montréal : Éd. au Carré, 2009 et M.-C. Saint-Jacques, notes de cours sur le suicide chez les jeunes, Université Laval, Québec, automne 2009.

Les campagnes de sensibilisation dans les écoles auprès des étudiants, du personnel et des parents, de même que celles en milieu de travail et dans les médias semblent porter fruit. Elles contribuent à démystifier des croyances erronées et à donner une juste information sur le suicide, la santé mentale des jeunes, le rôle des familles, etc. On ne peut qu'applaudir l'ensemble des efforts mis en place et souhaiter qu'ils se poursuivent : tournée québécoise de la Fondation québécoise des maladies mentales avec son programme *Solidaires pour la vie* qui a été présenté dans des milliers d'écoles depuis une douzaine d'années ; initiatives de certaines écoles avec engagement et concertation des différents organismes de quartier pour des journées ou une semaine à thème ; dans les écoles, protocoles de dépistage, de prévention ou d'intervention à la suite d'un suicide pour soutenir, aider, orienter et limiter l'effet d'entraînement que le suicide d'un jeune peut avoir sur d'autres jeunes ; diffusion de documentaires télévisuels et cinématographiques pour rejoindre un public plus vaste ; traitement plus respectueux et soigné de l'information dans les médias lorsqu'il y a suicide. De même, il est important de souligner les efforts, les mécanismes mis en place et les ressources déployées pour mieux former les intervenants et encourager des interventions concertées entre les différents organismes afin de mieux aider nos jeunes.

Il convient de demeurer vigilant et de poursuivre le travail entrepris. Malheureusement, trop de jeunes et de moins jeunes s'enlèvent la vie. À ce jour, le suicide serait encore la principale cause de décès chez les hommes de moins de 50 ans. Cette situation ne serait exclusive ni au Québec, ni au Canada. Partout dans le monde, depuis une vingtaine d'années, le nombre de suicides est élevé, particulièrement chez les hommes, alors que le nombre de décès liés à toutes les autres causes (accidents de la route, sida, cancer, maladies de l'appareil circulatoire et homicides) est en constante diminution[5].

5 Sirois, Alexandre. « Quatre suicides par jour au Québec ». *La Presse* 9 février 2001.

On considère que 75 % à 80 % des suicides complétés le sont par des personnes de sexe masculin alors que les filles procéderaient à environ sept fois plus de tentatives que les garçons. Jusqu'en 2004, les garçons en mouraient dans une proportion quatre fois plus élevée que les filles. Depuis 2005, cette proportion serait réduite de quatre à trois fois, le nombre de décès chez les garçons ayant diminué alors qu'il serait malheureusement resté le même chez les filles. Si les causes de suicide sont encore objet de controverse, un consensus se forme de plus en plus au sujet des facteurs de risque (c'est-à-dire les éléments dont la présence augmente la probabilité de suicide) : il en ressort la présence d'un problème de santé mentale dans près de 90 % des suicides complétés. Et la très grande majorité (45 %) des suicidés aurait souffert d'un trouble de l'humeur, diagnostiqué ou non, et surtout de dépression. Il est à noter que la dépression est présentée au chapitre 6, alors que l'ensemble des troubles de l'humeur l'est au chapitre 7.

Les autopsies psychologiques représenteraient actuellement l'une des méthodes les plus fiables pour étudier les facteurs de risque associés au suicide. Il s'agit de techniques d'évaluation validées qui consistent à examiner rétroactivement les écrits de la personne décédée (lettres ou autres documents laissés à des proches) et à recueillir les témoignages de ceux qui l'ont côtoyée afin de mieux cerner les circonstances qui ont entouré le décès. Les études par autopsies psychologiques mettent en évidence la présence d'un trouble de dépendance à l'alcool et aux drogues chez les adolescents (principalement les garçons) qui se sont suicidés. On soupçonne que cette consommation agit comme facteur précipitant du passage à l'acte. Ces études démontrent aussi que les filles souffrent deux fois plus de dépression que les garçons. Elles font aussi durant l'adolescence deux fois plus de tentatives de suicide qui nécessitent une hospitalisation[6].

6 Séguin, M. *op. cit.*

3. Le suicide est une question de courage ou de lâcheté, selon nos convictions personnelles.

La réponse est : ***Faux.***

Il s'agit ici de l'un des mythes les plus tenaces qui a cours dans la société actuelle. Un jugement porté à l'égard du suicide comme étant un geste de courage ou de lâcheté peut malheureusement amener un jeune suicidaire à en croire autant. Si quelqu'un qu'il admire vient de faire un tel geste, le jeune peut se dire : « Si au moins moi aussi j'avais le courage de le faire… » À l'opposé, le fait de décréter qu'un tel geste est lâche peut empêcher un jeune aux idées suicidaires d'en parler ouvertement et d'obtenir l'aide dont il a besoin pour s'en sortir.

Le suicide n'est pas plus un geste de courage que de lâcheté. C'est un acte de détresse, de souffrance, de désespoir et bien souvent un signe de maladie. Lorsqu'on parle de maladie, on entend un problème de santé mentale. Car à ce jour, aucune étude n'a démontré qu'il est fréquent qu'un jeune souffrant d'une maladie physique incurable mette fin à ses jours pour abréger ses souffrances. Au contraire, de nombreux témoignages vont dans le sens d'un désir de vivre plus fort que tout. Pour ces jeunes, la vie est d'une grande valeur et ils sont conscients de sa fragilité. L'espoir de s'en sortir et de gagner du temps sur la maladie les anime.

Dans le cas d'un jeune suicidaire, l'espoir de s'en sortir est absent. Il ne croit pas que les choses vont changer en lui, ni autour de lui. Il devient primordial de lui redonner cet espoir.

Il est important de savoir qu'un jeune suicidaire peut se sentir dans une impasse : la vie est devenue insupportable *à ce moment précis qu'il traverse* et le suicide lui apparaît comme la réponse à ses difficultés. Il n'y a ni héroïsme ni sensationnalisme dans ce geste. Il n'y a qu'un signe que le jeune a mal à l'âme.

4. C'est seulement dans les familles à problèmes que les jeunes se suicident.

La réponse est : *Faux.*

Ce n'est pas seulement dans les familles à problèmes que les jeunes se suicident. Loin de là ! Bien sûr, les familles où l'on trouve de graves problèmes (abus sexuels, violence physique, négligence grave, pauvreté et impasse sociale, conflits familiaux majeurs, placements répétitifs, ruptures successives, alcoolisme et toxicomanies empêchant la compétence parentale, etc.) représentent un risque considérable de suicide pour les jeunes qui en font partie. Les données les plus récentes démontrent qu'au Québec, la clientèle des centres jeunesse est à risque élevé de suicide : on parle de quatre à huit fois plus que la moyenne des jeunes en général.

Toutefois, on aurait tort de prétendre qu'un jeune issu d'une famille en dysfonctionnement finira inévitablement par se suicider. Des jeunes provenant de milieux familiaux très perturbés sont devenus des adultes épanouis et équilibrés. Cette capacité de l'être humain à s'en sortir malgré un milieu d'origine perturbé est très bien expliquée par le clinicien Boris Cyrulnik dans ses écrits, dont *Un merveilleux malheur, Les vilains petits canards* et, plus récemment, *Le murmure des fantômes.*

De la même façon, il serait tout aussi faux de ne chercher les causes du suicide d'un jeune que dans un hypothétique dysfonctionnement de sa famille. Ce préjugé fait des ravages dans les familles déjà très éprouvées par le suicide de leur enfant. Il est bouleversant de constater à quel point les parents eux-mêmes se questionnent perpétuellement à ce sujet, développent la conviction d'avoir été de mauvais parents, luttent contre la terreur d'avoir « incité » leur enfant au suicide ou de n'avoir rien fait pour l'en empêcher. « J'aurais donc dû... » Ils ont le sentiment d'avoir manqué leur coup, d'être passés à côté de quelque chose de fondamental, d'essentiel : donner à leur enfant le goût de vivre. Le désarroi, le sentiment d'échec, la culpabilité sont très forts et accompagnent une souffrance insoutenable. C'est comme si le jeune, en se suicidant, avait transmis sa souffrance à ses proches, mais avec une acuité, une intensité et une longévité accrues.

L'expérience clinique nous démontre très souvent que les frères et les sœurs de jeunes décédés par suicide parlent au contraire de leur famille comme d'une famille « normale », sous-entendant une famille saine, avec ses hauts et ses bas, ses forces et ses limites. Les membres n'ont pas tendance à camoufler quoi que ce soit ; ils mettent en cause le moindre accrochage, la moindre difficulté, à la fois incrédules et inquiets que la famille ait inconsciemment poussé le jeune à se suicider.

Nos propres observations lors des suivis de « postvention » (interventions à la suite d'un suicide) vont dans le même sens : cette remise en question se poursuit pour essayer de comprendre comment ce jeune qu'ils aimaient tant a pu en arriver à faire ce geste.

5. Une amélioration après une crise suicidaire signifie que le risque est passé.

La réponse est : ***Faux.***

Il est erroné de croire qu'une amélioration rapide de l'état du jeune après une crise suicidaire signifie que le risque de suicide est passé. Une remontée progressive est un indice plus fiable d'amélioration réelle.

En général, on rencontre deux types de réactions lors d'une crise suicidaire aiguë, d'autant plus s'il y a eu tentative de suicide : le jeune peut être en colère qu'on lui ait sauvé la vie. Il voulait mourir, mettre fin à sa souffrance, ce qui l'amène parfois à en vouloir aux gens qui l'ont sauvé. La seconde réaction, très fréquente, en est une de choc. Le jeune voit ses parents et ses amis bouleversés et cela fait surgir beaucoup d'émotion, de larmes et d'affection. Il peut aussi chercher à réparer son geste, à rassurer son entourage, et se montrer soulagé d'être encore vivant.

Par contre, la crise suicidaire démontre une souffrance psychologique telle qu'on ne peut espérer la soulager en un tournemain. Au contraire, lorsque la crise se produit, le jeune doit souvent procéder à une remise en question profonde de sa vie, de laquelle seulement découlera un nouvel équilibre.

Ce réaménagement intérieur de la perception que l'on a de soi, de ses valeurs et du sens que l'on donne à sa vie de même que le développement de nouvelles pratiques de résolution de problèmes ne peuvent se faire à toute vitesse. Si c'est le cas, on risque d'assister à une résolution temporaire de la crise, le jeune exprimant son soulagement d'être toujours en vie et une grande préoccupation à rassurer ceux qu'il aime, mais en même temps une négation de son mal de vivre et de la souffrance qui ont provoqué son geste.

6. Les jeunes qui parlent de suicide ou qui font des menaces de suicide ne veulent pas vraiment passer à l'acte.

La réponse est : *Faux.*

Cette croyance erronée est aussi très tenace et peut entraîner des conséquences irréparables. On doit toujours prendre au sérieux les allusions au suicide d'un jeune. La tendance à les minimiser est très risquée : il s'agit de la vie d'une personne ! C'est comme si on poussait le jeune à faire le geste pour le croire enfin. Cette tendance recouvre un autre mythe très répandu : si la personne suicidaire voulait vraiment mourir, elle n'en parlerait pas. Détrompez-vous ; si le jeune en parle, c'est qu'il a besoin d'aide. S'il essayait de vous manipuler, il s'y prendrait d'une bien mauvaise façon, démontrant de toute façon un problème grave sous-jacent. S'il en parle, il faut agir, car il lance un cri d'alarme : « Je ne vais pas bien ! »

Les plus récentes recherches démontrent que parmi les jeunes qui se sont suicidés, ils étaient aussi nombreux à avoir communiqué leur intention qu'à ne pas l'avoir fait[7]. Il semble que le fait d'en parler ne soit pas lié au sérieux de l'intention suicidaire, mais relève davantage du tempérament de la personne : le jeune qui a l'habitude de partager ce qu'il vit est plus susceptible qu'un autre de parler de son intention suicidaire. Il est donc essentiel de TOUJOURS prendre au sérieux les allusions au suicide d'un jeune.

7. Parler de suicide avec un jeune qui est déprimé peut lui donner des idées suicidaires.

La réponse est : ***Faux.***

Il est faux de croire que le fait de parler du suicide avec une personne déprimée va l'inciter à se tuer, tout comme il était faux de croire qu'en informant les jeunes sur les ITS (infections transmises sexuellement) et le sida, on les encourageait à avoir des relations sexuelles débridées.

Le jeune déprimé a probablement *déjà* des idées suicidaires. Il arrive à la plupart des gens, lorsqu'ils se sentent plus fragiles et qu'ils sont découragés de la vie, d'avoir momentanément des idées suicidaires. Avoir provisoirement des idées suicidaires ne tue pas. C'est lorsque les idées deviennent obsédantes, récurrentes et qu'elles se présentent comme une solution valable aux difficultés de la vie qu'elles sont dangereuses.

Il faut se rappeler que le jeune qui est déprimé peut se sentir extrêmement mal dans sa peau. Le fait d'exprimer verbalement son mal de vivre et de constater que l'on s'inquiète à son sujet peut lui offrir un soulagement. S'il peut en parler ouvertement, il comprend que son entourage est capable d'aborder la question et de l'entendre se confier sans le juger. Cela lui permet surtout d'atténuer son sentiment d'être dans une impasse.

7 CHAGNON, F., J. HOULE et G. RENAUD. *Que savons-nous des éléments pouvant influencer le processus suicidaire chez les jeunes?* Montréal, 2003. Projet d'intervention concertée sur le suicide chez les jeunes en difficulté. Rapport de recherche.

Permettre le dialogue sur le suicide, c'est s'ouvrir à la souffrance du jeune et en accepter l'existence. C'est l'aider à se débarrasser d'une partie de son mal, à préciser ce qu'il souhaite vraiment, à retrouver une partie de ses ressources et à reprendre espoir.

8. Les jeunes suicidaires ont une personnalité faible.

La réponse est : ***Faux.***

Le mythe voulant qu'une personne suicidaire ait une personnalité faible est très répandu, même chez les suicidaires qui sont convaincus que, s'ils étaient plus forts, ils ne seraient pas dans cet état. Or, on a vu souvent des leaders de groupe, des jeunes très engagés dans leur milieu, des chefs de file, des jeunes ayant une énergie colossale se suicider. Ces jeunes ont malheureusement tendance à pousser leurs forces jusqu'à l'extrême limite et à ne jamais demander d'aide, craignant à tort qu'on les aimera moins si on s'aperçoit de leur vulnérabilité. Lorsque ces jeunes tombent, ils tombent très bas et s'ils se suicident, leur entourage est complètement en déroute, sous le choc, personne n'ayant vu venir le coup.

Les répercussions se font sentir non seulement dans l'entourage immédiat du jeune, mais aussi chez d'autres jeunes qui voyaient en lui un modèle de force. Combien de fois ai-je entendu un jeune me confier, ébranlé, qu'il ne savait pas comment il pourrait surmonter sa propre souffrance en apprenant que celui qu'il admirait à l'école, ou ailleurs, et qu'il percevait comme étant tout ce que lui-même avait souhaité être, s'était suicidé. C'est comme si le message perçu était : « Ça ne sert à rien de se battre contre l'inéluctable. Si lui n'a pas pu s'en sortir, comment pourrais-je y arriver, alors que je vaux tellement moins… »

L'identification aux pairs est très importante à cette période de la vie. Les jeunes idéalisent d'autres jeunes, comme ils idéalisaient leurs parents lorsqu'ils étaient enfants. Ils ont aussi tendance à se déprécier, surtout s'ils sont perfectionnistes et ne se donnent pas le droit à l'erreur.

9. L'état suicidaire est héréditaire et se transmet de génération en génération.

La réponse est : ***Faux.***

La croyance que le suicide est héréditaire est très répandue, particulièrement chez les enfants d'un parent qui s'est enlevé la vie. Non seulement doivent-ils surmonter la perte et les difficultés qui s'y rattachent, mais ils redoutent que le suicide soit déterminé génétiquement et que, fatalement, ils finiront comme ce parent décédé.

Il n'existe pas de gène du suicide. Les multiples études faites à ce jour excluent cette possibilité, bien que les hypothèses soient nombreuses en ce sens. Le suicide est malheureusement trop souvent la réponse inadéquate à des problèmes affectifs, à des difficultés d'adaptation ou à des pathologies psychiatriques.

Une étude menée en 1994 par Hugues Grenier, travailleur social, sur les conduites suicidaires des familles ayant traversé le suicide d'un de leurs membres fait ressortir un aspect important à considérer par les intervenants dans leur travail : un jeune ayant connu un suicide dans sa famille est trois fois plus à risque de se suicider. La raison de cette incidence serait l'accumulation de tensions créées par l'absence de la personne décédée sans qu'aucune réponse d'adaptation adéquate n'ait pu être développée auparavant, la culpabilité engendrée par le décès et le manque de soutien.

Lorsqu'il s'agit du suicide du père ou de la mère, le facteur de risque serait augmenté jusqu'à neuf fois selon certaines recherches citées dans un rapport d'études sur le suicide au Canada[8]. La peur de finir, inévitablement, comme le parent est très répandue, particulièrement chez le jeune du même sexe, mais il ne s'agit aucunement d'un déterminant génétique. Le parent du même sexe est le premier modèle auquel le jeune s'identifie. Pour pouvoir grandir et suivre les pulsions qui le poussent à aller de l'avant, le jeune a besoin

8 GROUPE D'ÉTUDE NATIONAL SUR LE SUICIDE AU CANADA. *Le suicide au Canada.* Santé Canada, Ottawa : 1994.

de sentir que son parent est stable, solide et sécurisant et que le fait de le quitter ne signifie pas le détruire ou le perdre. Si le parent se suicide, le jeune peut perdre espoir, avoir l'impression qu'il n'arrivera jamais à réussir là où son parent a échoué. La culpabilité prend alors toute la place et le jeune peut être intimement convaincu, à tort, qu'il est responsable du suicide de son parent, comme s'il n'avait pas été un enfant assez bon et aimant pour lui donner le goût de vivre. Sans compter qu'il peut aussi douter de sa propre capacité à pouvoir vivre à son tour…

10. Quelqu'un qui a déjà été suicidaire le sera une grande partie de sa vie.

La réponse est : *Faux*.

La croyance que l'état suicidaire est permanent et irréversible s'appuie sur le mythe précédent. Or, il s'agit d'un état de crise, et qui dit crise dit processus. Ce qui implique *un début, un milieu* et *une fin*. Cette crise peut varier en intensité, en gravité et en durée d'un individu à l'autre. Lorsqu'on la vit, on a l'impression que jamais ça ne s'arrêtera et qu'on n'arrivera pas à s'en sortir[9]. Mais cette crise est temporaire et il ne faut pas croire qu'il n'y ait rien à faire quand quelqu'un pense au suicide.

Les statistiques actuelles révèlent qu'environ la moitié des jeunes qui posent un geste de suicide ne feront qu'une seule tentative[10]. On estime qu'il y a un décès pour 250 tentatives et pour 500 jeunes ayant des idées suicidaires. L'année qui suit la première tentative est cruciale : c'est souvent au cours de cette même année que se font les autres tentatives s'il y en a. Le risque de mortalité est alors plus élevé.

On constate toutefois, dans le cas des jeunes qui font des tentatives répétées, la présence de problèmes de santé mentale tels que des troubles de l'humeur et des troubles de conduite entraînant des difficultés avec la justice, ainsi

9 Chagnon, Houle, Renaud. *Op. cit*
10 *Ibid.*

qu'une consommation excessive de drogues ou d'alcool et des difficultés d'adaptation causées par une tendance à l'agressivité ou une difficulté d'intégration sociale. Lorsque les conduites suicidaires se poursuivent à l'âge adulte, on remarque une détresse chronique provoquée par un milieu familial instable, au sein duquel les jeunes auraient pu connaître un passé traumatique (abus sexuels, abus physiques, etc.). Chez les adultes suicidaires, l'étude des trajectoires de vie apporte un éclairage qui nous permet à rebours de mieux saisir ce qui entretient chez ces personnes l'état suicidaire. Chez les adolescents, les problèmes de santé mentale non traités, la consommation de substances (drogue ou alcool) et une personnalité impulsive demeurent les principaux indicateurs d'un haut risque suicidaire.

Il importe de se rappeler que la conduite suicidaire d'un jeune peut camoufler différents types de problèmes qu'on ne peut ignorer et qu'il faut chercher à comprendre.

11. La dépression n'existe pas vraiment chez les jeunes.

La réponse est : ***Faux.***

On reconnaît aujourd'hui l'existence de la dépression chez les jeunes. Les données les plus récentes confirment ce que l'on sait depuis une dizaine d'années. Selon la Fondation québécoise des maladies mentales (FQMM), on estime qu'entre 5 % et 10 % des adolescents souffrent d'une dépression majeure. Comme point de comparaison, cela représenterait de 50 à 100 jeunes dans une école de 1000 élèves ! C'est beaucoup !

Toutefois, environ 70 % des jeunes dépressifs ne savent pas ce qu'ils ont. L'adolescent peut en souffrir, se rendre compte que rien ne va, sans toutefois comprendre ce qui lui arrive. Bien souvent, l'entourage ne le sait pas plus, ne comprend pas ce qui se passe.

Le jeune peut consulter un professionnel, mais sans parler vraiment de ce qu'il ressent. Il invoque plus aisément une baisse d'énergie, la fatigue causée par le manque de sommeil, un horaire de vie instable. Mais se pourrait-il que la dépression amène le jeune à moins bien dormir ?

D'autres ne consultent pas, de peur de se faire dire qu'ils sont en train de devenir fous. Ils se taisent et camouflent leur malaise du mieux qu'ils le peuvent. En prétendant qu'ils vont bien, ils réussissent souvent à leurrer leur entourage, sinon à se leurrer eux-mêmes.

La dépression est une maladie qui se soigne. Mais encore faut-il savoir qu'elle existe et en reconnaître les symptômes. Sinon, on ne pourra pas la traiter.

12. Il n'y a pas de risques à vivre une dépression sans aller chercher d'aide.

La réponse est : ***Faux.***

On croit à tort qu'il n'est pas nécessaire d'aller chercher de l'aide lorsqu'on vit une dépression. Les conséquences d'une dépression non traitée sont souvent dramatiques : tentative d'automédication avec consommation de drogues ou d'alcool, marginalisation ou échec scolaire, modification de l'attitude face à ses amis et conflits marqués avec les parents, pour n'en nommer que quelques-unes. La souffrance causée par une dépression peut être si intolérable et le sentiment de ne jamais pouvoir s'en sortir si intense que plusieurs jeunes dépressifs envisagent le suicide comme moyen ultime d'échapper à la douleur.

En fait, on reconnaît maintenant l'incidence de la dépression dans le problème du suicide chez les jeunes. De nombreuses recherches ont démontré que la très grande majorité des jeunes qui se sont suicidés souffraient d'un problème de santé mentale. Cette proportion peut aller jusqu'à 90 %. De ce nombre, les jeunes dépressifs représentaient la moitié des cas. On considère que le risque de suicide est près de 15 fois plus élevé chez un jeune dépressif que dans la population des jeunes en général.

La seconde moitié des jeunes qui se suicident pourrait avoir souffert d'un autre type de problème de santé mentale que la dépression : trouble anxieux, trouble bipolaire, trouble de la conduite ou trouble de consommation excessive de drogues ou d'alcool. Il est fréquent qu'on trouve, chez un jeune vulnérable, la présence de plus d'un problème psychiatrique.

Toutefois, il est important de préciser que la très grande majorité des jeunes qui souffrent d'un problème de santé mentale ne se suicident pas, bien que le risque soit considérablement augmenté.

Comme on ne peut savoir à l'avance si un jeune tentera de se suicider ou non en raison d'un tel problème, il est essentiel de ne prendre aucun risque et de consulter un professionnel si le jeune souffre de dépression ou d'un autre trouble de santé mentale, afin qu'il puisse être évalué et aidé. Il pourra alors recevoir un traitement approprié à son état et à sa situation.

On ne peut laisser dans l'ignorance un jeune souffrant d'une dépression ou d'une autre forme de maladie sans l'informer de son état et de l'existence d'un traitement qui peut l'aider à surmonter sa maladie.

13. Un jeune qui a tendance à la dépression a toujours l'air déprimé.

La réponse est : ***Faux.***

La dépression se manifeste souvent chez un jeune d'une façon différente que chez un adulte et même d'un jeune à l'autre. La plupart des adultes dépressifs affichent un air déprimé, apathique et triste. Les enfants dépressifs sont plutôt agités et hyperactifs, ou ils présentent des troubles somatiques (maux physiques causés par des problèmes affectifs). Quant aux adolescents dépressifs, ils manifestent fréquemment des sautes d'humeur et de l'irritabilité, ainsi qu'un désintérêt subit pour des activités qui auparavant les passionnaient. Ils peuvent sembler fonctionner normalement, mais c'est au prix d'efforts surhumains qu'ils réussissent à sauver les apparences.

On a tendance à croire qu'un jeune dépressif ne fonctionne plus du tout et a tendance à s'isoler, mais ce n'est pas le cas. Contrairement à l'adulte, l'adolescent cherche souvent, de façon compulsive, la présence de ses amis pour ne pas rester seul.

D'où l'importance de prêter attention à toute rupture dans le fonctionnement du jeune. Ce pourrait être un symptôme d'une dépression.

14. Ça prend un spécialiste pour soupçonner des symptômes de dépression chez un jeune.

La réponse est : ***Faux.***

Il y a ici une nuance importante à faire : il est vrai que seul un spécialiste peut identifier la maladie dépressive chez un jeune et en préciser le diagnostic. Toutefois, l'entourage d'un jeune peut relever des indices et pressentir la dépression.

Les jeunes lancent différents signaux pour indiquer qu'ils souffrent. Il est à la portée de tous de reconnaître ces signaux physiques, affectifs, comportementaux ou verbaux. Les parents, les intervenants scolaires et les amis peuvent percevoir des signes de détresse psychologique et comprendre le problème s'ils ont l'information adéquate. Au Québec, la Fondation québécoise des maladies mentales a monté différents projets, dont la tournée *Solidaires pour la vie*, afin de permettre aux jeunes du secondaire et aux adultes qui les côtoient de mieux connaître la dépression, d'en reconnaître les principaux symptômes et de savoir comment agir devant celle-ci. Dans une proportion importante de milieux scolaires où la tournée a fait sa présentation, les parents ont demandé spontanément une soirée rencontre pour en connaître davantage sur le sujet.

Il y a eu malheureusement trop de jeunes qui sont décédés par suicide parce qu'on ignorait la possibilité d'une dépression. Prévenir le suicide passe par la promotion de la santé mentale et la connaissance des problèmes qui y sont liés.

15. Un jeune qui reçoit la confidence du désir de suicide d'un ami sous le sceau du secret se sent en conflit de loyauté.

La réponse est : ***Vrai.***

La loyauté entre amis est extrêmement importante, particulièrement chez les adolescents et les jeunes adultes. La confiance en l'autre, son acceptation quasi inconditionnelle, le respect de la parole donnée et des engagements mutuels en sont les plus grandes caractéristiques.

Cette intensité dans la relation peut amener le jeune à exprimer ce qui ne va pas. En plusieurs occasions, des jeunes mis au courant des intentions suicidaires d'un ami sont paralysés par le secret que celui-ci a exigé au nom de leur amitié.

Or, dans une telle situation, vouloir préserver la confidentialité au nom de l'amitié nous rend malheureusement et bien malgré nous « complices » du projet de suicide. À son tour, le confident peut se retrouver dans l'impasse vécue par le jeune suicidaire.

C'est rarement le hasard qui place un jeune sur la route de celui qui est en détresse. Il importe de savoir que le jeune suicidaire a choisi cet ami comme objet de confiance à un moment précis de sa vie.

Le jeune suicidaire a besoin d'être écouté, soutenu, accompagné. Même s'il n'en est pas conscient, il s'attend à ce que l'on fasse quelque chose pour l'aider. Sinon, ne rien faire équivaut à une confirmation qu'il n'y a rien à faire pour qu'il puisse s'en sortir.

En tant que parent, on doit dire à nos enfants que, s'ils reçoivent une telle confidence, ils doivent en parler. Non seulement pour pouvoir l'aider mais aussi pour ne pas être aspirés eux-mêmes par le sentiment d'impasse que vit le jeune suicidaire. On doit leur dire de ne pas hésiter à s'ouvrir à des adultes en qui ils ont confiance – leurs propres parents, un enseignant, un intervenant scolaire, les parents de l'ami en détresse, un professionnel du réseau de la santé – qui les soutiendront et les aideront à sauver leur ami. Il faut leur rappeler que, tant que l'ami est en vie, il est toujours possible de l'aider.

Chapitre 2

Les indices de comportements suicidaires chez les jeunes

Si mon jeune était suicidaire, pourrais-je m'en apercevoir?

Comment reconnaître qu'un jeune est aux prises avec des idées suicidaires ou savoir s'il est à risque de faire un geste suicidaire? Comment pourrais-je me rendre compte que mon enfant est suicidaire lorsqu'il ne va pas bien? Les parents vivent un cruel dilemme: dramatiser, en ce qui concerne leur ado, une situation difficile mais qui fait partie des écueils de la vie ou passer à côté de quelque chose d'intolérable en n'y accordant pas suffisamment d'attention. Ce dilemme est au cœur des préoccupations des parents qui ont un enfant qui ne va pas bien.

Dans ce chapitre, nous verrons d'abord à établir des points de repère pour mieux voir ce qu'est un ado sain. Cela nous permettra par la suite de mieux identifier les signaux qu'on retrouve chez un ado qui ne va pas bien et qui pourrait être suicidaire. Nous appelons ces signaux ou ces indices d'un état suicidaire *signes précurseurs*.

Ces signaux ne sont pas toujours décodés, la plupart du temps parce qu'on ignore leur signification, d'autres fois parce qu'ils suscitent en nous des émotions contradictoires. L'incrédulité peut nous amener à banaliser la situation: « Voyons, ça ne se peut pas, on ne se suicide pas pour ça! »

À l'autre extrême, l'inquiétude que nous ressentons comme parents à l'idée de perdre notre enfant peut provoquer une angoisse qui amplifie la situation et donne à l'enfant l'impression d'étouffer.

Lorsqu'on est parent d'un adolescent…

Il est particulièrement exigeant et éprouvant pour les parents d'adolescents de se trouver dans une telle situation quand on sait à quel point l'adolescence est ponctuée de mouvements contradictoires, de désir de rapprochement et d'envie d'autonomie. Le mot « adolescence » vient du latin *adolescentia* qui signifie « grandir vers » ; il s'agit donc d'une période de passage vers la vie adulte. Ce n'est pas une étape facultative : tous les enfants deviennent des adultes. C'est le rôle de leurs parents d'y contribuer de telle sorte que les jeunes acquièrent l'autonomie leur permettant de prendre leur vie en main et de devenir des adultes épanouis qui savent exprimer leurs besoins, y répondre et être sensibles à ceux de leur entourage.

Les parents apprennent à devenir des parents d'adolescents lorsque leur enfant vit cette étape de sa vie. Ils ont un peu le sentiment de repartir à zéro, de devoir tout réapprendre. Leurs points de repère sont ébranlés, ils doutent d'eux : c'est une période de remise en question souvent aussi importante pour les parents que pour le jeune. Mais, même si elle comporte son lot de difficultés et d'exaspération mutuelle, cette période procure beaucoup de riches moments d'attendrissement au cours desquels les liens familiaux se solidifient.

Des changements majeurs sur les plans physique, psychologique, cognitif, affectif et social poussent l'adolescent à vivre pleinement cette phase. Il désire l'indépendance vers laquelle elle l'amène, mais en même temps il redoute ce passage à cause des pertes qu'il doit vivre en quittant son statut d'enfant.

Une période de grands changements

Qui dit grands changements parle nécessairement d'une grande période d'adaptation. L'adolescent doit établir de nouveaux points de repère en raison des nombreux apprentissages qu'il doit faire au cours de cette période de vie. Cela peut susciter en lui tant du désir, de la fébrilité et du dynamisme que déclencher de l'incertitude, des peurs ou de l'anxiété. L'adolescence commence avec la puberté, alors que la sécrétion des hormones sexuelles rend le jeune particulièrement sensible à toute une série de stimuli qui auparavant n'étaient pas significatifs pour lui. De plus en plus de chercheurs reconnaissent que ce sont d'abord les modifications biologiques qui entraînent l'arrivée d'émotions nouvelles. En fait, alors que la principale source d'attachement pour l'enfant est l'amour de ses parents et que son monde relationnel gravite autour d'eux, l'arrivée du désir sexuel l'oblige en quelque sorte à s'éloigner d'eux pour découvrir de nouvelles sources d'attachement. Les amis joueront ce double rôle : favoriser l'émancipation face aux parents en le sécurisant et favoriser le réaménagement des relations affectives en lui permettant de rencontrer d'autres jeunes qui lui feront vivre des amitiés intenses et ses premières relations amoureuses. Chez les ados, la peine d'amitié peut être aussi profonde et souffrante que la peine d'amour.

En fait, l'adolescence est une période caractérisée par l'intensité, l'impulsivité et l'imprévisibilité des émotions et des comportements. L'adolescent peut vivre des sentiments et avoir des réactions excessives qui peuvent nous sembler démesurées par rapport à la situation qui les suscite. Il peut alors réagir très fortement, sans le moindre recul, sous l'impulsion du moment. Enfin, il peut poser un geste auquel on ne se serait jamais attendu de sa part, qui ne correspond pas à ce que l'on connaît de lui.

On s'attend à retrouver à l'adolescence ces traits de personnalité chez certains jeunes qui les présentent depuis l'enfance. Mais bien souvent, à la surprise des parents, ces caractéristiques se résorbent chez eux alors qu'elles apparaissent chez d'autres alors que rien ne le laissait présager. En fait, tout cela est en grande partie dû aux multiples transformations hormonales et biochimiques du cerveau.

La maturation biologique du cerveau

De nombreuses études sur le fonctionnement du cerveau ont mis en lumière les particularités que l'on retrouve chez l'adolescent. Ainsi, on compare le cerveau de l'adolescent à un chantier de construction où certaines des parties connaissent un bond de développement incroyable[1]. L'adolescence est propice à la création de milliers de connexions qui prédisposent aux apprentissages, qu'il s'agisse d'apprentissages scolaires, d'activités qui les passionnent ou d'expériences relationnelles. Tout ce que l'adolescent vit est enregistré et peut être réutilisé à tout moment. Parallèlement, ce qu'il apprend et qu'il n'utilise pas disparaît peu à peu. C'est ce qu'on appelle l'élagage. D'où l'intérêt de garder nos jeunes à l'école, d'éviter l'abandon ou le décrochage à un âge où le terrain est très fertile pour mémoriser et assimiler. À l'âge adulte, le cerveau n'a plus cette capacité accélérée d'intégrer la matière.

Il existe une autre différence fondamentale du fonctionnement du cerveau d'un jeune par rapport à celui d'un adulte: la partie la plus active pour un ado est celle des émotions alors que chez l'adulte, on retrouve généralement celle du raisonnement. Ce n'est que vers la mi-vingtaine que le développement du cerveau cognitif, responsable de la pensée, de la logique et du raisonnement, atteindra sa pleine maturité. Il est donc tout à fait normal qu'un adolescent sain vive des émotions très intenses, ait de nombreux désirs spontanés, soit sensible à ce qu'il vit et à ce que ceux qu'il aime vivent autour de lui, prenne des décisions grandement

1 FEINSTEIN, S. *Cerveau en construction. Pourquoi les ados ne raisonnent pas comme nous.* Paris: Fabert, 2010.

teintées de ce qu'il ressent. Il est en train d'apprendre peu à peu à relativiser, à tenir compte de l'impact à moyen et long terme des gestes qu'il pose, à gérer la gamme d'émotions qui l'envahissent. Cela nécessite de nombreux ajustements et suscite d'importants questionnements sur ce qu'il est et ce qu'il veut vraiment, de même que sur le monde qui l'entoure.

Des changements sur tous les plans

Dans son excellent ouvrage *Ados : mode d'emploi*, Michel Delagrave présente les grands changements liés à l'adolescence en cinq catégories que nous résumons dans les pages qui suivent.

Au plan physique

L'ado doit s'ajuster à son corps qui change à un rythme irrégulier. En général, les filles grandissent plus tôt que les garçons et elles sont souvent plus grandes qu'eux à la fin du primaire. De leur côté, les garçons se retrouvent bien souvent avec de longs pieds et de grands bras avant de connaître une croissance véritable. Il est fréquent qu'ils grandissent rapidement, surprenant tout le monde la durée d'un été au cours duquel ils peuvent connaître une poussée phénoménale. Ce qui ne se fait pas sans douleurs musculaires ni sans maladresse dans leurs déplacements. Ils doivent s'ajuster et s'accepter, surtout lorsqu'ils ne correspondent pas aux modèles vantés par la société. Il en va de même pour les filles. Il ne nous reste qu'à souhaiter qu'un jour la culture d'une minceur famélique soit chose du passé. Et malheureusement, l'acné témoigne de toutes les modifications hormonales qui transforment subitement notre enfant en un adolescent.

Comme parents, l'un des signes les plus évidents est la modification de leur cycle de sommeil. Alors qu'ils ont possiblement été des lève-tôt depuis leur naissance, voilà qu'ils ne se lèvent plus le matin. Il semblerait que la mélatonine, substance sécrétée par le cerveau pour nous préparer au sommeil, soit retardée de quelques heures chez l'adolescent et qu'elle déphase ainsi le rythme de sommeil.

Au plan intellectuel

C'est l'arrivée de la pensée abstraite, capable d'émettre des hypothèses et des déductions. Cette capacité d'abstraction permet au jeune de jouer avec des idées et de passer beaucoup de temps avec ses amis à défaire et refaire le monde. Cela est très positif car il est en train de chercher et de trouver sa place dans ce monde qu'il voit dorénavant différemment. C'est l'âge des grandes causes à défendre.

Au plan psychologique

C'est la remise en question de ce qu'il a vécu jusqu'à ce jour. La perception qu'il a de ses parents change : il sera beaucoup moins admiratif, ses parents ne seront plus ses principaux modèles. Il en cherchera d'autres qui l'aideront à sentir qu'il a sa propre identité. Ne pas oublier que plus le jeune est près de ses parents, plus il lui est difficile de les quitter. Pour prendre son envol, il aura besoin de les descendre du piédestal où il les avait mis. Une des façons les plus efficaces de le faire : les provoquer, les ébranler, les faire sortir de leurs gonds, ce qui diminuera conséquemment son angoisse de les laisser, car il est plus facile de s'en éloigner lorsqu'ils nous déçoivent.

C'est la période où le jeune cherche une identité qui lui est propre. Qui suis-je ? Quelle est ma place ? Qu'est-ce que je désire faire de ma vie ? C'est le commencement des grands choix de l'existence : être amoureux, se projeter dans l'avenir, envisager un mode de vie, un métier, apprivoiser l'autonomie, découvrir son orientation sexuelle, etc. C'est la recherche d'un sens à sa vie, des valeurs qui la guident, des principes auxquels il cherche à adhérer. Il importe de savoir qu'à cet âge commence l'intégration des valeurs morales. Auparavant, le jeune pouvait obéir à des règles parce qu'on attendait de lui qu'il s'y conforme. Désormais, il commence à se conformer ou non parce qu'il le choisit. Toute cette quête d'autonomie, de recherche de soi est ponctuée de questionnements, d'avancements, de faux départ. C'est en expérimentant, en se réajustant que le jeune avance. Il y aura nécessairement des accidents de parcours : ils font partie de l'apprentissage. Comment y réagit-il ? Comment y réagissez-vous ?

Au plan émotif

Comme nous le disions précédemment, l'adolescence est notamment caractérisée par une intensité qui amène le jeune à chercher des sensations fortes. D'où l'importance de l'aider à découvrir puis à cultiver ses passions. Il sera excessif : il a besoin de se sentir vivant. Tout est amplifié : les petits et grands bonheurs de même que les malheurs qui prennent souvent l'allure d'épreuves. Il connaîtra des sautes d'humeur, de l'irritabilité, des moments d'impatience. Il aura aussi des moments de grande excitation, voire d'exaltation. Il peut vivre toute cette gamme d'émotions en un court laps de temps. Il est bon ici de se rappeler que le fait de tomber en amour, de *voir l'autre dans sa soupe*, de douter puis de s'effondrer en cas de rupture amoureuse n'est pas exclusif aux jeunes : cela fait partie de l'amour, quel que soit l'âge où on le vit. C'est la première peine d'amour qui développe en nous la conviction qu'on peut la traverser et qu'avec le temps, on peut retrouver notre équilibre.

Il est aussi bon de souligner à quel point les jeunes vivent dans une société hypersexualisée. Jocelyne Robert, sexologue et auteure de *Full Sexuel*[2], explique que nos jeunes sont interpellés par un modèle de consommation et de performance qui ne ressemble en rien à la relation amoureuse. Notre défi comme parents et acteurs de cette société est de proposer à nos jeunes des modèles différents de ceux mis de l'avant, de le faire en se basant sur ce que

2 Robert, J. *Full Sexuel, la vie amoureuse des adolescents*, Montréal : Éditions de l'Homme, 2002.

nous sommes et avec les mots que l'on utilise pour parler d'amour et de sexualité. Elle nous encourage fortement à aborder la sexualité de la même façon que tous les autres aspects de la vie avec nos jeunes en acceptant de revenir plus d'une fois sur ce sujet, comme nous le faisons dans toutes les sphères de leur vie. Quel parent peut prétendre ne parler qu'une bonne fois pour toutes du respect de soi et des autres, ou de la confiance, ou des responsabilités ? C'est en revenant sur un sujet à plusieurs reprises que nous permettons à nos jeunes d'intégrer ce que nous souhaitons leur transmettre : les valeurs, les sentiments amoureux, la tendresse, l'ouverture à l'autre, la complicité, etc.

Au plan social

Ce sont d'abord et avant tout les amis qui deviennent les nouveaux noyaux d'attachement, et cela pour tous les motifs que nous avons mentionnés. Trouver sa place parmi nos pairs permet de trouver aussi sa place dans le monde qui nous entoure, comme la famille l'a fait jusqu'à ce jour. L'environnement s'agrandit : l'école, les lieux de loisirs, les amis. Les parents ont souvent tendance à croire que leur jeune se laisse trop influencer par ses amis : en fait, il doit d'abord s'identifier à eux pour mieux découvrir sa propre identité, savoir qu'il fait partie d'un groupe tout en étant distinct des autres membres du groupe, comme il l'a fait avec sa famille. On doit être sûr de ce que l'on a, sûr que ceux qui nous aiment et qu'on aime ne disparaîtront pas (ce qu'on appelle la permanence d'objet) pour pouvoir les quitter un peu, s'en dissocier lorsqu'on sent la pulsion qui nous pousse à aller de l'avant.

Nous ne pouvons passer sous silence à quel point le jeune et ses parents font face à des attentes sociales très élevées en cette période de leur vie. On s'attend à ce que le jeune se projette dans l'avenir, fasse rapidement des choix qui lui conviennent et se prépare une place d'adulte responsable. Les parents, quant à eux, doivent apprendre à gérer une juste distanciation par rapport à leur enfant et une augmentation graduelle des responsabilités qu'ils lui délèguent. Ce rôle des parents est crucial pour que leur jeune s'émancipe et prenne son envol.

Cette réalité des jeunes qui ne sont ni des enfants ni des adultes, qui poursuivent leur quête d'autonomie et leur recherche d'identité est bien exprimée dans le livre de Michel Delagrave, *Ados : mode d'emploi.*

Mais n'est-ce pas la crise d'adolescence ?

Si l'adolescent est arrogant, rebelle, s'il critique nos moindres propos, si son humeur est variable, en dents de scie, si son intérêt pour l'école, ses loisirs, les activités qu'il a toujours aimées diminue, si de plus il se dispute avec ses meilleurs amis, il est fréquent de dire ou d'entendre dire : « Il vit sa crise d'adolescence. »

Or, l'adolescence n'est pas une crise. Il n'y a pas systématiquement, pour tous les jeunes, de rupture d'équilibre. Et cette croyance erronée nous a longuement empêchés de détecter des jeunes souffrants, aux prises avec un état suicidaire. Des études longitudinales menées par Richard Cloutier[3] et Richard Tremblay[4] font ressortir que de 80 % à 85 % des adolescents du Québec traversent cette période sans crise majeure, et que 85 % d'entre eux disent avoir des relations satisfaisantes avec leurs parents. Cloutier utilise le terme de « tempête développementale » lorsqu'il parle des différents remous causés par l'ajustement à l'adolescence : augmentation du stress causé par les nombreuses situations auxquelles le jeune doit s'adapter, par la fréquence des choix qu'il a à faire

3 Cloutier, R. *Psychologie de l'adolescence.* Boucherville : Gaëtan Morin, 1996, et A. Gagnon. *Démystifier les maladies mentales : Les troubles de l'enfance et de l'adolescence*, Boucherville : Gaëtan Morin, 2001.

4 Tremblay, R. « Le dépistage des difficultés d'adaptation sociale chez les garçons de milieux socio-économiques faibles : De la maternelle à la fin de l'école primaire », dans R. Tremblay, et al., *Rapport de recherche au CQRS et au FCAR*, Montréal : Université de Montréal, 1991, Groupe de Recherche sur l'Inadaptation Psychosociale chez l'enfant.

et par les décisions qu'il doit prendre. Selon lui, les risques de développer des difficultés d'adaptation sont plus élevés si le jeune présente une vulnérabilité affective ou s'il ne peut compter sur le soutien inconditionnel de ses parents.

Le parent aide son jeune, par sa présence, sa constance et son amour, à développer un profond sentiment de confiance, une sécurité intérieure, et la conviction d'une certaine compétence dans ses relations avec les autres ou à remplir une tâche qui lui est assignée. Bref, il l'amène à développer son estime de soi dans la mesure de ses capacités. D'autres éléments comme la personnalité du jeune et ses expériences personnelles et sociales joueront aussi un rôle primordial dans le développement de cette estime de soi.

Seulement une minorité de jeunes connaissent d'importants problèmes de parcours. Richard Cloutier classe ces problèmes en deux grandes catégories : les problèmes extériorisés où le jeune a peu de contrôle sur lui-même (le trouble de la conduite, l'impulsivité et l'hyperactivité) et les problèmes intériorisés où, au contraire, le jeune aurait trop de contrôle sur lui-même et vivrait alors de l'isolement, des troubles de l'humeur, de l'anxiété, etc.

Il n'y a donc pas de crise…

Bien que l'adolescence ne soit pas une crise en soi, il est possible que, durant cette période, votre jeune traverse des moments critiques, comme lors :

- d'une rupture amoureuse particulièrement pénible pour lui ;
- d'une remise en question de ce qu'il est, d'où il va ;
- de l'apprivoisement de son apparence physique qui ne correspond pas souvent à la représentation corporelle qu'il souhaitait ;
- de la découverte de son orientation sexuelle ;
- de la nécessité de faire un choix d'orientation professionnelle ;

- de conflits interpersonnels avec ses amis ;
- d'ajustements à des changements familiaux importants (maladie d'un parent, perte d'emploi, déménagement, séparation, etc.) ;
- d'un changement d'école, de milieu de vie, de groupe d'amis, etc.

Dans la majorité des cas, le temps aidant, l'épisode de « crise » se résorbe peu à peu à mesure que le jeune développe et utilise des stratégies qui l'aident à y faire face. Voici quelques-unes de ces stratégies :

- l'expression de ses sentiments ;
- la recherche du soutien de son réseau familial, de ses amis ;
- la capacité à vivre des changements et le développement des habiletés à faire des choix ;
- l'engagement dans une activité ou dans un sport qui lui fait du bien ;
- la poursuite de ses études ;
- le maintien d'une certaine régularité dans ses habitudes de vie ;
- la non-consommation excessive de drogues ou d'alcool ;
- l'habileté à résoudre des problèmes ;
- l'habileté à développer des aptitudes relationnelles, etc.

La « crise », quoique douloureuse, devient alors une expérience constructive dans la vie d'un jeune en termes d'identité, d'estime de soi, d'habiletés relationnelles, de maturation, d'autonomisation.

Pour d'autres, la « crise » résulte d'une impasse relationnelle qui les empêche d'estimer à leur juste valeur les avenues possibles qui leur permettraient de dénouer cette impasse et d'utiliser des stratégies adaptatives. Cela les précipite dans un tourbillon d'émotions extrêmement intenses où la souffrance, la colère et le désarroi alimentent l'impression que seule la mort peut faire cesser la douleur. Nous sommes alors en pleine crise suicidaire.

Mon jeune est-il suicidaire ?

La crise suicidaire est l'une des situations affectives les plus difficiles à vivre, tant pour les jeunes que pour les parents. L'appréhension d'une telle crise s'empare bien souvent des parents lorsqu'ils sont témoins de la souffrance de leur jeune à un moment de sa vie.

> En tout temps, si comme parents vous êtes inquiets, parlez-en à votre jeune. Vous lui démontrerez ainsi que vous êtes sensibles à ce qu'il vit et qu'il peut vous parler, s'ouvrir à vous. « Oui, mais s'il ne veut pas parler ? », pensez-vous. Peu importe ! En lui exprimant votre inquiétude, vous lui montrez qu'il *peut* vous parler et que vous *pouvez* l'écouter. Vous lui dites ainsi que vous êtes capable d'*entendre* ce qu'il vous dira, que vous pouvez recevoir sa souffrance et qu'il peut vous l'exprimer.

Être souffrant ne veut pas dire être suicidaire. Il y a des jeunes qui vont vivre de très grandes souffrances de l'âme sans envisager le suicide comme issue possible. Ils savent qu'ils ne veulent pas se suicider. Ils peuvent y avoir pensé, avoir été effleurés par cette idée et l'avoir rejetée. C'est comme si la vie qu'ils portent en eux l'emportait sur le reste.

Pour d'autres, la souffrance fait ressortir un mal de vivre qui les amène à considérer le suicide comme une solution à leur problème, quelquefois la seule. Et les signaux qu'ils donnent sont des appels de détresse, comme s'ils nous disaient : « Au secours, je coule ! » Mais il n'est pas facile pour le jeune qui ne se comprend plus et qui redoute de devenir fou d'exprimer ce qu'il ressent. Il a peur d'être jugé, d'être confirmé dans un diagnostic « de folie », d'être marginalisé. La difficulté à parler de ses émotions, particulièrement élevée chez les garçons, amène les jeunes à camoufler leur souffrance intérieure.

Nous devons donc être sensibles aux différents signaux émis par les jeunes qui cherchent à exprimer leur détresse.

Il ne s'agit pas de paniquer à la moindre expression de désarroi, mais bien de vérifier, dès l'apparition d'un signe, si d'autres signes sont également présents. C'est l'ensemble des différents symptômes qui nous permet de déterminer si le jeune est suicidaire. Comment s'y prendre ? En observant attentivement le jeune et en vérifiant auprès d'autres personnes importantes pour lui si notre observation est valide ; ou tout simplement en parlant avec lui de nos perceptions et de nos inquiétudes.

Prenons, à titre d'exemple, l'histoire d'Amélie et tentons d'y déceler les indicateurs d'une problématique suicidaire.

L'histoire d'Amélie

Amélie est une étudiante de 4e secondaire. C'est une élève studieuse dont les notes se situent dans la moyenne de sa classe. Elle est très engagée dans différentes activités parascolaires. C'est une jeune fille dynamique, qui a beaucoup d'amis. Elle est celle vers qui on se tourne quand on a un problème ; des confidences, elle en reçoit constamment.

Un bon matin, elle semble préoccupée. Habituellement souriante et volubile, elle ne dit pas un mot et ne répond que par monosyllabes aux questions qu'on lui pose. Lorsque l'une de ses amies lui demande si elle va bien, elle l'assure que tout est correct.

Pourtant, elle semble s'isoler davantage de jour en jour, se tenant à l'écart de son groupe d'amies et de ses coéquipières dans des activités sportives. Elle démontre moins d'intérêt pour ses loisirs et n'a plus l'enthousiasme dont elle a toujours fait preuve.

Elle est souvent dans la lune mais se reprend à sourire dès que quelqu'un de son entourage se montre perplexe devant sa mine. Elle se met alors à parler de tout et de rien et part peu de temps après, alléguant qu'elle ne peut pas rester.

Que remarquez-vous dans cette histoire ? Selon vous, quels pourraient être les indices d'une problématique suicidaire ?

- Les changements d'humeur et les changements d'attitudes face à ses amies, ses coéquipières et ses activités ;
- Sa tendance à couper le contact et à fuir les gens qui l'entourent ;
- Son repli sur elle-même et son silence ;
- Le masque qu'elle remet dès que quelqu'un l'interroge sur son état, etc.

En fait, ces éléments nous indiquent que quelque chose ne va pas. Nous ne savons pas si elle est suicidaire. Nous savons toutefois, par les attitudes et les comportements qu'elle adopte, qu'il ne s'agit pas de la même Amélie que l'on connaît depuis un certain temps. Mais nous en savons assez pour affirmer que ça ne va pas. Elle est tellement préoccupée qu'elle ne fonctionne plus comme d'habitude.

On doit donc continuer à explorer et à aller chercher de l'information si on ne veut pas courir le risque que sa situation se détériore de plus en plus.

Prenons une seconde situation : l'histoire de Carl-Éric.

L'histoire de Carl-Éric

Carl-Éric est un étudiant de 5e secondaire. Depuis son arrivée à l'école, il s'est imposé comme un leader auprès de ses pairs. Ses résultats scolaires sont supérieurs à la moyenne. Il est aussi très populaire auprès des filles. Il a eu quelques copines mais rien de sérieux jusqu'à ce qu'il rencontre Josée. Il fréquente cette dernière depuis la fin de la 4e année du secondaire. Ils sont très près l'un de l'autre, on ne les voit presque jamais l'un sans l'autre. Ils font des projets d'avenir. Personne ne s'attendait à ce qu'un jour, il y ait une rupture. Et pourtant…

Vers la fin de l'année scolaire, ils se quittent. Ils s'évitent, ne s'assoient plus ensemble dans la classe. Carl-Éric semble malheureux. Ses amis commencent à le remarquer. En classe, il est songeur, plus distrait et ses résultats scolaires baissent.

Il s'absente des cours de temps à autre et il ne participe plus beaucoup à la vie étudiante. Il commence à fréquenter les bars et sa consommation d'alcool augmente. Il devient plus brusque et même agressif dans son discours.

Ses amis commencent à trouver qu'il devient désagréable depuis sa rupture avec Josée. « Il n'y a rien à faire avec lui, il n'est plus parlable », constatent-ils. Ses amis supportent de moins en moins son intolérance et son irritabilité : « De toute façon, leur répond-il, vous allez bientôt avoir la paix. »

Qu'est-ce qui vous frappe dans cette histoire ? Quels sont les changements les plus importants chez Carl-Éric ?

On remarque plusieurs types d'indices :

- Des changements en ce qui concerne son humeur (il semble malheureux, il devient plus brusque, plus agressif et intolérant) ;
- Des changements dans ses habitudes de vie (absentéisme scolaire, sorties plus fréquentes, consommation d'alcool accrue) ;
- Des changements sur le plan de son attention en classe, de ses intérêts dans la vie étudiante et de son engagement à l'école ;
- Des changements dans ses relations interpersonnelles (il se distancie de ses amis, il a des conflits avec eux) ;
- Des allusions à un changement à venir (« vous allez bientôt avoir la paix. »).

Là aussi, nous avons assez d'éléments pour constater que Carl-Éric ne va pas bien. De plus, dans son cas, l'accumulation d'indices, la multitude de changements, ses paroles agressives ou qui font allusion à une paix à venir sèment l'inquiétude et le doute.

Dans le cas de Carl-Éric, il faut agir rapidement pour vérifier s'il a des idées suicidaires, car il manifeste des symptômes qui appartiennent à la plupart des grandes catégories d'indices suicidaires.

Les quatre grands types d'indices suicidaires

Les messages verbaux directs

Si vous entendez votre enfant dire :

- « Je ne veux plus vivre… » ;
- « Ça sert à rien de continuer, de se battre… » ;
- « J'ai tout ce qu'il faut pour le faire… » ;
- « J'veux pas rester tout seul, j'ai peur de ce que je pourrais faire… »,

réagissez immédiatement. S'agit-il de paroles d'exaspération dites précipitamment ou d'une toile dans laquelle il se débat ?

- Amenez-le à exprimer ce qu'il vit, ce qu'il ressent. Parlez des idées de suicide qui l'habitent.
- Établissez le contact avec lui pour l'aider à dénouer l'impasse suicidaire.
- Assurez-le de votre amour et de votre soutien inconditionnel.
- N'hésitez pas à consulter un professionnel de la santé, un intervenant scolaire, un organisme de soutien ou d'autres ressources.
- L'important est de trouver et d'utiliser une porte d'entrée qui permettra à votre jeune d'être orienté vers les services appropriés à sa situation. Votre enfant a fort probablement besoin d'aide… et vous, de soutien !

Vous devez alors intervenir rapidement. Ce n'est pas le temps d'hésiter. N'ayez pas peur de consulter pour rien ou trop vite. Ne prenez pas le risque pas qu'il soit trop tard pour intervenir.

Les messages verbaux directs constituent probablement la catégorie des signes les plus sérieux. Ils indiquent en général que le jeune est aux prises avec des idées suicidaires. Ces messages révèlent souvent l'urgence de l'appel à l'aide. *On ne doit jamais les ignorer.* Il arrive qu'ils soient perçus comme une forme de manipulation, ce qui est possible. Mais les écarter ou encore en dénier le caractère d'urgence représente un très grand danger: celui de provoquer un passage à l'acte. Il est donc essentiel d'explorer plus avant ce qui se passe pour mieux cibler l'intervention.

S'il s'agit d'une manipulation, elle indique de toute façon que le jeune a besoin d'aide. Il est en effet extrêmement dangereux et destructeur d'utiliser la menace de suicide pour obtenir de l'attention. Nous devons alors travailler avec le jeune et sa famille pour bien comprendre la motivation et les bénéfices recherchés en recourant à une telle stratégie. Nous devons également l'aider à développer des moyens plus appropriés pour obtenir soutien et réconfort ainsi que pour apprendre à surmonter ses frustrations.

Les messages verbaux indirects

Si votre jeune vous dit:

- « Vous allez bientôt avoir la paix... »;
- « Je l'ai, ma solution... »;
- « Je vais régler ça, ce ne sera pas long... »;
- « J'ai l'intention de partir, de faire un grand voyage... »,

ne laissez pas ses paroles tomber à plat et posez-vous des questions. Comment se fait-il qu'il tienne de tels propos? N'a-t-il plus le goût d'être là, avec sa famille, ses amis? Est-il découragé? Que se passe-t-il dans sa vie? Faire un voyage est un projet heureux: on le désire, on s'organise, on met son argent de côté, on cherche à en profiter. Lorsqu'on parle d'un voyage alors qu'on ne va pas bien, cela peut camoufler des idées de suicide.

Parlez avec lui, échangez, faites-lui préciser sa pensée. Ne vous contentez pas de réponses évasives!

Les messages verbaux indirects sont souvent ceux qui sèment le doute. Il s'agit d'allusions au fait d'avoir bientôt la paix, de partir pour un lieu indéfini. Le jeune semble découragé et ses propos laissent entendre que *quelque chose pourrait arriver*, et qu'il est attiré par l'idée du suicide. Il peut aussi rationaliser, banaliser le sujet, faire constamment des blagues sur le sujet ou même affirmer qu'il admire le courage de quelqu'un qui s'est suicidé.

Les indices affectifs

> Lorsqu'on ne reconnaît plus le jeune, que son humeur est considérablement modifiée, qu'il passe du rire aux larmes, de la colère au je-m'en-foutisme, il faut lui prêter une attention spéciale et vérifier la présence d'autres indices.
>
> **Attention :** lorsqu'un jeune vient de traverser une période difficile au cours de laquelle il ne fonctionnait presque plus dans la vie de tous les jours, semblant complètement désorganisé dans son rythme, ses horaires et ses activités, la remontée doit se faire progressivement. S'il y a subitement une amélioration radicale, cela peut être le signe d'un désir de ne plus inquiéter ses proches et de faire comme si tout allait bien. Ou pis encore, le soulagement éphémère que procure la prise de décision d'un geste suicidaire. Il est important d'être vigilant, de bien entourer le jeune et de consulter rapidement un professionnel qui pourra l'aider et vous aider.

Les indices affectifs laissent transparaître l'état émotif du jeune. Ils se traduisent par une altération de l'humeur : perte ou absence de plaisir, désintérêt, faible estime de soi, irritabilité, apathie, brusques changements d'humeur. Il peut aussi sembler dissocié de ses émotions, comme si rien ne le touchait, comme s'il n'était plus là avec nous. Ces indices peuvent provenir de l'impasse relationnelle que vit le jeune, de sa grande difficulté à exprimer verbalement son mal de vivre et à réagir à une situation qui lui apparaît impossible à surmonter. Toutefois, il peut s'agir aussi de la manifestation de symptômes de dépression. Le diagnostic n'est pas aisé à poser. La question n'est pas pour les parents de se substituer au médecin. Ils doivent cependant être attentifs aux moindres signes et se rappeler que la dépression existe chez les adolescents, et qu'elle se manifeste souvent chez eux par de violentes sautes d'humeur ou de l'irritabilité.

Les indices comportementaux

Si vous remarquez que votre enfant écrit des lettres ou donne des objets auxquels il tenait passionnément et que vous savez être importants pour lui, il peut s'agir d'un signal d'alarme majeur.

Parlez-en avec lui. Renseignez-vous sur ce qui s'est passé, sur ce qui lui arrive. Si les réponses sont vagues, nébuleuses, insistez et exprimez votre inquiétude.

Chez les adolescents, les indices comportementaux sont très révélateurs. On note souvent des changements radicaux dans leur attitude ou leurs comportements. Il faut prêter une attention spéciale aux conduites à risque. Elles masquent souvent une détresse émotive. C'est comme si frôler le danger de mort soulageait le jeune d'un sentiment d'impuissance lorsqu'il se sent à la dérive.

Si, de façon inhabituelle, votre jeune semble préoccupé ou intéressé par tout ce qui entoure la mort, que ce soit par le biais de lectures ou de chansons, par la fascination pour des personnages connus dont les propos traitent de la fin du monde, de la préparation pour purifier son âme, de la rédemption, etc., par l'attrait ou la valorisation d'un geste suicidaire ou d'un suicide médiatisé, alors parlez avec lui très rapidement. Essayez de saisir ce qui se passe en lui, demandez-lui qu'il vous explique. Si ses réponses vous inquiètent, dites-le lui et aidez-le à cerner sa pensée. Aimez-le très fort, exprimez votre amour de façon non équivoque et courez chercher de l'aide.

De même, portez une attention particulière aux modifications radicales dans sa vie. Le reconnaissez-vous, dans son allure physique comme dans son humeur, dans sa façon de s'intéresser à vous, de s'adresser à vous, etc. ? Dans son sommeil, son appétit, ses activités, ses amis, etc.

S'il fréquente l'école, prêtez une attention spéciale aux indices qui concernent sa vie scolaire : baisse de rendement et de résultats, démotivation pour l'étude et les activités parascolaires, distanciation (ou éloignement) et isolement face à son groupe d'amis, difficultés d'attention et de concentration en classe, problèmes comportementaux (agressivité, refus de l'autorité, taxage et menaces en tant qu'initiateur ou victime), absentéisme[5].

Votre enfant passe un grand nombre d'heures à l'école et y vit toutes sortes d'expériences. C'est un milieu qui offre la possibilité d'appartenir à un groupe d'amis, de se distancier du milieu familial, d'être en présence d'adultes influents, de développer des intérêts et de participer à des activités de loisirs. C'est sans aucun doute un lieu d'observation privilégié qui permet d'évaluer et de détecter les états de crise pouvant mener au suicide.

De la même façon, l'école peut servir de lieu privilégié à l'expression de la crise suicidaire que le jeune traverse. Il s'y sent en sécurité, il y a développé des liens particuliers avec certains camarades de classe devenus des amis ou avec des adultes à qui il se confie. À l'école, il n'a pas à composer avec les inquiétudes de ses parents qu'il préfère en général épargner, même si sa façon d'en parler tient davantage du : « Ils ne comprennent rien. », « Il n'y a rien à faire avec eux, on est toujours à s'engueuler. »

C'est pour ces raisons qu'il importe de sensibiliser le milieu scolaire au problème du suicide. Le personnel de l'école peut et doit développer des outils ainsi que des stratégies pour dépister les crises suicidaires et intervenir auprès

5 SÉGUIN, M. *Le suicide, comment prévenir, comment intervenir.* Montréal : Logiques, 1991.

de ces jeunes. C'est dans cette optique que la Fondation des maladies mentales fait campagne dans les milieux scolaires. Elle contribue, par ses activités sur la dépression chez les jeunes, au dépistage d'une clientèle à risque, bien souvent silencieuse, et à une prise en charge des jeunes lorsqu'ils sont en crise. Des personnes-ressources sont désignées dans chacune des écoles pour accueillir, soutenir et orienter des jeunes en détresse, les amis de ces jeunes et les adultes qui gravitent autour d'eux.

En résumé

Les signes précurseurs sont des signaux émis par le jeune pour exprimer sa souffrance et son désarroi. Ils laissent présager un état suicidaire.

Attention

Ces signes suscitent souvent chez les proches des sentiments contradictoires (incrédulité, confusion, impatience, panique, etc.), d'où le risque de les ignorer, de les minimiser et de laisser le jeune seul avec sa détresse.

C'est l'ensemble des différents symptômes qui peut déterminer si un jeune est suicidaire. Dès l'apparition d'un signe, il faut vérifier si d'autres signes sont présents :

✓ en observant le jeune attentivement ;
✓ en parlant ouvertement avec lui ;
✓ en s'informant auprès de son réseau (amis, milieu scolaire, équipe de loisirs).

Il y a quatre grandes catégories de signes précurseurs :

✓ les messages verbaux directs ;
✓ les messages verbaux indirects ;
✓ les indices comportementaux ;
✓ les indices affectifs.

Chapitre 3

Les jeunes et la conception de la mort

Le suicide est loin d'être une simple fantaisie dont l'idée surgit de nulle part bien que, de l'extérieur, son sens ultime nous échappe. Il y a toujours un sens au suicide d'un jeune, même si nous ne le comprenons pas.

Est-ce possible ?

Comment est-ce possible qu'un jeune plein de potentiel et de talents, qui a toute la vie devant lui, puisse envisager d'y mettre fin prématurément ? De prime abord, cela nous apparaît incompréhensible et inexplicable.

« Suis-je un bon parent ? »

La très grande majorité des parents ne peuvent pas envisager que leur enfant, qui est le prolongement de leur propre vie, songe à se suicider. Lorsqu'ils doivent faire face à cette réalité, la peur de ne pas avoir été de bons parents, d'avoir failli à la tâche, de n'avoir pas su transmettre à leur enfant la valeur de la vie, de ne pas l'avoir aidé à y trouver un sens et de ne pas avoir cultivé en lui le désir de vivre les terrasse littéralement. Et cette culpabilité les envahit et prend toute la place. À un point tel qu'ils n'arrivent plus à différencier ce qui leur appartient de ce qui est propre à leur enfant. Comme s'il n'y avait plus aucune distance entre eux et lui !

« Faut quand même pas exagérer »

Certains parents sont sceptiques, incrédules. Ils ne peuvent pas concevoir que leur enfant jongle avec l'idée de la mort ou ait pu faire un geste intentionnel pour s'enlever la vie. Convaincus que les intervenants dramatisent, ils acculent le jeune au déni, au repli sur soi, et risquent ainsi de précipiter un passage à l'acte dans un geste de provocation, de révolte ou de désespoir.

« Et s'il nous manipulait ? »

D'autres parents encore sont envahis par des émotions contradictoires, ressentant à la fois de la peine, de l'inquiétude, de la confusion, de la colère, et se sentant piégés par leur jeune à qui ils attribuent l'intention de les manipuler. Il est bien sûr possible qu'il en soit ainsi ! Mais le problème reste entier : si le jeune cherche à faire fléchir ses parents en adoptant un discours ou une conduite suicidaire, l'enjeu est disproportionné face au risque de mort. Or, qu'est-ce qui peut pousser ce jeune à utiliser une stratégie aussi brutale et risquée ? N'est-ce pas le signe d'une impasse relationnelle, une manœuvre visant à établir une communication entre son entourage et lui ? Qu'arrivera-t-il si son message n'est pas perçu ? Si on le traite de manipulateur ? Ira-t-il plus loin ? Commettra-t-il un acte qui pourrait mettre sa vie en danger ? Comprend-il réellement la signification du mot « mort » ?

Le jeune et la notion de mort

Il est bien évident que l'enfant n'a pas la même notion de la mort que l'adulte. C'est la maturation psychologique et les expériences de la vie qui nous amènent à intégrer de plus en plus la portée du concept de mort.

Ainsi, un enfant qui perd un être cher peut souffrir de son absence, mais conserver un espoir de retour, même si son entourage lui affirme le contraire. Le côté irréversible de la mort et sa finalité seraient plus longs à intérioriser que les autres aspects du concept, l'universalité par exemple. Un enfant peut savoir relativement tôt (vers l'âge de 8 ou 9 ans) que tout être humain mourra un jour, ce qui soulève en lui une certaine anxiété qu'il apprend petit à petit à gérer. Lorsque la mort est due à la vieillesse ou à la maladie, l'enfant, malgré sa peine, trouve des éléments explicatifs qui lui permettent de saisir ce qui se passe. Mais une mort brutale, imprévisible, surtout s'il s'agit d'un suicide, est difficile à assimiler. Et la certitude du caractère irrévocable et définitif de la mort ne s'acquiert que beaucoup plus progressivement. On estime que certaines personnes peuvent prendre jusqu'à 25 ans pour assimiler pleinement cet aspect de la mort, ce qui en démontre toute la complexité.

Le jeune et la notion de suicide

Nous avons longtemps cru que la notion de suicide ne pouvait être comprise par des jeunes, particulièrement des enfants, parce que leur niveau de conscience de la mort n'est pas très élevé. Or, des études récentes, dont celle de Brian Mishara en 1995[1], mettent en évidence que les enfants connaissent le terme « suicide » et sa signification par des émissions de télévision, des titres de journaux et ce que leurs amis et des adultes en disent. Il y a des dessins animés et des émissions de télévision destinées aux jeunes qui évoquent des conduites suicidaires ; il existe même une émission de télévision, *South Park*, dans laquelle l'un des personnages se suicide à répétition car on le ressuscite d'une émission à l'autre.

Il ne sert à rien de se mettre la tête dans le sable, les jeunes d'aujourd'hui sont exposés dans leur quotidien aux notions de mort et de suicide. Il ne faut donc pas éviter le sujet ; mieux vaut en discuter avec eux, en les aidant à faire la distinction entre l'imaginaire et la réalité. Ce n'est que dans les histoires de fiction que l'on peut mourir et revenir à la vie. Dans la réalité, on ne meurt qu'une fois et

1 Mishara, B. « Conceptions de la mort et du suicide chez l'enfant ». *Prisme – Adolescents en danger de suicide*, 1995, 5 (4) : 449-508.

toutes les larmes de ceux qui nous aiment ne peuvent pas nous ramener à la vie. Dans la réalité, le suicide ne peut pas être considéré comme un geste sans importance. Non seulement la mort est irréversible, mais la mort par suicide laisse derrière elle des personnes dévastées par le deuil.

L'enfant et les conduites suicidaires

L'enfant peut avoir des pensées contradictoires à propos de la mort, qui l'amènent à imaginer des scénarios suicidaires lorsque la réalité est trop éprouvante. Ainsi, il pourra souhaiter retrouver une personne décédée qui lui était chère et dont l'absence lui est intenable. Il pourra aussi souhaiter se punir d'une action qu'il a commise ou d'une pensée qu'il a eue, convaincu de son incidence sur le décès de cette personne aimée.

L'histoire de Sandrine

Sandrine, une jeune enfant de 8 ans, était l'aînée de quatre enfants. Très autonome, elle avait un sens des responsabilités particulièrement développé pour son âge. Les histoires de fées et de princesses la fascinaient. Elle adorait les princes charmants qui délivraient leur bien-aimée. Dotée d'une grande imagination, elle s'inventait des scénarios dans lesquels la maison qu'elle habitait possédait des passages secrets, des oubliettes et recelait de trésors inestimables, comme des animaux en peluche qui s'animaient la nuit et à qui elle parlait. Elle aimait aussi beaucoup jouer à la poupée.

Un jour, son cousin handicapé, qu'elle aimait beaucoup et qui était son compagnon de jeu, se retrouva entre la vie et la mort. Elle souhaita de toutes ses forces qu'il reste en vie et, lorsqu'il fut dans un état critique, elle se promit de l'épouser plus tard s'il s'en sortait. Or, l'état du cousin s'est amélioré au point que l'on crut à une fausse alerte, sans plus. Elle se mit alors à regretter la promesse qu'elle s'était faite et se dit qu'elle n'aurait peut-être pas à la tenir puisqu'elle n'en avait parlé à personne. Quelques jours plus tard, son cousin mourait.

Elle crut longtemps que, par sa volte-face, elle avait causé cette mort et qu'elle devait expier. Elle se sentait méprisable face à ceux qu'elle aimait, appréhendant leur réaction horrifiée s'ils apprenaient la « bassesse de son âme ».

Elle commença à faire des cauchemars, puis à avoir du mal à s'endormir, car elle craignait de retrouver ces ombres de la nuit. Peu à peu, elle eut peur de mourir durant son sommeil. Elle se replia sur elle-même, fit des crises de larmes, s'opposa à ses parents, se disputa avec ses frères et sœurs. Elle avait le sentiment que personne ne la comprenait. Elle-même ne se reconnaissait plus. Son horrible secret l'étouffait. « Si tout pouvait enfin finir, si je pouvais disparaître ! », se disait-elle.

En tant qu'adultes, il nous paraît évident que Sandrine n'est en rien responsable de la mort de son cousin, malgré ce qu'elle peut en croire. On peut être touché par sa naïveté et sa candeur, ou la prendre en pitié et penser qu'elle est bien jeune pour se sentir coupable d'une si grande chose. On peut aussi refuser de croire ce qu'elle exprime et se dire qu'elle invente des chimères. En fait, on peut réagir de différentes façons mais, dans tous les cas, notre réaction aura un impact sur celle de Sandrine.

Par-dessus tout, il faut éviter de minimiser la détresse de l'enfant, même si les éléments déclencheurs de son état suicidaire nous semblent absurdes ou futiles. Dans le cas de Sandrine, il s'agit davantage d'un état propice au développement d'une crise suicidaire que d'un état franchement suicidaire. Il pourrait toutefois avoir des conséquences aussi dramatiques.

Quel que soit le motif invoqué, nous devons toujours accueillir le jeune dans ce qu'il exprime de façon subjective. Notre attitude peut être déterminante dans la résolution du problème ou, au contraire, elle peut aggraver le sentiment d'impasse ou d'impuissance chez l'enfant.

Nous avons cru longtemps que les enfants de moins de 12 ans ne se suicidaient pas. Des chercheurs et des cliniciens se sont penchés sur la question. Même s'il y a encore peu de données à ce jour, il ressort de leurs études que les enfants peuvent être suicidaires, et qu'ils utilisent pour mettre fin à leurs jours des moyens qui laissent croire à des accidents : se jeter devant un véhicule, faire une chute dans un escalier, se jeter par la fenêtre. En pratiquant une autopsie psychologique, on analyse rétroactivement les comportements de l'enfant, son discours, ses relations interpersonnelles et on en vient à faire des recoupements. Même chose lorsqu'on interroge les enfants qui ont posé un geste suicidaire et qui s'en sont sortis ; le désir d'en finir avec la vie ressort de façon non équivoque.

Il ne faut cependant pas généraliser : la majorité des accidents d'enfants surviennent sans qu'il y ait d'intention suicidaire. Certains toutefois sont des gestes suicidaires. On soupçonne que la facilité d'utilisation du moyen et l'impulsivité dans l'action encouragent l'enfant suicidaire à passer à l'acte.

Et l'adolescent ?

Comme nous l'avons vu au chapitre précédent, l'adolescence, cette période de passage vers la vie adulte, est caractérisée par de nombreux changements physiques et psychologiques. Les pulsions de l'adolescent le poussent à agir pour expérimenter, maîtriser son corps, exprimer ses émotions particulièrement envahissantes (ambivalence, inquiétudes, désarroi, révolte). Toutes les contradictions entre ses idéaux et sa réalité, entre ses aspirations et ses moyens actuels, entre ce qu'il désire être et ce qu'il sent qu'il est vraiment, peuvent lui faire vivre un profond sentiment d'impuissance dont il ne parvient pas à se défaire. Il doit utiliser ses capacités d'adaptation, s'approprier son corps, trouver sa place dans la société, s'éloigner de sa famille pour être sûr d'exister en dehors d'elle. S'il n'y arrive pas et si la réaction de ses parents est vécue par le jeune comme une entrave à ses efforts souvent maladroits à développer son autonomie, si de plus il n'arrive pas à exprimer son ambivalence et son désarroi à ses proches, il peut redouter de rater complètement ce passage à la vie adulte et ne pas voir d'avenir pour lui.

Dans ce cas, le jeune ne sait plus si sa souffrance vient du dedans ou du dehors et il peut envisager le suicide comme une libération et l'expression d'une impasse relationnelle.

Le suicide, un phénomène complexe

Bien sûr, chaque jeune est unique et il ne saurait être question de généraliser. Qu'est-ce qui fait que, pour un jeune, une situation est intolérable alors que, pour un autre, elle n'est qu'un obstacle à franchir, qu'un défi à surmonter ? Qu'est-ce qui transforme pour certains l'*idée* du suicide en un *geste* de suicide ?

Il n'est pas simple de comprendre et de sentir ce qui se passe dans l'âme et dans l'esprit du jeune suicidaire. Depuis de nombreuses années, chercheurs et cliniciens de diverses disciplines essaient d'y parvenir et avancent à petits pas, interpellés par cette problématique où la marge de manœuvre est mince, où chacun redoute un faux pas qui pourrait provoquer chez le jeune un passage à l'acte.

Le suicide ne peut être analysé sous un seul angle : la complexité des composantes qui sont en interaction, les limites de chacune d'elles et les contradictions apparentes nous amènent à tenir compte à la fois de facteurs psychosociaux, individuels et circonstanciels pour tenter de comprendre la réalité du jeune suicidaire.

Certains éléments ont tendance à se retrouver d'une situation à l'autre et, regroupés, ils peuvent déclencher un état suicidaire chez un jeune dans un moment où il se sent particulièrement fragile. Quels sont-ils ?

On peut les regrouper sous trois volets principaux que nous verrons dans la deuxième partie de ce livre :

- les facteurs psychosociaux ;
- les vulnérabilités individuelles ;
- les facteurs précipitants.

En résumé

- ✓ La mort et le suicide sont des phénomènes connus des enfants relativement tôt dans leur vie.
- ✓ **La banalisation de la mort et du suicide est à proscrire en tout temps.**
- ✓ La compréhension de la problématique du suicide n'est pas chose aisée. On doit tenir compte à la fois des facteurs psychosociaux, des vulnérabilités individuelles et des facteurs précipitants pour tenter de saisir la réalité du jeune suicidaire et l'aider à s'en sortir.

Deuxième partie

Ce qui peut entraîner l'état suicidaire chez un jeune

CHAPITRE 4

Les facteurs psychosociaux

Il est impossible d'aider une personne aux prises avec un problème si on ne tient pas compte de son histoire familiale, de ses relations interpersonnelles, conjugales et familiales, de la présence ou de l'absence d'un réseau social, de la satisfaction qu'elle obtient dans les différentes sphères de sa vie et de la façon dont elle évolue dans son milieu.

Pour aider cette personne à résoudre son problème, on doit tenir compte de l'influence qu'a l'environnement sur sa vie, mais aussi de l'influence qu'elle a elle-même sur son environnement. Car, dans la vie, on n'est pas que simples spectateurs, mais aussi des acteurs de premier plan. Par ses paroles, ses gestes et ses attitudes, l'être humain suscite une réaction dans son entourage, lequel répond et suscite à son tour une réaction. Les empreintes sont mutuelles. Tout au long de sa vie, l'être humain doit développer ses capacités d'adaptation afin de trouver son propre équilibre dans l'environnement où il évolue.

Il serait donc tout à fait erroné de prétendre que l'être humain ne fait que subir les événements qui marquent sa vie et qu'il est uniquement victime de ce qui lui arrive. Chacun prend une part active au déroulement de sa vie et doit constamment faire des choix, qu'il décide ou non d'assumer. On ne parle pas ici de personnes qui ont des handicaps mentaux très graves et qui ne sont pas en mesure de prendre des décisions; ni de celles qui vivent avec des limitations physiques qui les rendent entièrement dépendantes de ceux qui en prennent soin et d'appareils de survie. Toutefois, l'histoire regorge de gens d'exception qui ont réussi de véritables exploits compte tenu de la lourdeur de leur handicap. Près de nous, l'acteur Christopher Reeve, qui fut l'interprète bien connu de *Superman* et qui est décédé il y a quelques années, a relevé un défi incroyable grâce à sa détermination et à sa persévérance, apportant ainsi une contribution importante dans l'avancement des connaissances scientifiques à propos de la régénérescence du cerveau lors d'atteintes cérébrales.

Et si le jeune n'y arrive pas ?

L'être humain qui n'arrive pas à développer ses capacités d'adaptation ni à interagir avec la société qui l'entoure deviendra possiblement très malheureux, désemparé ou révolté, et de plus en plus isolé et amer. On ne peut vivre en marge de ce qui nous entoure sans subir aucune séquelle. L'être humain fait partie de son environnement, il vit en interdépendance avec ses semblables. Si, en plus, son environnement lui est hostile, le marginalise comme il cherche lui-même à le faire, quel sens pourra-t-il alors trouver à sa vie ? Qu'est-ce qui le nourrira, lui donnera le désir d'aller de l'avant ?

La détresse, le sentiment d'impasse, l'impuissance réelle ou subjective, la révolte qu'on ne peut canaliser et la perte d'espoir prédisposent à un état suicidaire.

Il faut aider le jeune désespéré à découvrir les valeurs qui donneront un sens à sa vie, l'amener à souhaiter puis à effectuer les changements nécessaires pour que sa vie corresponde à ce qu'il est essentiellement. Il faut l'amener à faire face à ses démons intérieurs et aux obstacles extérieurs qui entravent son cheminement vers son propre équilibre.

Comment est sa famille ?

À quel type de famille le jeune suicidaire appartient-il ? Cette question n'est pas simple et suscite encore à ce jour beaucoup de controverses parmi les chercheurs et les cliniciens. Les études se multiplient pour arriver parfois à des résultats contradictoires, alors que l'expérience clinique nous fait valser continuellement d'un extrême à l'autre.

D'un côté, on observe qu'il n'existe pas de portrait type de la famille d'un jeune suicidaire. De plus, dans bon nombre de cas, on constate que le jeune suicidaire appartient à une famille qui ne présente aucun élément de dysfonctionnement[1] ; une famille où il y a un engagement affectif réel de la part des parents, des habiletés relationnelles, une capacité à résoudre les conflits, des limites claires et des mécanismes d'adaptation, ainsi qu'une absence de détresse sociale, de pathologie psychiatrique, de problématique de violence et de dépendance au jeu, à l'alcool ou à la drogue.

D'un autre côté, on fait le constat que plusieurs jeunes décédés par suicide ou faisant des tentatives de suicide répétées proviennent de familles extrêmement perturbées, qui présentent des problématiques lourdes de conduites suicidaires, de négligence parentale, d'abus et de pathologies psychiatriques.

En résumé, une famille unie, harmonieuse et qui favorise l'épanouissement de ses membres, une famille qu'on ne pourrait jamais considérer comme en dysfonctionnement, n'est pas à l'abri d'un éventuel état suicidaire chez son jeune, même si elle met toutes les chances de son côté pour ne pas avoir à y faire face. Par ailleurs, et bien que ce ne soit pas inévitable, on constate que plus un milieu familial est

1 Saint-Jacques, M.-C. et al. *Les problèmes de comportement chez les jeunes : comprendre et agir efficacement.* Québec : Centre Jeunesse de Québec et Institut Universitaire sur les jeunes en difficulté, 1999. Rapport de recherche et Chagnon, Houle et Renaud. *Que savons-nous des éléments pouvant influencer le processus suicidaire chez les adolescents ?* Montréal, 2003. Projet d'intervention concertée sur le suicide chez les jeunes en difficulté. Rapport de recherche.

en dysfonctionnement et qu'on y trouve des pathologies lourdes, plus les enfants sont à risque de développer à leur tour des difficultés graves, qu'elles soient intériorisées, telles la dépression ou l'anxiété, ou extériorisées, telles la délinquance, les conduites à risque, les abus de drogues et d'alcool, l'agressivité, la violence et le refus de l'autorité. Et si la famille présente une histoire de conduites suicidaires, la prévalence qu'un jeune devienne à son tour suicidaire est très élevée.

Quoi qu'il en soit, il est certain, lorsqu'on cherche à cerner tous les éléments liés à un problème suicidaire, qu'on trouve nécessairement des failles sur le plan de la famille, de l'individu lui-même ou de son réseau social. Ces failles nous aident à comprendre l'état suicidaire du jeune et, comme l'être humain est imparfait, on est assuré de trouver un élément à mettre en cause. Aucun travail thérapeutique ne serait possible ni aucun espoir permis s'il fallait qu'on en reste au plan de « l'inexplicable inexpliqué ».

> Plus un jeune vit dans un milieu familial perturbé, plus il est victime d'abus ou de négligence parentale et mis en présence d'individus suicidaires, plus il risque de développer un état suicidaire à un moment de sa vie où il sera vulnérable.

Le milieu familial doit donc être évalué au regard de ses forces et de ses faiblesses, de ses problèmes et de ses ressources afin :

- de saisir la signification et la portée de l'état suicidaire chez le jeune ;
- d'identifier les aspects déficitaires et de dysfonctionnement, ou les zones grises ;
- de pouvoir miser sur le potentiel et les ressources de la famille comme soutien pour le jeune.

La famille, milieu de vie de l'enfant

La famille est le premier milieu de vie de l'enfant. Ses parents doivent veiller à son développement et à son bien-être physique, psychique, affectif, cognitif et spirituel. À ses besoins de base (être nourri et logé convenablement, pouvoir dormir au chaud, être en sécurité et aimé) s'ajoutent ceux qui découlent de l'attachement et du lien parent-enfant. La qualité et la permanence de la relation affective, la stimulation des habiletés cognitives, psychomotrices, relationnelles et intellectuelles que l'enfant reçoit, l'encouragement donné à l'exploration du monde et l'attention prêtée au développement de l'estime de soi sont autant d'éléments qui permettent son épanouissement.

Il ne s'agit pas de créer un milieu idéalisé qui ne ressemblerait en rien à la réalité. La vie bien réelle est aussi imparfaite que la nature humaine.

Une famille saine

Il n'existe pas de parents ni d'enfants parfaits. Alors, qu'est-ce qu'une famille saine ? Comment peut-on la définir ?

La famille saine :

- apprend à vivre avec ses forces et ses limites dans le respect de chacun de ses membres ;
- transmet clairement à ses membres les valeurs qui l'animent ;
- établit les limites nécessaires pour assurer leur sécurité ;
- encourage l'éclosion de ce qu'il y a d'unique en chacun d'eux ;
- construit les bases solides de l'attachement et de l'engagement affectif ;
- développe les habiletés relationnelles ;
- favorise la résolution des conflits ;

- améliore les capacités d'adaptation au monde extérieur;
- se reconnaît le droit à l'erreur comme expérience de vie valable pour apprendre et évoluer;
- a ses travers ainsi que ses hauts et ses bas;
- a ses moments d'exaspération, vit des conflits, connaît des dérapages, peut perdre les pédales;
- n'est pas parfaite;
- mais arrive à laisser retomber la poussière lorsque plus rien ne va, cherche à se reprendre, à s'adapter et à s'améliorer.

En fait, on a tendance à croire qu'une famille saine n'a pas de gros conflits et que ses membres éprouvent beaucoup de plaisir ensemble; toutefois, il n'y a pas de panacée avec des ados. En fait, il est beaucoup plus révélateur de porter attention à la façon dont les conflits se règlent et de voir comment la famille les traverse. Les conflits prennent-ils toute la place? Cela empêche-t-il les membres de la famille d'être bien ensemble, de vivre de bons moments? Trouve-t-on dans la famille une place où l'on se sent bien? Chose certaine, ce qui importe c'est surtout la façon dont on règle les différends et le bien-être global que l'on ressent à faire partie de la famille.

La famille, milieu de vie de l'adolescent

La famille n'occupe pas la même place pour un enfant que pour un adolescent, mais son rôle est tout aussi crucial à ce stade de la vie. Le jeune parviendra à prendre son envol grâce à ce mouvement de balancier qui se produit entre la distanciation nécessaire et la consolidation du sentiment d'appartenance à la famille.

Le jeune doit apprendre à se séparer de ses parents. Ses relations amoureuses, l'intensité de ses liens d'amitié et son identification à un groupe de pairs lui sont très utiles pour y parvenir. De la même façon, les parents doivent apprendre à se séparer de leur enfant. La qualité de leur relation conjugale, le maintien de la communication avec leur jeune, leur ouverture à un assouplissement des règles le concernant, leur adaptation à la réalité adolescente et la présence d'un centre d'intérêt autre que l'observation continue de leur adolescent les y aideront grandement.

Il va sans dire qu'une bonne qualité du lien parent-enfant est propice au bon développement du lien parent-adolescent et que, pour l'enfant comme pour l'adolescent, ce lien est un facteur important dans la démarche menant à l'autonomie.

Des difficultés en perspective…

La réaction des parents aux tentatives souvent maladroites de l'adolescent pour prendre son envol a un impact majeur sur l'évolution de la situation :

- si les parents se sentent rejetés ou abandonnés dans cette prise de distance, cela risque d'engendrer des tensions à cause desquelles le jeune se sentira coincé entre ses pulsions à agir et la culpabilité ;
- si le jeune sent que ses parents sont en désaccord avec sa démarche, s'il se sent blâmé, il fermera alors la porte à la communication ; il pourrait même devenir provocateur et se montrer indifférent dans le but d'être reconnu, même si la détérioration de la relation le fait en réalité souffrir ;
- s'il ne peut se passer de l'approbation de ses parents, il pourrait se recroqueviller sur lui-même et étouffer en cherchant à réprimer ses pulsions. Son estime de soi, sa quête d'identité et son autonomie seraient compromises ;
- si les parents croient que les amis de leur jeune ont une mauvaise influence sur lui et s'ils les jugent durement, il pourrait les défendre aveuglément, envers et contre tous et devenir alors incapable de les voir tels qu'ils sont.

Cette liste pourrait se prolonger indéfiniment, car il y a autant de réactions différentes de la part des parents que de réactions différentes chez les jeunes. Toutefois, il importe de souligner que toutes ces réactions, parfois maladroites de la part des parents, ne rendront pas nécessairement un jeune suicidaire.

L'état suicidaire peut relever de toute une série de situations : intolérance, frustration, mouvement de colère narcissique ou punition envers autrui, désespoir très profond, sentiment d'impasse insurmontable qui empêche de voir toute autre issue à la souffrance. Les liens que le jeune suicidaire a établis avec son entourage nous permettent de mieux saisir sa dynamique et de l'amener à dénouer ce qui entrave son désir de vivre.

L'école, milieu de vie du jeune

Le jeune passe un grand nombre d'heures à l'école. Il y rencontre d'autres adultes qui le soutiennent et qui deviennent des modèles. Ou, au contraire, des adultes qui le blessent et qui l'amènent à douter de lui. Sa façon de s'adapter à ces adultes qui jalonnent son existence contribuera à son développement. Comment compose-t-il avec l'autorité ? En se rebellant ? En affrontant la situation ? En s'expliquant avec la personne mise en cause ? En devenant buté, rigide ? Ou en fuyant, en désinvestissant l'école, en cherchant à s'absenter, en se repliant sur lui-même, en se dévalorisant ? Ou agit-il avec détermination en se disant qu'il arrivera à ses buts malgré les écueils ou l'absence d'encouragements ?

Comment réagit-il lorsqu'il a le sentiment d'avoir déçu un enseignant, surtout si ce dernier a une réaction intempestive ? Comme tous les êtres humains, les enseignants ne sont pas parfaits et, même en aimant leur métier, ils peuvent commettre des impairs et atteindre le jeune, voire le meurtrir sans s'en rendre compte.

Heureusement, pour beaucoup de jeunes, l'école est l'occasion de rencontrer des adultes qui croient en eux, qui cherchent à les motiver, qui encouragent le dépassement de soi et l'estime de soi. Ils les aident à se fixer des buts, à atteindre leurs objectifs, à croire en leurs rêves. L'attitude des adultes qui gravitent autour d'un jeune a un impact majeur sur ce jeune, un impact dont la portée est bien souvent insoupçonnée par l'adulte lui-même.

Les écoles qui développent un fort sentiment d'appartenance chez les étudiants et les enseignants suscitent le désir de s'engager réellement dans la vie scolaire. Elles permettent de prévenir ou de régler des situations conflictuelles qui autrement pourraient se détériorer rapidement et contaminer le climat interne. Pensons par exemple à l'intimidation et au harcèlement. Une école engagée auprès de ses membres réagira rapidement, aura mis en place un protocole et encouragé la présence de personnes-ressources ; cela contribuera à désamorcer ce qui pourrait devenir un réel fléau pour tous (élèves, parents, enseignants, direction).

Ses amis

L'école et les loisirs sont les lieux de prédilection pour créer des liens d'amitié. En effet, en partageant des activités quotidiennes et en ayant des intérêts communs, les jeunes sont en interaction les uns avec les autres et apprennent conséquemment à vivre ensemble.

Qu'est-ce qui nous lie et qui fait qu'on a envie d'aller vers l'autre ? Comment surmonte-t-on les premières déceptions que nous font vivre nos amis, nos peines d'amour et d'amitié ? La façon dont le jeune réagit aux événements, qu'ils soient gratifiants ou perturbants, en dit long sur ses capacités d'adaptation et d'affirmation de lui. Il peut réussir s'il est sûr de ce qu'il a dans sa vie et s'il est certain de la loyauté et de la fidélité de ceux qui l'entourent.

N'oublions pas que tout être humain quel que soit son âge, a besoin d'être reconnu pour ce qu'il est. Comme parent, il arrive qu'on soit tenté de se dire que notre jeune peut toujours changer d'amis et s'en faire de nouveaux. Toutefois, n'oublions pas à quel point il peut être souffrant, par exemple, de se sentir mis à l'écart au travail ou d'être pris en grippe par des collègues, et comment il est ardu d'envisager de changer d'emploi tout en se disant qu'on est toujours quelqu'un de valable. La tête le sait, mais le cœur ne suit pas souvent, et on reste très affecté par le rejet. Un jeune peut parvenir à surmonter une déception s'il a, d'une part, un tempérament qui le permet et, d'autre part, si sa sécurité intérieure et son estime de soi sont suffisamment développées pour qu'il continue de croire en lui par la suite. Et enfin, s'il a d'autres bons amis qui l'entoureront.

Les amis permettent au jeune d'aller de l'avant, de quitter peu à peu le nid familial pour faire le saut dans sa propre vie. C'est un pas de plus vers l'autonomie et l'identité personnelle. Là est le propre de l'adolescence, être une transition entre l'enfance et la période jeune adulte et adulte. Comme parent, nous ne pouvons que souhaiter que notre jeune soit heureux et épanoui dans cette nouvelle vie qui, même si elle se déroule davantage en dehors de nous, est toujours portée par la profondeur du lien d'attachement.

! En résumé

- ✓ Nous devons tenir compte de l'impact de l'environnement sur la vie d'une personne comme de sa propre influence sur son environnement.
- ✓ Un jeune ne peut pas vivre en situation de marginalité, isolé de ses pairs et en ne trouvant pas sa place dans la société dans laquelle il évolue. Cette situation ne peut que laisser des séquelles sur son identité et son avenir.
- ✓ Le jeune qui vit dans un milieu familial perturbé, qui est victime d'abus ou de négligence grave et dont les parents sont suicidaires ou en dysfonctionnement,

risque de développer un état suicidaire à un moment de sa vie où il sera particulièrement vulnérable.

- ✓ La qualité du lien parent-enfant, la qualité de la communication familiale et celle des relations interpersonnelles sont des éléments clés pouvant aider un jeune à surmonter un état suicidaire.
- ✓ Le sentiment d'appartenance à l'école et la capacité du milieu scolaire à gérer les conflits, à réagir rapidement pour éviter la propagation de comportements discriminatoires ou d'exclusion sont un véritable atout pour un jeune.
- ✓ Un jeune, qui a développé un bon réseau d'amis et qui entretient ses amitiés, est un privilégié qui multiplie de façon très importante ses chances de traverser une situation de détresse.

CHAPITRE 5

Les vulnérabilités individuelles : les problèmes de santé mentale

Nous venons de voir l'importance des facteurs psychosociaux dans la compréhension de ce qui peut entraîner un jeune à vivre un état suicidaire. Dans cette démarche, il est tout aussi important de tenir compte de facteurs plus individuels, tels que les problèmes de santé mentale et les traits de personnalité.

Les problèmes de santé mentale

La santé mentale est aussi importante que la santé physique pour l'équilibre personnel et un bien-être véritable. Malheureusement, bien qu'il y ait une amélioration depuis les dernières années, la santé mentale n'est pas considérée avec la même ouverture d'esprit et la même empathie dans nos sociétés. Il y a encore des mythes extrêmement tenaces qui en font un sujet à éviter, et même carrément un tabou.

Dans un écrit sur les troubles mentaux chez les jeunes et les réactions de l'environnement[1], les docteurs Breton et Valla soutiennent que deux mythes sont encore répandus dans notre société, y compris chez des professionnels de la santé.

---

1 BRETON et VALLA. « Importances des troubles mentaux chez les jeunes et réactions des proches », dans Dr André Gagnon, et al., *Démystifier les maladies mentales : les troubles de l'enfance et de l'adolescence*, Montréal : Gaëtan Morin, 2001, p. 1 à 22.

Premier mythe: Il n'y aurait qu'une seule cause à un problème de santé mentale et celle-ci relèverait d'une attitude négative:

- du jeune (paresse, opposition à l'autorité, etc.);
- de ses parents (surprotection, rejet, maltraitance, etc.);
- de l'environnement (incompétence ou intransigeance d'un enseignant, influence de mauvais amis, quartier défavorisé, etc.);

En réalité, on considère que tous ces éléments pourraient contribuer au développement d'un problème de santé mentale, mais il est dangereux d'en désigner un seul et d'exclure les autres. Cette compréhension linéaire du problème entraînerait un préjugé dans l'intervention. Elle nous empêcherait de cerner ce qui se passe réellement et d'offrir la démarche thérapeutique appropriée au jeune.

Second mythe: Il n'y a pas de maladie mentale. Le jeune vit uniquement des difficultés d'adaptation liées à une situation éprouvante. Ce mythe tend à sous-évaluer le problème présenté en le réduisant:

- à de simples difficultés transitoires de développement (crise d'adolescence, désir de rester enfant, etc.);
- ou à des difficultés liées à l'environnement (séparation des parents, rupture amoureuse, etc.).

Dans un tel cas, le risque est grand de minimiser les difficultés réelles du jeune et de ne pas dépister un éventuel problème de santé mentale. Ceci implique la probabilité de ne pas l'orienter vers les ressources appropriées et, par voie de conséquence, de le priver des soins dont il a besoin. On laisse alors le jeune s'enfoncer davantage dans une situation sans issue.

La santé mentale, on en parle !

Je suis profondément convaincue qu'il faut aborder la santé mentale de la même façon que la santé physique. Il y a des gens qui naissent et vivent avec une excellente santé. Ils ont un bon système immunitaire, s'adaptent relativement bien aux situations, arrivent à bien gérer leur stress, ont beaucoup d'énergie. Ils sont privilégiés et peuvent remercier la vie de ce qu'elle leur a donné. Ce qui ne les empêche pas toutefois d'attraper à l'occasion un virus quelconque ou, malheureusement, de connaître un épisode de maladie grave alors que rien ne le laissait présager. Personne n'est à l'abri. Toutefois, on peut mettre toutes les chances de son côté en développant de bonnes habitudes de vie, en se nourrissant bien, en faisant de l'exercice, en développant une certaine qualité de vie, en faisant des activités qui nous passionnent, en s'entourant d'amour.

Il est essentiel d'être sensibilisé à l'importance de la santé mentale. Le bien-être émotionnel, l'équilibre affectif et l'épanouissement personnel résultent d'une bonne santé mentale. À l'autre extrême, le mal à l'âme, l'isolement social et la dépréciation de sa propre valeur peuvent être l'expression d'une maladie affective. Ce n'est pas toujours le cas, mais on ne peut ignorer cette possibilité.

On considère aujourd'hui que des problèmes de santé mentale peuvent surgir à tout âge. Toutefois, il importe de souligner que la très grande majorité des enfants et des adolescents ne présenteront pas de troubles de santé mentale au cours de leur vie. Il ne s'agit donc pas d'alarmer les parents et les proches, mais de les sensibiliser au fait que des problèmes de santé mentale non traités peuvent entraîner des complications et comporter malheureusement un risque de suicide.

Personne n'est à l'abri d'un problème de santé mentale au cours de sa vie. Toutefois, le risque grandit lorsqu'il y a une hérédité possible.

Un héritage familial

On sait aujourd'hui qu'un enfant risque de développer un problème de santé mentale si l'un de ses parents en est atteint, et encore plus si les deux parents le sont. Cet enfant porte une charge héréditaire certaine, bien que cela ne signifie pas automatiquement qu'il en souffrira. Il est donc souhaitable d'aborder le sujet de la santé mentale sous le même angle que celui de la santé physique. Ainsi, un enfant est plus à risque de souffrir d'hypertension artérielle si un membre de sa famille en souffre. Une fille est plus à risque de développer un cancer du sein si sa mère et sa grand-mère en ont été victimes. On considère que les membres d'une famille partagent environ 50 % de leur code génétique.

On parle ici de vulnérabilité génétique, c'est-à-dire qu'une personne pourrait avoir une prédisposition biologique à développer la maladie dans certaines circonstances. Ces circonstances pourraient être déclenchées ou exacerbées par des facteurs biopsychosociaux (comme nous l'avons vu précédemment), environnementaux, et par certains traits de personnalité.

Parfois, la maladie peut apparaître soudainement, comme un coup de tonnerre dans un ciel bleu, sans que l'on puisse déceler de facteurs précipitants. C'est le cas pour une maladie mentale comme ça l'est pour une maladie physique.

Lorsqu'on parle des problèmes de santé mentale, on fait référence à des dysfonctionnements qui se manifestent par des symptômes physiques, cognitifs (ou psychiques, tels la perception, la mémoire, l'intelligence, la pensée, etc.), comportementaux et affectifs. Ces symptômes peuvent être :

Objectifs, c'est-à-dire observés par les proches. Par exemple :

- altération de l'appétit ;
- difficultés d'endormissement ;
- ralentissement moteur ;
- irritabilité excessive ;
- discours incohérent.

Subjectifs, c'est-à-dire perçus uniquement par la personne qui les vit. Par exemple :

- sentiment de tristesse ;
- impression que tout le monde lui en veut ;
- sensation de lourdeur ;
- diminution du plaisir ;
- sentiment de grandeur.

Et s'il y a un problème de santé mentale…

Si l'on soupçonne un problème de santé mentale, on tient compte de l'ensemble des symptômes présentés lors de l'évaluation du jeune. En ce sens, les observations de la famille, des amis ou des autres personnes qui gravitent autour de lui sont très utiles pour cerner ce qui se passe. Le jeune peut alors être orienté vers les ressources appropriées afin qu'un diagnostic soit posé et un traitement recommandé.

De nombreux professionnels (thérapeutes ou intervenants) peuvent aider un jeune qui présente un problème de santé mentale. Toutefois, seul un médecin peut écarter la possibilité d'une maladie physique dont les symptômes seraient similaires à ceux d'une maladie mentale. C'est également lui qui peut préciser le diagnostic psychiatrique. Notons que le médecin peut être impliqué dès le début ou au cours du processus thérapeutique, selon la situation de chaque jeune.

Dans tous les cas, il s'agit d'un travail de collaboration et de complémentarité entre les différents intervenants, la famille (ou son substitut) et le jeune. Chacun est un maillon essentiel au traitement et la présence de l'un ne doit en rien être perçue comme un blâme ou une menace pour l'autre.

Les grandes catégories de troubles mentaux

Les troubles mentaux sont reconnus comme des maladies psychiatriques selon les critères du DSM-IV[2], qui sert de référence dans l'évaluation diagnostique faite par les médecins. Les autres professionnels de la santé et des services sociaux peuvent soupçonner la présence d'un de ces troubles à partir des symptômes manifestés par le jeune, de la lecture qu'ils en font, de l'ensemble de l'évaluation psychosociale et de leurs connaissances en psychiatrie. Toutefois, l'avis d'un médecin est essentiel pour poser clairement le diagnostic et évaluer la pertinence d'une médication, ce qui influence considérablement l'orientation de la prise en charge.

Voici un aperçu des principaux troubles psychiatriques qui peuvent avoir une incidence sur l'état suicidaire d'un enfant ou d'un adolescent :

- les troubles de l'humeur (dont la dépression) ;
- les troubles anxieux ;
- les troubles de dépendance ou d'abus de drogues ou d'alcool ;
- les troubles de la conduite ;
- le déficit de l'attention et l'hyperactivité ;
- les psychoses ;
- les troubles alimentaires.

Ce qu'on entend par troubles de l'humeur

Les troubles de l'humeur désignent une catégorie de troubles qui affectent ou perturbent l'humeur de la personne.

On peut être affecté par des événements de la vie, ressentir de la peine, de la colère, de l'indécision ou, sur un mode positif, de la joie, de la fierté et un sentiment intense d'accomplissement personnel, sans nécessairement souffrir d'un trouble de l'humeur. On parle alors d'un trouble d'adaptation avec humeur dépressive. Attention :

2 *Manuel diagnostique et statistique des troubles mentaux*, Paris : Masson, 2007.

il ne faut pas minimiser cette situation car le jeune peut souffrir et avoir autant besoin d'aide que s'il était atteint d'une maladie psychiatrique.

La distinction entre une variation normale de l'humeur et une maladie de l'humeur peut toutefois être difficile à faire. Selon le *DSM-IV*, on parle de troubles de l'humeur lorsqu'il y a perturbation importante de l'humeur.

On estime à environ 10 % le pourcentage des troubles de l'humeur chez les jeunes ; ce sont les filles qui en souffriraient le plus, dans une proportion deux fois plus élevée que les garçons.

Les troubles de l'humeur ne sont pas exclusifs

Il est très fréquent qu'un jeune souffrant d'un trouble de l'humeur présente aussi un autre trouble psychiatrique, qu'il s'agisse d'un trouble anxieux, d'un trouble de la conduite, d'un abus ou d'une dépendance à la drogue ou à l'alcool.

Dans le jargon médical, on utilise le terme « comorbidité » pour désigner la coexistence de deux troubles. Dans une pareille situation, plus le jeune tarde à recevoir le traitement approprié au trouble psychiatrique initial, plus le risque de développer un second trouble augmente. D'où l'importance de consulter le plus rapidement possible lorsque des symptômes apparaissent.

Leur impact dans la vie du jeune

Les troubles de l'humeur ont une incidence marquée dans toute la vie d'un jeune. Ils teintent la perception qu'il a de lui-même et du monde extérieur. On constate alors :

- une baisse de l'estime de soi ;
- un sentiment d'être incompris ;
- ou au contraire une impression de supériorité ;
- un dénigrement des autres ;
- des plaintes somatiques, etc.

Ils teintent aussi ses relations avec autrui. On constate :

- une propension aux frictions et aux conflits ;
- un repli sur soi : de l'isolement ;
- ou au contraire un besoin compulsif d'être entouré sans choisir réellement celui ou celle qui l'entoure, etc.

Ces troubles augmentent considérablement le risque de suicide chez un jeune qui en est atteint. Il est donc essentiel, comme parents, amis et membres du réseau des jeunes d'y être sensibilisés.

La dépression est le trouble de l'humeur le plus fréquemment rencontré chez les adolescents et son impact sur les conduites suicidaires est grand. C'est pourquoi nous y consacrerons entièrement le chapitre suivant. Sa lecture devrait vous aider à reconnaître les signes d'un éventuel trouble dépressif sous-jacent aux difficultés présentées par le jeune. En étant sensibilisé à la notion de dépression, on peut offrir un traitement précoce adapté à chaque jeune, aider à sa réhabilitation et permettre de diminuer le risque de suicide.

Toutefois, le suicide n'est pas l'apanage des seuls troubles de l'humeur. D'autres troubles psychiatriques et d'autres conditions rattachées uniquement à des troubles de personnalité ou à des problématiques psychosociales peuvent être cause de suicide chez un jeune.

Un survol des principaux troubles psychiatriques autres que la dépression sera présenté au chapitre 7.

En résumé

Il est important d'aborder la santé mentale sous le même angle que la santé physique :

✓ des prédispositions génétiques, familiales et personnes existent ;

✓ des circonstances (expériences, accidents, habitudes de vie) peuvent affecter la santé mentale du jeune ;

- ✓ des traitements appropriés peuvent être recommandés par des professionnels de la santé;
- ✓ l'implication de la famille et des amis est un soutien indispensable pour le jeune;
- ✓ des moyens de prévention de la maladie peuvent être encouragés.

Les problèmes de santé mentale peuvent se manifester par des symptômes physiques, psychiques, comportementaux ou affectifs.

La dépression est le trouble de l'humeur le plus fréquemment rencontré chez les jeunes.

Chapitre 6

La dépression chez les jeunes

Quelques chiffres

La dépression est le trouble de l'humeur le plus fréquemment rencontré chez les adolescents; c'est pourquoi nous lui consacrons un chapitre entier. Selon la Fondation québécoise des maladies mentales et l'organisme Revivre, appelé auparavant Association des dépressifs et des maniaco-dépressifs, la dépression majeure peut toucher de 5% à 17 % des adolescents.

Les recherches actuelles, dont celles recensées dans les lignes directrices de l'American Academy of Child and Adolescent Psychiatry, estiment que la dépression majeure touche environ:

- 1 % de la population préadolescente (avant l'âge de 15 ans);
- 7 % des adolescents (entre 15 et 18 ans);
- 17 % des jeunes adultes et adultes (18 ans et plus).

Le risque de suicide chez les jeunes dépressifs

Ces chiffres sont alarmants car on sait que la dépression peut être une maladie récurrente (c'est-à-dire présentant des rechutes multiples durant une vie) et qu'environ 15 % des gens qui souffrent de dépression peuvent, à un moment ou à un autre de leur existence, recourir au suicide pour y mettre fin.

On constate environ un décès pour une centaine de tentatives de suicide.

On considère actuellement que près de 90 % des adolescents qui se sont suicidés souffraient d'un trouble psychiatrique dont environ la moitié de dépression. Et vraisemblablement, beaucoup de ces jeunes l'ignoraient. Les troubles liés à l'abus de substances (drogues et alcool) particulièrement si le jeune vit une dépression augmentent le risque de suicide complété.

Ce qu'est la dépression

La dépression chez un jeune est caractérisée par une altération importante du fonctionnement et un désintérêt marqué pour les activités qui le passionnaient auparavant. Malheureusement, et à tort, ces symptômes sont souvent attribués à de la paresse ou à la crise d'adolescence.

Témoignages

« Il y en a qui disaient à mes parents : " Replace-la, ta fille, elle est bébé. " Ou bien : " Moi, je t'arrangerais ça, cette petite crise d'adolescence-là. " Ça, j'ai entendu ça : la crise d'adolescence. Mais là, la mienne, je commençais à trouver qu'elle était pas mal plus forte que celle des autres. En tout cas, elle était un petit peu anormale. »[1]

*– Annie**

« On n'en pouvait plus de le voir étendu devant la télé sur le sofa du salon. La loi du moindre effort tout le temps. Ce n'était plus vivable. »

– Les parents de Simon

1 Les témoignages suivis d'un astérisque sont tirés soit de l'émission *Jeux de Société*, « La dépression chez les jeunes » (Productions Pixcom, juillet 2000), soit de la vidéo de Jean-Pierre Maher et Monique Fournier, *La dépression chez les jeunes* (Productions Sogestalt, 1999), soit de l'émission *L'art d'être parent*, « Le suicide chez les jeunes » (Productions Téléfiction, février 2003).

Les parents et l'entourage de ces jeunes ne soupçonnaient pas la présence d'une dépression. Ils ne pouvaient imaginer que ces attitudes et comportements étaient des symptômes dépressifs.

On dit de la dépression majeure chez les jeunes qu'elle est « typiquement atypique » :

- un jeune peut manifester davantage d'irritabilité que de tristesse ;
- il peut passer, sans crier gare, du rire aux larmes ou avoir des sautes d'humeur ;
- il peut être apathique ou au contraire agité ;
- il peut éprouver du plaisir de façon très subite et retrouver son état dépressif aussi soudainement, sans crier gare, etc.

La dépression peut être d'intensité très variable d'un jeune à l'autre :

- chez certains, il y aura négation de la détresse et même une fausse apparence de bonne humeur ;
- chez d'autres, la souffrance sera très palpable, allant jusqu'à l'insoutenable ;
- enfin, dans les cas extrêmes, il y aura perte de contact avec la réalité (appelée psychose) : désorganisation complète, propos délirants, hallucinations, etc.

> « Les symptômes sont souvent instables et facilement influencés par des événements extrinsèques. Un jeune déprimé peut sembler se rallumer devant un événement agréable (sortie, lettre, rencontre), mais en général ces élans sont de courte durée et le jeune replonge rapidement dans l'état dépressif. »
>
> *Charles Bedwani*[2]

2 Bedwani, C. « Reconnaître les troubles de l'humeur chez les adolescents ». *L'Actualité médicale*, 30 janvier 2002 : 6-10.

Ces jeunes qui souffrent de dépression

Lorsqu'un parent souffre de dépression, il y a trois fois plus de risque que ses enfants en souffrent à leur tour au cours de leur vie que pour tout autre jeune. Et ce risque augmente considérablement :

- en fonction de l'âge du parent lorsqu'il en a été atteint (plus il était jeune, plus le risque est élevé) ;
- si le parent atteint en souffre de façon récurrente (plus de un ou deux épisodes dépressifs) ;
- si les deux parents en sont atteints (selon Revivre, le risque pourrait grimper jusqu'à 50 à 75 %).

> La vulnérabilité familiale à la dépression ne réside pas uniquement dans des facteurs biologiques mais aussi en grande partie dans l'aspect psychosocial du problème. La non-disponibilité du parent, les attitudes négatives qu'il manifeste, l'inquiétude qu'il engendre chez l'enfant, l'identification de l'enfant à ses comportements et son exposition aux variations d'humeur et aux conflits intérieurs occupent une place tout aussi importante dans le développement de la dépression chez l'enfant.

Chez les enfants, la dépression majeure toucherait autant de garçons que de filles alors qu'à l'adolescence, les filles seraient deux fois plus nombreuses à en souffrir. Cette situation pourrait découler du fait qu'en général les filles sont plus insatisfaites de leur image corporelle que les garçons, qu'elles basent davantage leur estime de soi sur leurs relations avec les autres et qu'elles disent vivre davantage d'événements stressants que les garçons[3]. Il se peut aussi qu'on sous-évalue l'existence d'une dépression

3 SAINT-JACQUES, M.-C. et al. *Les problèmes de comportement chez les jeunes : comprendre et agir efficacement.* Québec : Centre jeunesse de Québec et Institut Universitaire sur les jeunes en difficulté, 1999. Rapport de recherche.

potentielle chez les garçons qui ont davantage tendance à des conduites extériorisées (abus de substances psychoactives, troubles de comportement, délinquance, etc.), en reliant ces manifestations à d'autres catégories de troubles mentaux.

On ne peut attribuer la présence de la dépression à des facteurs exclusifs, nous explique la pédopsychiatre Patricia Garel : « La dépression est aussi complexe par la multitude de facteurs en jeu. Comme pour d'autres maladies, il y a une fragilité biologique qui entre en interaction avec un environnement, des expériences de vie, des échecs, des traumatismes. La plupart du temps, c'est une accumulation de faits et de circonstances qui provoque la dépression en s'ajoutant les uns aux autres[4]. »

Le tempérament influence aussi l'apparition de la maladie. Ainsi, un jeune qui a tendance à juger les situations négativement, à se juger sévèrement, à s'isoler et à se recroqueviller sur lui-même, et à exiger beaucoup de lui-même et des autres serait plus à risque de développer une dépression.

Tous les jeunes qui ont l'air déprimé sont-ils en dépression ?

Tous les jeunes qui ont l'air déprimé ne sont pas en dépression. Il convient de faire une distinction importante entre la dépression et ce qu'on appelle communément « la déprime » ou « avoir les bleus ».

Toute personne ressent à un moment ou à un autre de sa vie une émotion que l'on appelle « déprime », à la suite de contraintes, de déceptions, de pertes relationnelles, etc. C'est une réponse normale à des difficultés intérieures (passage à vide, doute de soi, remise en question personnelle, processus de décision douloureux) ou à des problèmes liés à des situations spéciales. En général, quelle que soit l'intensité de la

4 Garel, P. « La dépression chez les adolescents ». *Revue Notre-Dame*, février 1995 : 18.

déprime, elle ne nous empêche pas d'éprouver du plaisir en quelques occasions. De plus, la déprime est limitée dans le temps : elle peut durer de quelques heures à quelques jours ou semaines, mais sans plus. Peu à peu, les choses rentrent dans l'ordre.

Dans le cas d'une dépression majeure, c'est très différent. Le temps paraît alors sans fin. La détresse est grande et incessante. Plus le temps passe, plus on se sent mal intérieurement. La dépression prend alors de plus en plus de place et nous empêche de fonctionner normalement. Même des choses simples à faire deviennent des montagnes insurmontables.

Témoignages

« Tu te bats contre l'intangible quand tu es en dépression. Tu te bats contre un ennemi qui est invisible et qui finit par prendre toute la place. Il te vole ce que tu as de meilleur. Tu te mets des grosses lunettes noires… et tout passe à travers ce prisme-là. »

– *Sophie**

« Je dirais que c'est sournois comme maladie, ça s'infiltre dans chacun des pores de ta peau, dans chacun de tes mots, dans chacun de tes gestes, de façon tellement subtile que tu ne la sens pas venir. Et peu à peu, ça prend toute la place. »

– Annie*

La Fondation québécoise des maladies mentales définit ainsi la dépression : « L'état dépressif s'exprime par un très grand sentiment de malaise dans sa peau, de mal à l'âme. C'est une souffrance psychique difficile à exprimer et qui entraîne une douleur insupportable. La personne se sent incapable de se mobiliser intérieurement. Elle est submergée, engloutie, tirée vers le bas, d'où le nom de dépression. »

Témoignages

« Mais là, ça fait mal. Tu as l'impression que les entrailles vont te faire trois tours, tu as l'impression que l'estomac est en train de se resserrer sur lui, tu as de la misère à respirer, tu as le plexus solaire qui te fait mal… »

– *Annie**

« C'est dur, très dur à expliquer. C'est quasiment comparable à une douleur physique. Puis, on dirait que tu es toute seule au monde, puis tu as l'impression que tu ne vis plus. On dirait que tu es mort. Moi, je disais que j'étais morte. »

– *Marie-Hélène**

Les symptômes de la dépression chez les jeunes

Les symptômes de la dépression ne sont pas toujours les mêmes d'un jeune à l'autre. En général, le signe observé le plus fréquemment chez un jeune en dépression est *une rupture dans son comportement et son attitude*. « On ne le reconnaît plus ! Il n'est plus lui-même. » On évoque souvent la crise d'adolescence, mais attention ! Ainsi que nous l'avons dit précédemment, l'adolescence n'est pas une crise et elle n'est pas *toujours* accompagnée d'une crise.

La « crise » masque souvent des problèmes importants :

- d'ordre relationnel (gestion des relations avec les amis, les parents et les relations amoureuses) ;
- d'ordre adaptatif (difficulté à vivre des transitions, des changements, des situations de stress) ;
- ou de santé mentale (troubles de l'humeur, de la conduite, dépendance ou abus de drogues et d'alcool, etc.).

Pour la très grande majorité des jeunes (plus de 80 %), l'adolescence se passe sans « crise », même si elle demande beaucoup d'ajustement aux parents et aux jeunes et même si elle apporte son lot d'exaspération mutuelle.

Il faut donc être vigilants quand nous avons l'impression, comme parents, que notre jeune traverse une « crise ». Prêtons attention à la présence de signes qui pourraient être associés à la dépression.

Témoignage

« À partir du mois de novembre ou décembre, je voyais que je n'étais pas normal. Dans le sens que mon état de dépression était pas mal plus grand que la moyenne, que la norme. »

– *Marc-André**

Nous abordons maintenant les symptômes de la dépression chez les jeunes selon la classification établie par la Fondation québécoise des maladies mentales, classification qui s'avère d'une grande clarté[5].

Les manifestations visibles

Irritabilité excessive

Il est très fréquent qu'un adolescent dépressif manifeste une irritabilité excessive. Bien sûr, si on tenait compte uniquement de ce symptôme, tous les ados seraient dépressifs selon ce que les parents nous rapportent. Surtout le matin ! Mais on parle ici d'une irritabilité *excessive*, continuelle ou complètement imprévisible (un coup de tonnerre dans un ciel bleu), et non de simples grognements.

5 Avec l'aimable autorisation de la Fondation.

Témoignages

« Nous, on ne voyait pas Thomas triste, on a vu Thomas enragé, enragé noir, enragé bleu, faire des crises épouvantables de rage. J'ai vu pleurer Thomas juste une fois. Il était couché sur son lit, il pleurait et m'a dit : «Maman, je ne fais jamais ce que je voudrais.» Il ne savait pas comment me dire ça. »

– *Les parents de Thomas* (décédé)*

« Il n'y avait jamais rien qui marchait, c'était écœurant. On dirait que tout le monde faisait exprès pour m'enrager. Il n'y avait pas une journée qui passait sans que ça arrive. »

– *Alexandre*

En fait, la dépression entraîne une perception déformée de ce qui se passe, amenant le jeune à prêter des intentions négatives à ses proches, parents et amis. Il se sent souvent blessé par ceux qui l'entourent.

Témoignages

« On peut plus rien lui dire : elle n'est plus parlable. Elle ne prend plus rien. La moindre peccadille provoque une catastrophe. C'est épouvantable. On est rendu qu'on marche quasiment sur la tête. Quoi qu'on fasse, ça saute. On ne sait jamais quand elle va exploser ni ce qui va la faire exploser. On ne sait plus par quel bout la prendre. Ce n'est plus vivable. »

– *Les parents de A.*

« Ils me tombent assez sur les nerfs, tu ne peux pas savoir. On dirait qu'ils le font exprès, ils savent pourtant comment je suis. Je ne leur pardonnerai jamais ça. Je n'aurais jamais pensé que des parents feraient ça un jour à leur fille. »

– *Myriam*

Le jeune dépressif ne voit pas du tout en quoi il peut exaspérer ses parents qui parfois n'en peuvent plus et se fâchent à leur tour. En intervention, on insiste beaucoup sur la façon de réagir à ces sautes d'humeur pour désamorcer les crises lorsqu'elles se préparent. Les parents sont souvent inquiets que leur adolescent leur en veuille mais, lorsque c'est le cas, ça ne dure généralement pas.

Déprime ou tristesse permanente

Bien que moins fréquente chez les ados que chez les adultes, la déprime ou tristesse permanente témoigne aussi d'une humeur dépressive. Elle peut souvent survenir à la suite d'un deuil (rupture amoureuse, perte d'un animal favori, décès d'un parent, d'un ami, etc.) ou apparaître sans élément déclencheur, un peu comme si ça s'installait petit à petit.

Témoignages

« Toujours pleurer, puis toujours vouloir arrêter de pleurer, puis tu ne peux pas. Tu n'as aucun contrôle là-dessus. Dans le fond, c'est ton cerveau… comme les paraplégiques qui n'ont aucun contrôle sur leurs membres. Le cerveau, c'est la même chose… Il n'y a pas grand monde qui comprend ça… Puis, à un certain moment donné, je me suis mise à tomber, tomber, tomber encore plus bas. On dirait que tu te sens toute seule dans une bulle. Tu es toute seule au monde. »

– *Nadia**

« Je n'oublierai jamais quand je suis arrivée chez lui. Il était accroupi sur son lit et j'avais l'impression que j'arrivais trop tard, tellement ses yeux étaient vides. J'avais l'impression qu'il était déjà mort. C'est comme s'il n'y avait plus d'âme. Ça, là, vous ne pouvez pas vous imaginer. Je revois encore cette image-là : ça n'a aucun sens. J'avais vraiment l'impression que j'arrivais trop tard : qu'il était déjà mort. Puis, ça a été long. Ça a été long avant que ses petits yeux reviennent. Ça a vraiment été long. »

– *La mère de Marc-André**

« C'est une espèce de malaise qui s'installe tranquillement, tu sais plus trop où t'es rendue, tu te poses des questions. Ça devient noir, tu es pessimiste... »

– *Sophie**

Perte d'intérêt ou de plaisir pour toute activité

Le jeune en dépression semble ne plus s'intéresser à quoi que ce soit. Des activités qui auparavant le passionnaient n'ont plus aucun attrait pour lui. On sent que rien ne l'accroche plus vraiment. Souvent, il se demande lui-même comment il a pu s'intéresser à telle ou telle chose. On note souvent une grande passivité, voire de l'apathie face à quelque projet que ce soit.

Témoignages

« Y'a plus rien qui compte pour toi. Tu tombes, puis t'as pas envie de te lever... Y a plus grand-chose qui fait ton bonheur. »

– Alain*

« Tu te lèves le matin, puis c'est plus intéressant de ne rien faire que de faire quelque chose... »

– Marc-André*

« J'ai toujours voulu être équipé comme je le suis en informatique. J'ai même un décodeur spécial qu'on ne trouve pas facilement. Je me lève, je m'installe dessus. Jusqu'au soir. Tard la nuit. Mais ça ne me dit plus rien. Mes parents ne comprennent pas. Ils pensent que je suis trop gâté. Mais je le sais que c'est plus que ça... »

– Simon

Les symptômes physiques

Il est assez facile de remarquer les symptômes physiques d'une dépression quand l'adolescent vit avec nous. S'il vit seul en appartement ou s'il a un horaire de vie différent du nôtre, c'est beaucoup plus ardu. À ce moment-là, ce sont ses propos qui nous permettent de savoir s'il va mal.

Troubles de l'appétit: perte ou gain d'appétit ou de poids

On observe souvent de grandes modifications dans les habitudes alimentaires d'un jeune dépressif: il n'a plus faim, il mange très irrégulièrement, il se gave de friandises ou mange de façon compulsive. Cela peut entraîner une modification de son poids, mais pas toujours, car les jeunes sont en période de croissance à cet âge-là. Tout dépend de leur métabolisme.

Témoignages

« Elle est toujours dans le frigo, dans le garde-manger. On ne l'a jamais privée mais là, ça n'a plus d'allure. C'est du sucre constamment, elle n'en a jamais mangé comme ça. Puis, quand on lui fait remarquer, elle se fâche et va en prendre en cachette. J'en trouve même dans son lit. Puis elle grossit, c'est pas normal. »

– *Parents de S.*

« Ma mère est toujours sur mon dos: elle trouve que je ne mange pas assez. Mais moi, je sais que ce n'est pas nécessaire. De toute façon, je n'ai même pas faim. Elle devrait être contente: je coûte moins cher. Avant, elle se plaignait tout le temps. Elle n'est jamais contente. »

– *Maxime*

« J'ai perdu 18 livres. Je devrais être contente: je n'ai jamais aimé mon poids. Mais là on dirait qu'il n'y a plus rien qui me dérange. Puis ma mère qui n'arrête pas de m'achaler avec ça. Elle me surveille tout le temps. Si elle savait comment je m'en fous. C'est bien pire tout le reste. »

– *Émilie*

Troubles du sommeil: insomnie ou hypersomnie

Certains jeunes passent la nuit debout et la journée couchés. Ils vont au lit seulement quand ils tombent d'épuisement. Ils retardent continuellement l'heure du coucher et deviennent de plus en plus anxieux à mesure que le soir arrive et que la nuit avance, appréhendant les idées noires. Lorsqu'ils se lèvent, ils sont épuisés, peu importe le temps de sommeil qu'ils ont eu. D'autres, à l'inverse, pourraient dormir indéfiniment sans se sentir pour autant reposés. Le sommeil est alors une fuite et a perdu sa propriété réparatrice.

Agitation ou ralentissement

Le jeune dépressif ne retrouve plus son rythme habituel : d'actif, il devient passif; de calme, il devient bourdonnant, incapable de rester en place deux minutes. Son entourage le trouve étourdissant ou apathique, c'est selon. Quoi qu'il en soit, il n'est plus celui que l'on connaissait.

Fatigue ou manque d'énergie

Comme nous l'avons vu précédemment, même si le jeune dort longtemps, il ne récupère jamais. Les jeunes souffrant de dépression se plaignent souvent de cet état de fatigue dont la lourdeur est de plus en plus prononcée à mesure que la dépression s'étire.

Témoignage

« Je me lève le matin, mais il faut que ma mère vienne trois ou quatre fois me le dire. Dès que j'ai fait ma toilette et fini de déjeuner, je suis encore fatiguée, je me coucherais. Si j'ai des cours et que ce n'est pas possible de les manquer, sois sûre qu'en revenant, dodo. Je me relève pour souper. Je regarde mes émissions, c'est tout ce que je peux faire. J'ai juste hâte de me recoucher. S'il faut que j'étudie, je m'installe dans mon lit, sinon je ne pourrais pas. Je dors sur mon livre... Je peux faire ça des jours entiers mais la fatigue ne me lâche pas ! »

– Julie

Les symptômes subjectifs

Les signes suivants sont liés à ce que le jeune vit, à ce qu'il ressent et qu'il hésite à communiquer. Lorsqu'il le fait, il est rarement réceptif aux encouragements reçus ou aux restructurations de pensée qu'on lui propose.

Dévalorisation ou culpabilité excessive

Un jeune qui souffre de dépression a souvent tendance à se dévaloriser ou à culpabiliser. La culpabilité se manifeste à propos de tout et de rien. S'il ne se sent pas coupable, l'adolescent dépressif se perçoit comme une victime de la vie et de son entourage. Son apitoiement suscite en lui des sentiments extrêmement complexes où se mêlent le ressentiment, le dénigrement, la peine, le défaitisme et la dévalorisation de soi.

Témoignages

« Tu as envie d'être dans ta chambre, d'être sous tes couvertures, de t'enfoncer sous ton oreiller. Tu as envie de fermer les stores, de fermer la porte, puis de dire «Merci, bonjour, je ne veux plus rien savoir, je décroche...» Tout ce que tu fais, c'est pleurer. Tout ce que j'ai fait, c'est pleurer. J'ai souffert, j'ai arrêté de manger, de me laver. J'avais plus de respect pour ce que j'étais parce que je ne voyais plus qui j'étais. »

– Annie*

« Je ne voulais pas rentrer chez nous parce que la personne que j'haïssais le plus au monde m'attendait, c'est-à-dire moi-même. »

– Éric*

« Ça ne donne rien. J'ai beau essayer de faire ce qu'il faut, c'est décourageant. Tout ce que je veux, c'est m'en sortir et on dirait que je ne peux pas. Je ne suis même pas capable d'y arriver. »

– Julie

Difficulté de concentration ou indécision

Lorsque le jeune dépressif est aux études, on constate souvent une modification dans ses résultats scolaires. La plupart du temps, ses notes dégringolent parce qu'il n'arrive plus à se concentrer ou parce qu'il a perdu tout intérêt pour les études. Ou ses notes se maintiennent mais au prix d'efforts surhumains. Jusqu'à ce qu'il craque !

Témoignages

« Quand j'ai vu que je n'y arrivais plus, j'ai tout arrêté. Je me suis consacrée exclusivement à mes études. Je ne faisais plus rien d'autre. Mais ça ne sert à rien : on dirait que je ne suis plus capable d'apprendre. Pourtant, j'étais intelligente avant. Là c'est fini. »

– Mélanie

« À partir du moment où j'ai arrêté d'aller à mes cours, mes notes ont diminué dramatiquement. Je suis passé d'une moyenne de 85 % dans une école privée, de 10e de la promotion à dernier de classe, d'un coup... »

– Marc-André*

Quant à l'indécision, des jeunes rapportent à quel point la plus petite décision est presque impossible à prendre : s'habiller le matin, décider de ce qu'on mange au déjeuner, de ce qu'on fait d'une invitation, etc. Ils ont l'impression de ne plus être capables de décider quoi que ce soit. Si les mille et une choses du quotidien deviennent si pénibles, imaginez ce qui se passe lorsqu'il y a des questions fondamentales à régler comme le choix de vie, l'acceptation de son homosexualité, la poursuite d'une relation amoureuse, etc.

Témoignage

« Je le sais que mon ami est très patient. Mais on a tellement des grosses chicanes. Je m'ennuie, je veux qu'il soit là, puis quand il y est, je l'engueule. Il me demande si je veux prendre une pause. Je veux et je ne veux pas en même temps. Je ne suis plus capable de décider. Quand c'est lui qui décide, je pense toujours qu'on n'a pas pris la bonne décision. J'ai peur qu'il finisse par se tanner. »

– Véro

Pensées récurrentes de mort ou de suicide

Les pensées récurrentes de mort ou de suicide sont un symptôme inquiétant chez un jeune. Dès qu'on soupçonne un état dépressif, on doit évaluer le risque de suicide. Ce dernier peut consister en des pensées, des paroles, des gestes, une tentative ou une intention de suicide, sans que l'on puisse nécessairement déterminer s'il y a une progression vers le suicide complété. On a longtemps cru qu'on pouvait adapter aux jeunes le modèle de l'entonnoir qu'on utilisait jusqu'à récemment. Ce modèle décrit le déroulement graduel du processus suicidaire, de l'apparition de la première idée (l'idéation) en évoluant vers le fait de jongler, de ressasser l'idée de suicide (la rumination) pour établir la planification du geste (la cristallisation) puis finalement l'exécution (le passage à l'acte). Or, on s'aperçoit que l'une ou l'autre de ces expressions suicidaires peut être observée chez le jeune sans qu'il s'agisse d'une gradation du risque de suicide pas plus que de l'indice précurseur d'un suicide complété. Il semblerait que l'impulsivité chez les jeunes influence grandement le processus suicidaire.

Il y a toutefois un large consensus à l'effet qu'on doit prendre au sérieux toute pensée récurrente de mort ou de suicide lorsqu'on soupçonne qu'un jeune souffre de dépression. L'intensité de la souffrance, le sentiment d'impasse et le désespoir entraînent le désir impérieux que cela cesse.

Témoignages

« J'ai voulu me suicider, j'ai voulu mourir. Je ne voulais pas mourir, non, c'est pas vrai. Je voulais arrêter de souffrir. »

– Sophie*

« Je voyais la garde-robe, puis je me disais, je vais me pendre dans la garde-robe. C'est tout ce que je voulais faire. Je voulais me pendre, je n'étais plus capable. Tu n'en peux plus de te voir, que je me disais : je suis brillante, je suis intelligente, je suis pleine de talent, je ne peux plus rien faire. »

– Nadia*

« Il n'y a plus rien qui compte pour toi. Tu tombes puis tu as pas envie de te lever. Tu es dans ton lit puis tout est noir. Les idées suicidaires te viennent dans la tête. »

– Alain*

« Je me serais suicidé. C'est presque arrivé parce qu'elle dormait (ma mère) quand je l'ai appelée. »

– Marc-André*

Les changements de comportement

Des modifications importantes peuvent se produire en ce qui a trait aux gestes, aux attitudes, aux paroles du jeune, dans les différentes sphères de sa vie. Il peut adopter des conduites à risque, consommer davantage, etc. Il ne se comporte plus comme il le faisait auparavant. Il ne se ressemble plus.

Retrait ou dépendance sociale

Le comportement peut être complètement différent d'un jeune dépressif à un autre. L'un aura tendance à s'isoler et à se replier sur lui-même. Il coupera le contact avec ses amis et délaissera ses activités habituelles. L'autre sera incapable de rester seul.

Témoignage

« Tu es pessimiste, ton comportement change aussi. Des fois, au début, c'est juste des petits changements. Moi, j'avais davantage envie d'être toute seule. »

– Sophie*

Souvent au début, les amis relancent l'adolescent, continuent à lui téléphoner, insistent pour le faire bouger. Comme souvent ils essuient un refus ou n'ont pas de réponse, ils sentent le désintérêt et finissent par abandonner. Ils ne téléphonent presque plus, ne recherchent plus la présence de l'adolescent dépressif. Ils s'organisent sans lui. Paradoxalement, le jeune dépressif perçoit l'éloignement de ses amis comme un rejet, inconscient des effets de sa propre attitude sur les autres.

S'il essaie de se rapprocher, il arrive que le jeune dépressif sente le malaise de ses amis face à son attitude négative, à ses « down » et aux découragements qu'il vit. S'il les sent s'éloigner à ce moment-là, il en sera souvent très affecté : on est en train de lui confirmer qu'il n'est pas quelqu'un d'intéressant, de valable, ce qu'il appréhende déjà depuis qu'il est en dépression.

Témoignage

« J'ai vraiment pas eu d'amis pour m'aider... Ça arrive souvent chez les dépressifs. J'en vois en dépression. Tous les amis les laissent tomber. C'est écœurant ! Ça met un autre poids sur les autres poids. C'est super décourageant. »

– Véronique*

À l'inverse, certains jeunes dépressifs se sentent incapables de rester seuls. C'est comme s'ils voulaient s'étourdir continuellement afin de ne pas sentir l'angoisse monter en eux. Alors, de façon compulsive, ils recherchent la présence d'une personne, au téléphone ou ailleurs, depuis le moment où ils se lèvent jusqu'au coucher, quand ils tombent d'épuisement.

Témoignage

« Je n'étais pas capable de rester tout seul. Quand je n'allais pas bien, fallait que je sorte puis que j'aille voir mes amis. Jamais être tout seul, parce que c'était là que je partais sur les mauvaises pensées que j'avais, puis les mauvaises expériences. »

– Benoît*

Masques

Un jeune dépressif peut utiliser un masque pour dissimuler sa réalité au regard des autres. Il focalise sur son comportement apparent au détriment de son problème de fond dont bien souvent il n'est pas conscient lui-même. Les masques sont une façon d'exprimer un malaise, un mal à l'âme, d'évacuer un peu de la très grande lourdeur ressentie. Il s'agit d'un artifice, en ce sens que cela ne correspond pas à ce que le jeune ressent vraiment.

Les masques peuvent varier d'un jeune à l'autre et selon les circonstances. Il peut s'agir d'amplifier un comportement déjà présent (augmentation de la consommation d'alcool ou de drogues, sexualité débridée, etc.) ou d'utiliser soudainement un comportement complètement nouveau (bagarres, vols, fugues, conflits avec l'autorité, etc.). Quelquefois, on est surpris d'apprendre qu'un boute-en-train a fait une tentative de suicide : faire le bouffon, faire rire les autres, voilà qui permet de donner le change et d'éviter d'exprimer sa souffrance.

Il y a aussi des jeunes qui camouflent leur souffrance sous des conduites à haut risque (conduite automobile dangereuse, pratique sportive périlleuse, escalade sans rappel, etc.). On peut croire qu'ils sont téméraires et qu'ils manquent de jugement alors que c'est une façon de manifester leur désespoir.

Témoignages

« Puis j'ai fait une rencontre assez importante dans ma vie, qui s'appelle l'alcool et la drogue. Je déjeunais au scotch à dix heures le matin. Puis je buvais jusqu'à trois heures de l'après-midi. Après, j'essayais de dessoûler un peu. Je m'en allais à la maison parce que c'était quand même caché, c'était tabou, c'était une façon de me soigner. C'était rendu là. »

– Sophie*

« Je comprends pas : il était toujours de bonne humeur, il nous faisait rire tout le temps, il réussissait tout ce qu'il entreprenait. Comment il a pu ? On s'est aperçu de rien. Personne. Comment il a fait ? »

– Les amis de A. (décédé)

« C'était un enfant avec qui on n'avait pas de problèmes de comportement, qui était obéissant, qui réussissait très bien à l'école, qui était parmi les premiers de classe, qui étudiait facilement. Un peu avant ses 14 ans, à 13 ans et demi, on a… on a commencé à avoir des problèmes. C'était… Il était… À l'école, où on n'avait jamais eu de problèmes de comportement, jamais de plainte concernant son comportement ; tout à coup… les professeurs… billets, réprimandes… Fallait qu'on se présente à l'école… Menace d'expulsion… Expulsion… »

– Parents de Thomas (décédé)*

Négation ou résistance

Un jeune souffrant de dépression peut nier ses difficultés, ne pas reconnaître sa souffrance ou encore refuser toute allusion à ses problèmes de la part de son entourage.

Il ne veut pas l'entendre, camouflant ainsi la peur d'être jugé ou de devenir fou.

Témoignage

« J'suis tanné qu'ils me disent toujours que j'ai un problème. Moi, je me sens bien. C'est eux autres qui me font enrager tout le temps. S'ils arrêtaient de me surveiller aussi et de faire exprès pour m'écœurer, y'en aurait pas de problèmes. »

– Louis

En résumé

Tableau des symptômes de la dépression

Manifestations visibles	Symptômes physiques	Symptômes subjectifs	Changements de comportement
Irritabilité excessive	Troubles de l'appétit : perte ou gain d'appétit ou de poids	Dévalorisation ou culpabilité excessive	Retrait ou dépendance sociale
Déprime ou tristesse permanente	Troubles du sommeil : insomnie ou hypersomnie	Difficulté de concentration ou indécision	Masques
Perte d'intérêt ou de plaisir pour toutes activités	Agitation ou ralentissement	Pensées récurrentes de mort ou de suicide	Négation ou résistance
	Fatigue ou manque d'énergie		

On soupçonne un état dépressif lorsqu'il y a plusieurs de ces symptômes, généralement cinq, sur une période d'au moins deux semaines. Toutefois, dans les cas où il y a expression d'idées de suicide, il est extrêmement important d'intervenir rapidement et de consulter sans délai un professionnel afin qu'il évalue la situation et propose une aide appropriée.

Il ne s'agit pas de s'alarmer à la moindre saute d'humeur, à la moindre manifestation de tristesse, de perte d'intérêt, ou encore à toute consommation d'alcool ou de drogues. Il s'agit d'être sensibilisé à cette possibilité de dépression lorsqu'on ne reconnaît plus son enfant.

La dépression est une maladie. On doit en connaître les symptômes si on veut la déceler. Si elle est dépistée, elle peut être traitée efficacement.

Établir le diagnostic de dépression demande une évaluation rigoureuse. Pour y parvenir, le médecin tiendra compte d'un ensemble d'éléments, dont :

- ✓ les facteurs de risque ;
- ✓ les prédispositions familiales et individuelles ;
- ✓ la présence, l'intensité et la durée des symptômes présentés par le jeune ;
- ✓ l'élimination d'une possibilité de maladie physique dont les manifestations ressemblent à celles de la dépression ;
- ✓ les événements stressants, leur impact dans la vie du jeune, ses habiletés à les surmonter ;
- ✓ la qualité de ses relations avec sa famille, ses amis, son milieu de vie ;
- ✓ le dysfonctionnement du jeune dans ses activités quotidiennes.

La collaboration des parents est un atout important dans l'intervention auprès d'un jeune dépressif :

- ✓ pour connaître l'histoire familiale ;
- ✓ pour connaître le développement et l'évolution du jeune ;
- ✓ pour entendre leurs observations quant aux difficultés du jeune ;
- ✓ pour mieux évaluer les facteurs psychosociaux liés à la situation ;
- ✓ pour miser sur les ressources de la famille comme soutien au jeune.

Il est important de ne pas perdre de vue que le non-traitement de la dépression majeure augmente de façon exponentielle le risque de suicide chez les jeunes. Ce risque est d'autant accru si l'intensité de la dépression est forte.

CHAPITRE 7

Autres problèmes de santé mentale

Nous avons étudié la dépression de façon détaillée parce que c'est le trouble psychiatrique le plus fréquemment rencontré chez les jeunes suicidaires.

Sans qu'il soit question de faire un traité sur les maladies mentales (d'autres auteurs l'ont fait[1]), il est important de parler aussi des autres troubles psychiatriques liés à la problématique du suicide. Outre la dépression, il n'est pas rare en effet d'observer d'autres troubles mentaux chez un jeune suicidaire.

Voici donc un survol des principaux troubles psychiatriques rencontrés chez les jeunes et qui ont un impact sur les conduites suicidaires.

Les troubles de l'humeur

Les troubles de l'humeur sont divisés en deux grandes catégories.

Les troubles unipolaires

- La dépression majeure (que nous avons traitée au chapitre précédent) ;

1 Dont le docteur André Gagnon et collaborateurs, dans un ouvrage qui s'adresse à l'entourage des jeunes : *Démystifier les maladies mentales : les troubles de l'enfance et de l'adolescence*. Boucherville : Gaëtan Morin, 2001. 427 pages.

- La dysthymie;
- La dépression saisonnière.

Les troubles bipolaires

- Le type I: la manie;
- Le type II: l'hypomanie;
- Le type III: la cyclothymie.

Certains auteurs regroupent l'hypomanie et la cyclothymie sous le type II. En ce qui concerne les troubles bipolaires, ils sont caractérisés par une alternance de hauts (états maniaques) et de bas (états dépressifs), alors que les troubles unipolaires ne comportent que des bas.

La dysthymie

La dysthymie ressemble énormément à la dépression, mais elle est plus difficile à diagnostiquer car les symptômes sont plus discrets, moins apparents. Ils sont d'intensité moindre que pour la dépression majeure. Si la dépression majeure peut être d'intensité variable, allant même jusqu'à l'intensité psychotique dans certains cas, le jeune souffrant de dysthymie ne se sent jamais bien. C'est comme s'il était continuellement dans le noir.

Les troubles unipolaires sont essentiellement introsubjectifs, en ce sens que c'est à partir de ce que le jeune nous dit ressentir, en l'amenant à exprimer son vécu, que nous pouvons valider nos observations et entreprendre un traitement.

Selon le docteur Ginette Goulard[2], parce que les adolescents éprouvent certaines difficultés à exprimer leurs sentiments et leur souffrance, et que leur entourage a tendance à minimiser leurs symptômes lorsqu'ils sont d'intensité modérée, on est porté à croire souvent à « une crise d'adolescence » lorsqu'ils semblent déprimés.

2 GOULARD, G. « Les troubles de l'humeur chez les adolescents », dans *Démystifier les maladies mentales*. Boucherville: Gaëtan Morin, 2001. P. 240-241.

On ne dira jamais trop souvent à quel point il peut être inquiétant que des adolescents cessent d'être heureux et de bien fonctionner pendant une longue période de temps.

La dysthymie se caractérise par la chronicité des symptômes et de leur permanence. Selon le *DSM-IV*, dans le cas d'une dysthymie, l'humeur dépressive, qui s'exprime en général par de l'irritabilité chez les enfants et les adolescents, est présente presque toute la journée et plus d'un jour sur deux pendant une période d'un an, mais sans intensité importante.

Toujours selon le *DSM-IV*, l'adolescent souffrant de trouble dysthymique présente au moins deux des symptômes suivants :

- perte ou augmentation de l'appétit ;
- insomnie ou hypersomnie ;
- baisse d'énergie ou fatigue ;
- faible estime de soi ;
- difficultés de concentration ou indécision ;
- sentiment de perte d'espoir.

La dépression saisonnière

Comme son nom l'indique, la dépression survient souvent à des périodes précises de l'année, qui correspondent à des saisons. En général, les symptômes dépressifs surviennent à l'automne et à l'hiver, pour diminuer sinon disparaître au printemps et à l'été. Ils réapparaîtront à l'automne ou à l'hiver d'une autre année.

Le jeune doit connaître au moins deux épisodes de dépression pour qu'un diagnostic soit posé. La dépression saisonnière, identifiée depuis longtemps chez les adultes, est maintenant aussi reconnue chez les enfants et les adolescents. Il s'agit d'un trouble pour lequel la photothérapie (exposition à la lumière), appelée aussi luminothérapie, est recommandée en complément de la prise d'antidépresseurs et de la psychothérapie.

Depuis quelques années, on recommande plus souvent la luminothérapie pour aider à la résolution des troubles de l'humeur. L'expérience clinique nous démontre que pour bien des gens souffrants, la luminothérapie est efficace en complément à d'autres traitements et semble favoriser le maintien d'un certain équilibre lorsque celui-ci est atteint.

De même, de récentes études témoignent de l'efficacité pour certaines personnes des suppléments d'oméga 3 en gélules pour diminuer les symptômes de la dépression[3]. Toutefois, si la dépression est accompagnée d'anxiété (ce que l'on retrouve dans environ 60 % des cas), l'efficacité est amoindrie. Bien sûr, la prise de ces suppléments peut tout de même être encouragée, mais il ne faut pas s'attendre dans ces conditions à des résultats probants.

Le trouble bipolaire

Le trouble bipolaire est plus répandu qu'on ne le croit. On considère qu'un ou deux adolescents dépressifs sur cinq risquent de développer un trouble bipolaire à l'intérieur des cinq années qui suivent leur dépression. Et l'on estime que 15 % à 20 % des personnes atteintes de ce trouble ont moins de 20 ans.

Ce trouble est caractérisé par une alternance de hauts et de bas. Il s'agit d'un diagnostic difficile à établir car, dans la majorité des cas, la première manifestation de la maladie consiste en des symptômes dépressifs, ce qui nous amène à la considérer comme un trouble unipolaire. C'est dans le passage de la dépression à la manie, qui survient inopinément ou qui peut être précipitée par la prise d'antidépresseurs, que l'on pourra en poser le diagnostic.

Le risque de « virage », c'est-à-dire de passer de la phase dépressive à la phase maniaque (ou manique selon certains auteurs), serait plus élevé dans les cas où le jeune :

---

3 LESPÉRANCE, F., N. FRASURE-SMITH, E. ST-ANDRÉ et al. « The efficacy of omega-3 supplementation for major depression : a randomized controlled trial » *Journal of clinical psychiatry*. June 2010 (ePub).

- souffre d'une dépression majeure à un âge très précoce ;
- souffre d'une dépression majeure d'intensité psychotique (accompagnée de délire, d'hallucinations, de mélancolie grave) ;
- a un héritage familial de troubles bipolaires ou de dépression psychotique ;
- vit une dépression accompagnée de ralentissement moteur important ou de catatonie (état de prostration extrême) ;
- présente des symptômes de manie ou d'hypomanie alors qu'il est sous médication antidépressive[4].

Il existe différents types de troubles bipolaires. Selon l'organisme Revivre, on peut observer une gradation dans les différents types de manie :

- la cyclothymie est la forme la plus légère du mode d'alternance exaltation-dépression (trouble bipolaire de type III) ;
- l'hypomanie (en anglais, *mood swing*) est caractérisée par des périodes d'excitation et de dépression modérées (trouble bipolaire de type II) ;
- la maniaco-dépression se manifeste par des troubles de l'humeur prononcés, avec des périodes de grande exaltation et de dépression grave (trouble bipolaire de type I) ;
- la psychose maniaco-dépressive est accompagnée de pertes de contact avec la réalité. La psychose est présente dans les phases de manie franche (trouble bipolaire de type I)[5].

---

4 Tiré de : Bedwani, C. « Reconnaître les troubles de l'humeur chez les adolescents ». *Actualité médicale*, 30 janvier 2002.

5 Revivre ou Association des dépressifs et maniaco-dépressifs. *Les troubles de l'humeur.* Dépliant informatique rédigé par France Salnave, infirmière à la clinique du lithium de l'Hôpital Louis-H. Lafontaine, mis à jour par Brian Bexton, psychiatre.

Dans les situations où le jeune souffre d'hypomanie, bien que les périodes d'excitation se caractérisent par de la désorganisation et des excès (au plan de la consommation d'alcool et de drogues, des inconduites sexuelles, de dépenses exagérées et inappropriées), ces états ne le perturbent pas suffisamment pour interrompre ses activités usuelles ou requérir une hospitalisation, contrairement au type I en phase de manie aiguë, où la désorganisation est telle qu'une intervention de la police, une ordonnance de Cour ou une hospitalisation est souvent nécessaire.

Le risque de suicide chez les jeunes souffrant d'un trouble bipolaire

Le risque de suicide est plus élevé lors du passage brutal de la phase de manie à la phase dépressive. Dans sa phase maniaque, le jeune se sent trop bien pour se faire soigner et, lorsqu'il entre en phase dépressive dans un effet boomerang, son bonheur s'évanouit et se voit substituer par une vision négative de soi et de la vie. C'est comme si le jeune se retrouvait dans un paradis où tout est perpétuellement beau et que brusquement ce paradis lui est retiré. Son monde est en train de s'effondrer sans qu'il comprenne pourquoi, avec la conscience aiguë que soudainement tout est pénible.

Toujours selon l'organisme Revivre, un jeune présente, en phase de manie, une partie des symptômes suivants :

- des changements importants de l'humeur (être un peu trop « heureux », énervant et très irritable comparativement à des jeunes du même âge et du même milieu) ;
- une augmentation démesurée, non réaliste de l'estime de soi, des « idées de grandeur » (être le meilleur en tout, être en relation spéciale avec Dieu, se considérer comme un être supérieur chargé d'une mission) ;
- une augmentation d'énergie telle qu'il peut fonctionner pendant plusieurs jours avec très peu de sommeil, sinon aucun et sans se sentir fatigué ;

- une élocution trop rapide, des changements de sujets continuels au cours d'une conversation au point d'étourdir l'auditoire qui ne peut interrompre le jeune;
- une très grande tendance à la distraction, l'attention étant toujours portée d'une chose à une autre;
- des comportements à risque élevé sans que le jeune les considère comme dangereux (sauter d'une voiture en marche, accoster des inconnus dans la rue et être prêt à les suivre).

Il est très difficile d'établir un diagnostic de trouble bipolaire chez un jeune, compte tenu de la nature même du trouble qui comporte de « bonnes périodes » qui créent l'illusion que tout va bien. Les cycles peuvent être brefs entre les écarts de haut et de bas et porter à confusion.

De plus, chez les adolescents, la coexistence de symptômes de dépression et de manie, qu'on appelle « épisodes mixtes », de même que la possibilité d'un trouble bipolaire à cycle rapide (le jeune peut vivre à l'intérieur d'une même année des épisodes de dépression majeure, d'hypomanie ou de manie franche), augmentent les difficultés liées au dépistage de la maladie.

Bien souvent, c'est l'épuisement de l'entourage qui fait soupçonner un trouble: personne n'arrive à suivre le rythme effréné du jeune. Les parents ont alors le sentiment d'y laisser leur peau. Il ne faut pas s'attendre à ce que le jeune se réajuste par lui-même: il se sent bien, extrêmement bien et ne comprend absolument pas de quoi ses parents se plaignent. En fait, il souffre de la maladie du « trop ». Nuancer ce *trop* demande les connaissances d'un psychiatre. D'où l'importance de consulter un professionnel si on soupçonne un état bipolaire chez son jeune. C'est au fur et à mesure que le psychiatre pourra documenter ses observations que le diagnostic pourra être posé.

Les troubles anxieux

L'anxiété, une réaction normale

L'anxiété est un état d'inquiétude causé par l'appréhension d'un événement à venir, réel ou imaginaire. Qu'il s'agisse de l'événement lui-même ou des conséquences possibles liées à cet événement, le fait d'y penser déclenche des doutes, des craintes, qui font redouter sa venue.

L'anxiété est une réponse naturelle et normale de l'être humain à une situation stressante. Elle nous permet d'assurer notre protection en nous signalant qu'une difficulté s'annonce, qu'un danger potentiel peut survenir.

Elle réside en un sentiment diffus de malaise qui peut aussi se manifester physiquement : avoir les mains moites, éprouver une sensation de faiblesse, avoir des palpitations cardiaques, des papillons au ventre, des chaleurs, etc.

Elle constitue un des signaux d'alarme les plus efficaces face à des stimuli extérieurs qui pourraient nous agresser. Elle contribue non seulement à développer notre capacité d'adaptation mais aussi notre créativité, notre imagination.

La personne anxieuse

L'anxiété peut aussi être caractéristique d'un tempérament : les personnes anxieuses ont tendance à s'inquiéter facilement dès qu'un événement peut survenir. Elles ont alors de la difficulté à profiter du moment présent, car leurs préoccupations et leurs regards sont tournés vers le futur. Elles imaginent des scénarios où le pire peut arriver. En fait, l'anxiété renvoie à la peur : la peur est un état normal qui nous permet de nous défendre face à un danger. Les personnes anxieuses ont de la difficulté à composer avec cette peur qui est rarement requise par la situation. C'est l'élaboration de la perception de cette peur qui déclenche l'anxiété et non pas l'événement en soi[6].

6 AMIRALI, E. Lila *Les troubles anxieux chez les enfants et les adolescents : incidence, symptômes et traitement. Formation continue.* Montréal : Université McGill et Hôpital de Montréal pour enfants. 2010.

En général, même lorsque la situation appréhendée ne se produit pas, les personnes anxieuses ont le sentiment d'avoir échappé de justesse à une catastrophe ou que ce n'est que partie remise ; la prochaine fois sera problématique.

Ces personnes tentent en vain de contrôler leur environnement pour minimiser les imprévus et cherchent souvent à éviter les situations anxiogènes, ce qui malheureusement contribue à augmenter leur anxiété. Ce n'est qu'en confrontant nos inquiétudes face à la réalité par l'exposition à la situation anxiogène, par le recadrage et par les techniques de gestion du stress, qu'on peut apprendre à devenir moins anxieux.

Quand parle-t-on de trouble anxieux ?

On parle de trouble anxieux au sens psychiatrique du terme lorsque l'anxiété que vit la personne est élevée au point d'altérer de façon importante son fonctionnement quotidien. La majeure partie du temps, elle ressent une grande souffrance, totalement disproportionnée par rapport à la situation qui la déclenche.

Dans une excellente présentation sur l'anxiété chez les enfants et les adolescents, le docteur Lila Amirali[7] a souligné qu'environ 10 % des jeunes enfants étaient susceptibles de vivre de l'anxiété et que celle-ci était deux à quatre fois plus fréquente chez les enfants dont les parents sont eux-mêmes anxieux. D'autant plus si l'enfant est timide ou inhibé.

L'anxiété est plus fréquente chez les femmes et elle commence très tôt dans leur vie, souvent avant l'âge de 5 ans. La bonne nouvelle : la moitié des enfants souffrant d'un trouble anxieux n'en présente pas à l'âge adulte. D'où l'importance du dépistage et du traitement précoce. On travaille alors beaucoup avec les parents au plan des attitudes psychoéducatives, car le jeune anxieux est extrêmement sensible à des changements que nous ne voyons souvent

7 *Op.cit.*

même pas. Plus le parent arrive à rassurer son jeune lorsque ce dernier manifeste clairement qu'il vit de l'anxiété, moins il y aura d'intensité dramatique ; plus on normalisera les choses, plus le jeune pourra arriver à composer avec l'anxiété et ne pas la laisser mener sa vie.

L'anxiété telle que vécue à l'intérieur d'un trouble anxieux :

- est excessive ;
- est incontrôlable ;
- persiste dans le temps ;
- rend celui qui en souffre de plus en plus dysfonctionnel.

Celui qui souffre de trouble anxieux a tendance à :

- dramatiser ;
- prêter une attention sélective aux aspects négatifs ;
- effectuer une distorsion cognitive qui l'amène à amplifier le phénomène ;
- se justifier de telle sorte qu'il s'organise pour éviter la situation angoissante ;
- généraliser de façon inconsidérée et ainsi limiter radicalement son champ d'activité ;
- connaître une augmentation de l'intensité de ses appréhensions.

Tableau des principaux troubles anxieux chez l'enfant et l'adolescent ayant une incidence sur la problématique du suicide

- L'anxiété de séparation
- La phobie sociale
- Le trouble d'anxiété généralisée
- Le trouble obsessionnel compulsif
- Le trouble panique
- L'état de stress post-traumatique

L'anxiété de séparation

L'anxiété de séparation est le diagnostic le plus ancien et le plus répandu chez les enfants, mais cela diminue en général à l'adolescence. Il est caractérisé par la peur continuelle et démesurée de perdre l'un de ses parents ou une figure d'attachement. Il se manifeste souvent par la difficulté de quitter le parent pour aller à l'école ou à la prématernelle ou de dormir chez un ami. L'enfant peut avoir l'intention de le faire, mais à mesure que le moment approche, il redoute, se met à pleurer, refuse d'y aller, etc.

En ce qui concerne l'école, le parent n'a pas le choix et doit mettre tout en œuvre pour que l'enfant y aille sans trop de drames, avec la collaboration du milieu scolaire. La plupart du temps, tout rentre dans l'ordre après une période plus ou moins longue mais combien éprouvante. Toutefois, lorsqu'il s'agit d'une situation facultative comme de coucher chez un ami, on peut être tenté de laisser faire l'enfant. Devant une réaction excessive de l'enfant et voulant bien faire, le parent cherchera à le rassurer et pourra être tenté de lui dire qu'il n'est pas obligé de dormir ailleurs. Ce qui est tout à fait juste. Toutefois, au fil des répétitions, on s'aperçoit qu'on contribue ainsi malheureusement à augmenter l'anxiété de l'enfant. Il a besoin d'être sécurisé, mais aussi de savoir qu'il peut le faire, qu'il peut y arriver, qu'on pense à lui et qu'on est de tout cœur avec lui : il est capable. On ne le dira jamais trop : la seule façon de maîtriser l'anxiété est de l'affronter et de cesser l'évitement. Il s'agit somme toute de ne pas laisser l'enfant contrôler les adultes autour de lui. Plus on le fait rapidement, plus cela se produit dans des situations où les enjeux ne sont pas vitaux, plus on aide l'enfant à surmonter cette anxiété et à s'adapter. Il peut ainsi s'exercer et être prêt au moment des grands enjeux.

La phobie sociale

Il s'agit de la peur démesurée d'être jugé par les autres, particulièrement lorsqu'il s'agit de situations nouvelles, qu'on ne connaît pas les gens et qu'il y a une situation de performance. Chez les jeunes, cette peur entraîne comme conséquence fréquente la phobie de l'école (appelée phobie scolaire). Ainsi, le jeune cherchera à éviter les présentations orales de ses travaux, ne participera à aucune discussion en classe, s'isolera pour ne pas avoir à répondre à des questions, etc. Ce qui entraînera une baisse de la fréquentation scolaire et, à l'extrême, la réclusion du jeune à la maison, voire dans sa chambre. La phobie scolaire serait souvent présente chez les jeunes suicidaires âgés de 10-12 ans.

Le trouble d'anxiété généralisée

On retrouve fréquemment ce diagnostic chez les adolescents qui souffrent d'un trouble anxieux. Le jeune qui souffre du trouble d'anxiété généralisée (TAG dans le jargon professionnel) s'inquiète de l'avenir, se ronge les sangs avec tout et rien, a une peur morbide de l'inconnu. Tout changement est une source de stress très intense. Il appréhende constamment les répercussions négatives des événements et a le sentiment de toujours frôler la catastrophe. Inquiet de ne pas en faire assez, désireux de toujours répondre aux désirs des autres, il devient très exigeant envers lui-même et est en général très perfectionniste. Il n'est pas rare qu'il se retrouve épuisé, tant par la disproportion de ses efforts que par la constance de ses ruminations et les difficultés à s'endormir.

Le trouble obsessionnel compulsif

Communément appelé TOC, ce trouble comporte des obsessions, c'est-à-dire des pensées obsédantes, récurrentes, qui provoquent une anxiété élevée. Le jeune adopte des compulsions, rituels et comportements répétitifs pour tenter de diminuer cette anxiété en contrôlant son environnement.

C'est la peur de perdre le contrôle et d'être submergé, englouti par l'angoisse que suscitent les pensées envahissantes, qui amène le besoin de la conjurer par des rituels extrêmement rigides. Ainsi, le jeune redoutera d'être contaminé par des éléments incontrôlables tels les bactéries qui peuvent se trouver dans sa nourriture et le rendre gravement malade ou encore être victime d'un incendie qui le détruira.

Le trouble panique

Celui qui souffre d'un trouble panique éprouve de nombreux malaises physiques : tremblements, sueurs, palpitations, étourdissements associés à une angoisse subtile et importante. En général, le jeune qui en souffre vit constamment dans l'appréhension d'une nouvelle attaque ; d'abord dans le même contexte et, par la suite, dans des lieux et à des moments qui n'ont plus aucun rapport entre eux. Le jeune se met alors à éviter les endroits ou les circonstances qui ont déclenché les dernières attaques. Il s'isole de plus en plus, son univers se restreint et la fréquence des attaques augmente. Alors, non seulement a-t-il peur d'être malade, mais il en est bien souvent convaincu et ce, malgré des avis médicaux contraires (ce que l'on appelle l'hypocondrie).

La stratégie est la même : affronter pour mieux surmonter les attaques afin qu'elles puissent enfin disparaître. De nombreux outils cliniques existent en ce sens et sont à la portée de tous en ce qui concerne les pensées, les sensations et les comportements à adopter. L'important est de les utiliser, de persévérer, de tolérer un certain inconfort, car comme dans tout nouvel apprentissage, l'habileté vient en pratiquant.

L'état de stress post-traumatique

Il s'agit de la crainte qu'un traumatisme réel du passé (viol, inceste, agression, violence physique ou psychologique, etc.) se réactive à tout moment. L'estime de soi est très affectée par le trauma et la réactivation de ce trauma augmente à son tour la mauvaise perception que l'on a de soi.

Comme la plupart des maladies mentales, le trouble anxieux a d'abord été attribué aux adultes avant d'être reconnu aussi chez les enfants et les adolescents. Ce n'est qu'avec la version IV du DSM que l'on a fait une classification détaillée des troubles anxieux chez les jeunes et que l'on a reconnu véritablement leur existence.

Il est toujours difficile pour les parents d'apprendre que leur enfant souffre d'un trouble anxieux, car ils redoutent de ne pas avoir su apporter la sécurité nécessaire à son épanouissement. Toutefois, de la même façon que pour un trouble de l'humeur, il faut savoir que c'est un ensemble de facteurs qui entraîne l'émergence de ce trouble.

Il est important aussi de tenir compte que dans 60 % des cas, dépression et anxiété coexistent. Dans ces deux troubles, on a de la difficulté à se sentir bien dans le présent.

Lorsqu'on vit une dépression, on rumine le passé. Chez les filles, la dépression est accompagnée d'un fort sentiment de culpabilité, celui de ne pas avoir fait ce qu'il fallait, de ne pas être une bonne personne, d'avoir l'impression d'usurper une place qui ne nous revient pas quand ceux qui nous entourent nous disent leur amour (les émotions sont tournées vers l'intérieur). Chez les garçons, on retrouve fréquemment la honte, celle de ne pas être à la hauteur, de décevoir l'autre, de ne pouvoir répondre aux attentes sociales et encore moins de performer (les émotions sont davantage tournées vers l'extérieur).

Lorsqu'on souffre d'un trouble anxieux, on appréhende l'avenir, on imagine des scénarios catastrophiques, on redoute ce qui vient. Ce que l'expérience clinique nous apprend souvent, c'est que le plus difficile pour un jeune en dépression est de bouger, d'enclencher le mouvement, de se lever le matin et d'entreprendre la journée. Puis l'anxiété augmente à mesure que la journée avance et les pires ruminations surviennent la nuit. Le jeune arrive alors rarement à s'endormir au coucher

> et, conséquemment, au petit matin il est crevé. Toutefois, c'est au cours de la journée que le mal-être réel survient et qu'il lui est difficile de poursuivre ce qu'il envisageait de commencer.
>
> Dans les deux cas, on aidera le jeune à se recentrer sur le présent, à tolérer les malaises et l'inconfort et à se fixer de petits objectifs réalistes et réalisables. Et surtout, on l'entourera énormément pour qu'il se sente épaulé et aimé inconditionnellement.

Le risque de suicide chez les jeunes souffrant de troubles anxieux

Le risque de suicide réside dans le fait que le jeune sent bien que personne ne peut saisir l'acuité de son mal et il redoute que ce mal soit sans fin à cause de ses tendances à exagérer et à dramatiser. Ce qui est le cas d'un jeune présentant une phobie sociale ou un trouble d'anxiété généralisée.

Si le jeune présente des idées obsessionnelles et des gestes compulsifs, il se trouve pris dans un cercle infernal où le soulagement qu'il éprouve lors des rituels est éphémère. Malgré l'inefficacité des compulsions à le soulager, il en augmentera en vain la fréquence et la durée, ne récoltant qu'une tension intérieure encore plus grande et dilapidant ainsi toute son énergie. Épuisé, il peut envisager le suicide comme seule échappatoire à un état qui le mine chaque jour sans cesse.

Enfin, le jeune présentant un trouble de stress post-traumatique peut se sentir continuellement envahi par ses traumas passés, se sentir vulnérable et se confiner à demeurer dans une position de victime. Le suicide est alors envisagé comme issue.

Les troubles de dépendance ou d'abus de drogues ou d'alcool

La plupart des jeunes qui prennent de l'alcool ou de la drogue n'ont pas une consommation problématique. On note généralement que les garçons consomment davantage que les filles, surtout s'ils manifestent des problèmes de comportement[8].

> On parle **d'abus** lorsqu'il y a utilisation inadéquate d'une substance et que les conséquences sont :
>
> - indésirables (à l'école ou au travail : problème de rendement, de comportement, absentéisme, etc.) ;
> - ou dangereuses (consommation au volant, baignade, pratique d'un sport, etc.).
>
> On parle de **dépendance** lorsque le jeune continue à consommer malgré de gros problèmes liés à la substance, qu'il a de grandes difficultés de sevrage et a besoin de consommer fréquemment, de façon compulsive[9].

Caractéristiques des jeunes toxicomanes

Selon une recension des écrits menée par Marie-Christine Saint-Jacques sur la consommation problématique, il manque des données quant à la proportion de jeunes qui souffrent de toxicomanie. On a pu toutefois identifier un certain nombre de caractéristiques relatives aux jeunes qui présentent ces troubles de dépendance et d'abus.

8 SAINT-JACQUES, M.-C. et al. *Les problèmes de comportement chez les jeunes : comprendre et agir efficacement.* Québec : Centre Jeunesse de Québec et Institut Universitaire sur les jeunes en difficulté, 1999. Rapport de recherche.

9 CHAGNON, HOULE et RENAUD. *Que savons-nous des éléments pouvant influencer le processus suicidaire chez les adolescents ?* Montréal, 2003. Projet d'intervention concertée sur le suicide chez les jeunes en difficulté. Rapport de recherche.

- Il est fréquent que ces jeunes présentent aussi un autre problème de santé mentale: troubles de l'humeur, troubles anxieux, troubles de la conduite.
- Certains traits de personnalité sont présents chez ces jeunes dès leur plus jeune âge: enfants anxieux, déprimés, agressifs ou rebelles.
- Ils vivent d'importantes difficultés à l'école par rapport à leur comportement (hyperactivité ou opposition à l'autorité) ou à leur rendement scolaire (échecs scolaires ou absence de motivation).
- Le risque est d'autant plus élevé lorsqu'ils vivent dans un milieu familial qui est source de conflits, qui offre peu de discipline parentale ou qui souffre lui-même de problèmes liés à la consommation. (Les enfants de parents alcooliques sont 4 fois plus à risque que ceux dont les parents n'ont pas de problèmes d'alcool.)
- Ils sont initiés tôt (autour de 12 ans) à ces substances et, à l'adolescence, leur consommation sera fréquente, élevée, allant même régulièrement jusqu'à l'état d'ébriété.
- Ils sont entourés d'amis qui consomment aussi de façon problématique.
- Ils proviennent très souvent d'un milieu de vie défavorisé ou instable.

Les troubles qui précèdent, accompagnent ou découlent de la consommation

Lors d'une excellente présentation sur les troubles liés à la consommation et à la coexistence d'autres problèmes de santé mentale, le docteur Mounir Samy, psychiatre pour adolescents, a fait une mise à jour des plus récentes données sur la question[10].

10 SAMY, M. *Troubles liés à une substance et comorbidité psychiatrique. Formation continue.* Monréal: Université McGill et Hôpital de Montréal pour enfants, mars 2010.

Il a mis en lumière de façon éloquente que la dépendance à diverses substances est avant tout physique, comme il en est pour toutes les dépendances. La souffrance, bien réelle, est ressentie dans tout le corps. Il y aurait à ce moment une altération neurobiologique importante, surtout dans le circuit du plaisir. En ce qui concerne la dépendance à la marijuana, contrairement à la croyance populaire, elle n'est pas uniquement psychologique : il y a des signes de sevrage très importants lorsque la personne est en manque (fébrilité ou agitation, sautes d'humeur, pensées obsédantes, sensation aussi aiguë que la faim ou la soif, difficultés de concentration, de mémorisation, etc.). À la dépendance physique s'ajoute la dépendance psychologique, relationnelle, affective.

De plus, il arrive de plus en plus fréquemment aujourd'hui que la consommation de marijuana, même occasionnelle, pour le plaisir ou l'expérimentation, déclenche chez le jeune une perte de contact avec la réalité, ce qu'on appelle une psychose toxique. Ce qui n'était pas le cas dans les années 70 ou 80, alors que la culture et les transformations du cannabis ne ressemblaient en rien à celles d'aujourd'hui.

Les facteurs de risque les plus déterminants reconnus à ce jour pour développer un trouble lié à la consommation sont :

- être timide et vivre une exclusion sociale ;
- adopter, face à l'autorité ou l'injustice, une position de rébellion, réagir avec agressivité et opposition ;
- être dans une position d'échec et d'aliénation sociale.

La combinaison de ces facteurs représente un risque beaucoup plus grand que chacun d'eux pris individuellement.

Les connaissances actuelles nous portent à croire que les troubles d'abus ou de dépendance liés à la consommation surviennent rarement de façon isolée. Nous ne parlons pas ici d'une consommation occasionnelle, sociale et festive. Il s'agit de la poursuite de la consommation sur une base régulière, possiblement avec une fréquence accrue alors que le jeune souffre des impacts négatifs de cette consommation dans son quotidien et dans sa vie en général. Dans la très grande majorité des cas, il y a un autre trouble de santé mentale qui y est associé.

Ainsi, on sait que l'ado qui a un déficit de l'attention avec ou sans hyperactivité et qui fume la cigarette présente un risque neuf fois plus élevé de développer un problème réel de consommation. S'il ne fume pas la cigarette mais souffre d'un déficit de l'attention et commence à présenter des problèmes de comportement (communément appelés délinquance), le risque est élevé. Si on ajoute un trouble de l'humeur, alors il s'agit d'une triade à très haut risque. Il est fréquent que le déficit de l'attention, la dépression et l'anxiété soient présents chez un jeune avant qu'il développe un problème lié à la prise de substances. À son tour, la consommation a un effet dépresseur sur le système nerveux central. Le jeune perd peu à peu son intérêt pour tout ce qu'il aimait et manque de vitalité, d'initiative. Il est alors susceptible de développer des problèmes de sommeil et de l'anxiété. Il y a un effet d'entraînement et chaque facteur de risque devient à son tour la conséquence de la consommation. D'où l'importance d'être sensibilisé à la santé mentale de nos jeunes.

Le risque de suicide chez les jeunes toxicomanes

C'est souvent pour contrer une mauvaise estime d'eux-mêmes que les jeunes consomment trop de drogues et d'alcool. Il ne s'agit alors pas d'une simple expérimentation ou du désir d'un plaisir différent, ayant un goût d'interdit. Lorsque la consommation augmente en fréquence ou en intensité, le jeune s'aperçoit par exemple qu'il est moins anxieux lorsqu'il consomme ou encore qu'il ose aborder une fille, qu'il se rapproche d'une bande de jeunes, etc.

Le jeune toxicomane se retrouve rapidement dans une impasse, car sa consommation ne résout en rien son malaise intérieur. Tout au plus lui permet-elle de l'anesthésier temporairement, jusqu'à ce que la douleur réapparaisse avec une acuité accrue dans un laps de temps de plus en plus court. En soi, la toxicomanie se compare à un suicide à petit feu. La consommation continue et soutenue est une mort lente. On peut aussi aboutir à poser un geste suicidaire plus sévère en découvrant par une consommation excessive la confirmation qu'on est minable, qu'on est un moins que rien.

La toxicomanie correspond à un besoin d'aide. Elle doit être entendue comme une souffrance qui s'exprime. Et lorsqu'on sait à quel point les drogues et l'alcool agissent comme agents « dépresseurs et désinhibiteurs » sur le système nerveux central, le risque de passage à l'acte suicidaire est bien réel.

Facteurs de protection pour un jeune

Les facteurs qui peuvent protéger un jeune contre le développement d'un problème de toxicomanie sont ceux qui favorisent une bonne santé mentale :

- habileté dans la résolution de problèmes ;
- développement d'une bonne estime de soi ;
- capacités intellectuelles élevées ;
- réussite scolaire ;
- qualité des relations familiales ;
- présence d'un encadrement parental à la fois ferme et souple.

Lors de la présentation dont nous avons parlé précédemment, le docteur Samy a résumé ainsi ses trois priorités de traitement :

- découvrir un plan de vie (études, formation spécifique, travail intéressant...) ;
- contrer l'exclusion à tout prix (inclure la famille, un groupe de soutien, les intervenants scolaires ou de loisirs...) ;

- s'entourer d'un groupe de pairs positifs (qui croient en ce jeune, le soutiennent, ont des passions, sont en mouvement...).

Les troubles de la conduite

Les « troubles de la conduite » ou « troubles des conduites » consistent en un ensemble de comportements qui se répètent et persistent dans le temps ; lorsque ces troubles se manifestent, les jeunes ne tiennent compte ni des règles sociales, ni des droits des autres. Les actes sont souvent délinquants et, chez les moins de 13 ans, cela se manifeste par des fugues prolongées et de l'absentéisme scolaire à répétition[11].

Les jeunes qui présentent des troubles de la conduite (communément nommés délinquance, troubles de comportement, agissements déviants, comportements antisociaux, comportements extériorisés) ont tendance à minimiser leurs problèmes et à justifier leurs actes par l'attitude des autres à leur égard.

Par troubles de la conduite, nous entendons l'ensemble des troubles qui existent de façon continue chez un jeune et qui persistent dans le temps. Cela ne devrait pas être confondu avec certaines conduites antisociales isolées que la plupart des jeunes peuvent avoir expérimentées à un moment ou à un autre de l'enfance ou l'adolescence :

- voler dans un dépanneur ;
- percer les pneus du véhicule du voisin qu'on n'aime pas ;
- faire un mauvais coup avec un petit groupe d'amis ;
- poser un petit geste de vandalisme de façon irréfléchie (lancer une roche dans une fenêtre, déclencher le système d'alarme dans un lieu public, essayer d'entrer par une fenêtre ou de passer par le toit, etc.)

11 Chagnon, Houle et Renaud. *Que savons-nous des éléments pouvant influencer le processus suicidaire chez les adolescents ?* Montréal, 2003. Projet d'intervention concertée sur le suicide chez les jeunes en difficulté. Document de travail.

Ainsi, on ne peut poser un diagnostic de troubles de la conduite à un jeune qui aurait commis quelques gestes délictuels, isolés, qui ne se répéteront pas, souvent survenus dans un moment de crise ou de mauvaise fréquentation.

La grande majorité des adolescents et la très grande majorité des enfants qui présentent un problème de comportement ne souffrent pas du trouble de la conduite. Il s'agit la plupart du temps d'une situation transitoire où le désir d'expérimenter, le manque de maîtrise des pulsions, la pression des pairs, la réaction à une crise personnelle ou familiale les amènent à adopter momentanément ce type de conduite. En général, le jeune réagit favorablement à l'intervention des parents ou d'un tiers et la situation problématique se résorbe.

Il en va autrement dans le cas d'un trouble de la conduite où le traitement est plus ardu, le jeune ne manifestant pas une grande autocritique, agissant souvent par impulsion, ayant un seuil de tolérance relativement bas et justifiant sa conduite par celle des autres, qu'il juge inappropriée, provocatrice ou harcelante à son égard.

Il n'est pas rare de constater que la présence d'un trouble oppositionnel ou du déficit de l'attention avec ou sans hyperactivité précède le trouble de la conduite.

On estime que trois jeunes sur quatre souffrant de troubles de la conduite manifestent ou ont manifesté déjà un trouble oppositionnel.

Par contre, la moitié des jeunes présentant un trouble oppositionnel ne développent pas de troubles de la conduite, selon l'étude de Marie-Christine Saint-Jacques mentionnée précédemment.

Le trouble oppositionnel et le trouble de la conduite

Le trouble oppositionnel se manifeste par de l'agressivité, de l'opposition, de la provocation et des accès de colère. D'autre part, les troubles de la conduite peuvent comprendre les mêmes manifestations accompagnées en plus d'un ensemble des conduites antisociales ou délinquantes, ainsi que le note le *DSM-IV*:

- gestes agressifs envers des personnes ou des animaux;
- destruction de biens matériels;
- fraude ou vol;
- violations graves de règles établies.

En se basant sur divers travaux, les auteurs Vitaro et Gagnon[12] expliquent que le trouble oppositionnel survient dans un enchaînement où:

- un enfant de tempérament difficile (rebelle, impulsif, colérique), bougeant beaucoup, exaspère ses parents qui peuvent être trop rigides ou inconstants et avoir tendance à remarquer surtout les aspects négatifs de sa personnalité;
- l'enfant réagit fortement et d'autant plus si la situation est source de conflits entre les parents (ce qui est souvent le cas lorsqu'un enfant est difficile); il reproduit dans ses rapports avec ses amis et ses enseignants les mêmes interactions dont il est témoin avec ses parents;
- à son tour, l'environnement réagit négativement à l'enfant, qui n'établit pas de liens positifs; cela augmente chez l'enfant la frustration, l'amertume, le sentiment d'impuissance et l'amène à développer des stratégies inadéquates pour obtenir l'attention de ceux qui le rejettent; l'enfant est marginalisé. S'il a tendance à être extraverti, il risque d'avoir des conduites antisociales en rejoignant d'autres enfants qui ont le même problème et, de là, de développer des troubles de la conduite.

12 Cité dans Saint-Jacques, M.-C. et al. *Op cit.*

Le risque de suicide chez les jeunes présentant un trouble de la conduite

On a constaté que les jeunes qui ont été suivis par les centres jeunesse présentent un risque de suicide particulièrement élevé s'ils ont connu de multiples placements, s'ils ont fait des tentatives de suicide antérieures et s'ils présentent plus d'un trouble psychiatrique. De plus, la plupart des jeunes ayant reçu les services des centres jeunesse sous le couvert de la *Loi sur la protection de la jeunesse* ou de la *Loi sur les jeunes contrevenants* ont présenté des troubles de comportements extériorisés (troubles de la conduite, trouble oppositionnel, trouble de déficit de l'attention et hyperactivité). D'autres peuvent présenter un trouble de l'humeur ou un trouble anxieux. De fait, il existe une forte comorbidité entre ces différents troubles. De plus, beaucoup de ces jeunes sont issus de milieux dysfonctionnels et sont victimes d'abus, de négligences et de carences multiples. Dans de telles circonstances, il arrive que ces jeunes attentent à leur vie et puissent en mourir.

Le risque de suicide pourrait être élevé au moment où ces jeunes quittent le centre pour un congé de sortie ou de fin de séjour, surtout si la perspective du départ définitif réactive chez eux des traumatismes d'abandon. Cette vulnérabilité est exacerbée si le milieu familial ne peut les accueillir ou les soutenir. Sans sécurité face à l'avenir, souvent impulsifs et irréfléchis dans leurs actions (d'autant plus s'ils souffrent d'un déficit de l'attention), ils cumulent les bêtises qui les entraînent dans une spirale dont ils ne voient plus la fin (avec des conséquences qui les révoltent, qui les poussent à commettre d'autres bêtises pour lesquelles ils subiront de nouvelles conséquences, etc.).

Certains peuvent développer des comportements d'automutilation, espérant ainsi être soulagés d'une tension intérieure insupportable bien qu'invisible. Les traces sur leur corps deviennent la représentation de ce qui les consume intérieurement.

Pour d'autres, si le placement se prolonge, cela les prive d'une liberté dont malheureusement ils ne savent souvent que faire. Ils ont le sentiment d'être pris dans une souricière et ils peuvent alors poser un geste suicidaire dans une tentative désespérée de crier leur impuissance et leur souffrance.

Ils obtiennent de cette manière l'attention des éducateurs, les forçant à une surveillance continue qui les étouffe et les sécurise à la fois. Ils reproduisent ainsi la violence dont ils ont pu avoir été victimes dans le passé et sont prisonniers de ce mode relationnel très insatisfaisant.

Attention : la triade « dépression, troubles de la conduite et abus de drogues ou d'alcool » constitue une association à très haut risque de suicide.

Facteurs de protection

Le milieu familial constitue un important facteur de protection des troubles de la conduite, au même titre que des traits de personnalité ni rebelles, ni impulsifs ou agressifs.

Par leur attitude, les parents peuvent favoriser le non-développement de troubles de la conduite :

- en étant constants dans leurs demandes et leurs limites ;
- en faisant preuve d'une discipline parentale à la fois ferme et souple ;
- en maintenant la qualité du lien parent-enfant malgré les difficultés ;
- en encourageant le jeune dans ce qu'il fait de bien ;
- en le valorisant pour ce qu'il est ;
- en l'aidant à augmenter son seuil de tolérance à la frustration ;
- en l'amenant à réfléchir sur ses actes et leurs conséquences sur les autres ;

- en l'aidant à développer ses habiletés relationnelles ;
- en respectant eux-mêmes les règles du milieu dans lequel ils évoluent et en lui montrant comment faire valoir son désaccord de façon acceptable ;
- en évitant la critique entre eux voulant que l'un des deux soit le mauvais parent et l'autre le bon.

Le déficit de l'attention et l'hyperactivité

Il est important de savoir que le trouble déficitaire de l'attention est d'origine neurologique et qu'il se manifeste par trois symptômes principaux :

- une attention inconstante ;
- de l'impulsivité verbale, motrice et sociale ;
- de l'hyperactivité (moindre chez les adolescents que chez les enfants).

Ces symptômes varient en intensité :

- selon l'enfant (gravité de l'atteinte, tempérament) ;
- selon le milieu familial (capacité d'adaptation des parents et de développement des attitudes appropriées) ;
- selon le milieu social (connaissance et tolérance à l'égard de la maladie, organisation fonctionnelle).

En général, on remarque un essoufflement dans l'entourage de l'enfant à cause de la fréquence, de la persistance et de la récurrence des symptômes. Les comportements dérangeants peuvent être exaspérants et épuisants lorsqu'on y est confronté quotidiennement.

On peut retrouver aussi, en même temps que ces symptômes, une difficulté de concentration, particulièrement dans un contexte où il y a différents stimuli autour du jeune, et de la difficulté à s'installer et de se plonger dans un travail intellectuel. Pour certains jeunes, il y a également des problèmes avec l'autorité, car ils réagissent impulsivement. Ils peuvent se mêler de situations qui ne les concernent pas, mais se sentent interpellés, se faisant les défenseurs de ceux qu'ils croient opprimés. Enfin, ils peuvent avoir des rapports difficiles et conflictuels avec leurs pairs en raison de ces mêmes éléments d'impulsivité et du fait qu'ils se sentent concernés par tout ce qui se passe près d'eux.

Le déficit de l'attention sans hyperactivité est identifié plus tardivement, comme toutes les problématiques où le jeune est tranquille, trop peut-être, et ne dérange pas. Il se manifeste plus particulièrement dans les périodes de transition :

- vers la 5e année du primaire, alors que les exigences scolaires et les capacités cognitives font un bond ;
- à l'entrée au secondaire, alors que le jeune se retrouve avec huit ou neuf professeurs différents qui ont chacun leurs exigences et qu'il doit composer avec de nombreux échéanciers ;
- à l'arrivé au collège (cégep), alors que l'encadrement est moindre et que le jeune doit développer sa propre structure.

Ce jeune peut donner l'impression d'être paresseux, de ne pas faire d'efforts, de ne pas tenir compte de ce qu'on lui dit. D'autant plus s'il est gentil, ne s'oppose pas, ne fait pas de vagues. **Attention** : la consommation de marijuana peut commencer tardivement, vers la fin du secondaire ou le début du collégial dans une tentative d'autotraitement, afin de mieux se concentrer. Malheureusement, en peu de temps, de 6 à 12 mois, les effets secondaires de dépression, d'anxiété et de dépendance se font sentir. Il n'est pas rare que ces jeunes viennent à ce moment demander de l'aide : non seulement se sentent-ils de plus en plus mal, mais ils voient leurs résultats scolaires chuter brutalement, ce qui inquiète passablement leur entourage.

Le risque de suicide chez les jeunes présentant un déficit de l'attention et une hyperactivité

L'enfant vit une grande dévalorisation compte tenu des réprimandes, des reproches, des conséquences, des sanctions et des mouvements d'exaspération à son égard. Les gestes suicidaires peuvent alors survenir de façon très impulsive, alors que le jeune est sans espoir que les choses changent.

Malgré toute sa bonne volonté, il n'arrive pas à se contrôler de la même façon qu'un autre enfant de son âge. En fait, il peut y arriver mais de façon très fluctuante selon :

- son état physique (est-il fatigué ? surexcité ? etc.) ;
- son intérêt pour l'activité en cours ;
- la gravité de son atteinte ;
- l'état de son environnement (ceux qui l'entourent sont-ils épuisés ? Est-il dans un environnement très bruyant ? Est-il exposé à trop de stimuli à la fois ?).

> Le trouble du déficit de l'attention et de l'hyperactivité (TDAH) est souvent accompagné de difficultés d'apprentissage. Il est assez fréquent aussi qu'un trouble dépressif y soit associé, surtout si le jeune souffre beaucoup de son état. Heureusement, aujourd'hui, on connaît mieux ce syndrome et des traitements efficaces ont été mis au point pour le maîtriser. Car on ne peut faire disparaître totalement les symptômes. On doit apprendre à vivre avec eux, en se donnant les moyens pour qu'ils n'envahissent ni le jeune ni ses proches.

Il est très important de persévérer dans les attitudes aidantes et la prise de médication, si prescrite, car la très grande majorité des enfants souffrant du DAH voient leurs symptômes s'amenuiser à mesure qu'ils vieillissent, particulièrement au plan de l'agitation, de la fébrilité et de l'hyperactivité[13].

13 SAUVÉ, C. Travailleuse sociale qui s'intéresse à cette problématique depuis plus de 30 ans, a rédigé un livre sur le sujet : *Apprivoiser l'hyperactivité et le déficit de l'attention* saura vous renseigner et vous outiller face à ce syndrome qui a des répercussions sur la vie personnelle, familiale et conjugale.

Les psychoses

La psychose est un état caractérisé par la rupture de contact avec la réalité. C'est une expérience qui perturbe énormément le jeune qui la vit et son entourage qui en est le témoin impuissant. Même si l'épisode est bref, on ne peut nier la fragilité avec laquelle le jeune doit composer et les ajustements qui s'imposent.

Les catégories de psychose

On peut regrouper les psychoses en trois catégories si on exclut les maladies neuroaffectives comme l'autisme et les autres troubles envahissants du développement : il s'agit du trouble psychotique bref, de la psychose toxique et de la schizophrénie. Selon le docteur Charles Bedwani[14] :

- **le trouble psychotique** bref survient de façon intempestive chez un jeune. En général, il est déclenché par un événement très stressant (rupture amoureuse, panique face à son homosexualité, rituels d'initiation à l'école, séances de spiritisme et de magie blanche, etc.). La désorganisation du jeune est alors impressionnante, mais il s'en remet complètement en quelques semaines s'il est traité ;
- **la psychose toxique** est une décompensation à la consommation de drogue ; elle provoque des hallucinations sensorielles et des idées délirantes. Elle peut être déclenchée par des drogues considérées comme des drogues douces, telles la marijuana, et entraîner une hospitalisation. Cette expérience est en général traumatisante pour le jeune et une grande source d'inquiétude pour ses proches ;
- **la schizophrénie** perturbe gravement le comportement du jeune, sa perception, sa pensée et son langage. Elle débute généralement dans la vingtaine par une phase où

14 Bedwani, C. « Psychoses et dépressions », dans P. Lalonde, J. Aubut et F. Grunberg, *Psychiatrie clinique : une approche bio-psycho-sociale*, tome II. Boucherville : Gaëtan Morin, 2001.

le jeune se désintéresse peu à peu de presque toutes les sphères d'activités, s'isolant de plus en plus, devenant passif, abandonnant tous ses centres d'intérêt. Le jeune se sent morcelé et, comme l'angoisse est de plus en plus envahissante, il cherche des solutions pour se soulager : le suicide peut alors être envisagé. La phase aiguë le libère de l'angoisse et lui indique le chemin à suivre par les hallucinations qui l'habitent. Il est vital que le jeune schizophrène entreprenne un traitement biochimique. La médication est nécessaire pour lui permettre de retrouver un certain niveau de fonctionnement dans la vie quotidienne et auprès de son entourage.

Le risque de suicide chez les jeunes psychotiques

Bien qu'elles ne soient pas très répandues, les psychoses sont extrêmement éprouvantes pour ceux qui en sont atteints et leurs proches. Elles comportent un risque élevé de suicide étant donné l'angoisse insoutenable qu'elles provoquent et les idées délirantes ou hallucinations qu'elles suscitent chez le jeune, l'empêchant de communiquer réellement avec le monde extérieur.

Le risque est particulièrement élevé chez le jeune schizophrène qui voit son univers vivant s'effondrer et son avenir s'éteindre. Le risque de suicide peut survenir dans un moment de lucidité, quand le jeune prend conscience de la lourdeur de sa maladie, du handicap qu'elle entraîne pour son avenir, de l'intensité de sa souffrance, du fait qu'il n'est plus lui-même dans la vie de tous les jours. Le risque de suicide peut aussi survenir dans des moments de rupture de contact avec la réalité, dans le but de faire fuir ses persécuteurs (dans le cas du délire), ou d'hallucinations auditives mandatoires (la voix de Dieu qui le pousse au suicide pour sauver ainsi l'humanité).

Lorsqu'un jeune souffre d'une forme de psychose, le soutien à sa famille et à ses proches est nécessaire pour permettre une certaine « adaptabilité » face à la maladie.

Les troubles alimentaires

Les troubles alimentaires sont regroupés en deux grandes catégories, l'anorexie et la boulimie, qui se manifestent principalement chez les jeunes filles adolescentes. Nous commençons tout juste à reconnaître les signes de ces troubles alimentaires chez les garçons et à nous pencher sur cette problématique. Afin de ne pas vous induire en erreur avec des caractéristiques qui ne s'appliquent peut-être pas exactement aux garçons, il sera question ici des jeunes filles souffrant de troubles alimentaires.

L'anorexie

L'anorexie, ou anorexie mentale, est caractérisée par le refus de maintenir un poids minimal, même en deçà du poids normal. La jeune fille qui en souffre utilise les privations alimentaires, les régimes amaigrissants, un excès d'activités physiques, les vomissements ou des laxatifs comme moyens pour rester le plus maigre possible.

L'adolescente cherche à prendre le contrôle de la cuisine et s'isole de tous ses amis étant donné que le fait de sortir risque de la confronter au plaisir qu'ils ont à manger ensemble, plaisir qu'elle n'éprouve plus depuis longtemps.

Elle a une perception déformée de sa silhouette. Elle se trouve continuellement trop grosse et ressent du soulagement chaque fois qu'elle maigrit davantage.

Cela peut même provoquer un arrêt des menstruations et une transformation de sa voix sans qu'elle s'en inquiète. Les commentaires de ses proches ne feront que la renforcer dans sa détermination à maigrir.

La boulimie

La boulimie est principalement caractérisée par des crises où la jeune fille absorbe indistinctement une quantité phénoménale de nourriture, en un laps de temps très court. Par la suite, elle cherche à perdre du poids par les mêmes moyens que la jeune anorexique, soit les vomissements, la prise de laxatifs, le jeûne ou l'exercice physique démesuré. En général, la jeune fille présente un poids normal qu'elle voit fluctuer de façon très instable en une courte période de temps.

Son estime de soi est extrêmement affectée par ce trouble qui est plus présent en périodes de stress. Il est rare qu'elle en parle ouvertement, car elle en a honte.

On rencontre souvent en consultation des jeunes filles qui en souffrent, mais elles tardent à parler de ce sujet, alléguant d'autres problèmes qui y sont associés (humeur dépressive, états de panique, difficulté de sommeil, maux de ventre, d'estomac, etc.).

Le risque de suicide chez des jeunes souffrant d'un trouble alimentaire

On considère actuellement qu'environ 5 % des jeunes souffrant d'anorexie meurent à cause de complications médicales qui surviennent lorsque l'anorexie n'a pas été traitée à temps. Le suicide est malheureusement trop souvent envisagé lorsque ces jeunes (généralement des jeunes filles) ont une mauvaise image de soi. À l'heure où les mannequins rachitiques ou encore refaçonnées au silicone, Botox® et compagnie sont objets de désir et synonymes de bien-être, les jeunes filles en quête d'identité peuvent être particulièrement vulnérables à la perception négative qu'elles ont de leur corps. Et même déformée, cette perception sera très ancrée en elles et résistera à une saine modification.

! En résumé

Les principaux troubles psychiatriques associés au suicide chez les jeunes sont :

- ✓ les troubles de l'humeur (dont la dépression) ;
- ✓ les troubles anxieux ;
- ✓ les troubles de dépendance ou d'abus de drogues ou d'alcool ;

✓ les troubles de la conduite;
✓ le déficit de l'attention et l'hyperactivité;
✓ les psychoses;
✓ les troubles alimentaires.

Chez les jeunes, il est fréquent qu'il y ait comorbidité, c'est-à-dire coexistence de plus d'un trouble à la fois.

La dépression est le problème de santé mentale le plus fréquemment associé au suicide chez les jeunes.

Attention, le risque de suicide est particulièrement élevé si le jeune souffre de dépression, s'il consomme alcool ou drogues et s'il est impulsif.

Conseils aux parents

Si vous soupçonnez la présence d'un problème de santé mentale chez votre jeune:

- soyez attentifs aux signes extérieurs qui vous démontrent que ça ne va pas;
- prêtez une attention spéciale aux ruptures de comportements et d'attitudes;
- essayez de discuter avec votre jeune de ce qui se passe, de ce qu'il ressent;
- s'il nie le problème, parlez de votre inquiétude, de votre besoin d'être rassuré;
- soutenez-le, évitez les blâmes et les reproches;
- consultez rapidement et cherchez à rencontrer un médecin.

Chapitre 8

Les vulnérabilités individuelles : les traits de personnalité

Les trois chapitres précédents traitaient d'un même aspect des vulnérabilités individuelles, les problèmes de santé mentale. Ils nous ont permis d'en considérer l'impact sur les conduites suicidaires et de se familiariser avec leurs symptômes afin d'y être sensibilisés. De plus, nous nous sommes attardés à la dépression de façon détaillée compte tenu de sa prévalence dans la problématique du suicide et du fait que ses manifestations sont constatées bien souvent par l'entourage sans que le lien soit fait avec la maladie.

Un second volet des vulnérabilités individuelles concerne le tempérament ou les traits de personnalité du jeune. Ce sont des caractéristiques propres à chaque jeune et présentes dès son plus bas âge.

Le caractère se développe à mesure que l'enfant grandit en fonction :

- de son tempérament de base (ou de ses traits de personnalité) ;
- des attitudes parentales ;
- des expériences de vie ;
- des relations interpersonnelles.

Toutefois, les traits de personnalité font partie de l'individu. Bien sûr, on peut en améliorer certains aspects mais, dans l'ensemble, on doit apprendre à vivre avec ce qu'on est, reconnaître nos forces et nos limites, nos qualités et nos défauts, utiliser nos ressources, en cherchant à vivre en harmonie avec soi et les autres.

Les prédispositions au bonheur

Certains traits de personnalité aident à vivre heureux. Il y a chez des individus ce qu'on peut appeler des prédispositions au bonheur :

- l'optimisme qui nous amène à voir le bon côté de la vie ;
- les habiletés relationnelles qui nous permettent d'établir des relations affectives nourrissantes et d'aller vers les autres ;
- l'ouverture d'esprit qui favorise l'expérimentation, l'éveil à tout ce qui peut nous alimenter et la compréhension de situations complexes qui ne nous sont pas familières ;
- la générosité de cœur qui nous rend sensible aux besoins des autres et nous renvoie de façon exponentielle le bonheur que nous pouvons apporter à d'autres ;
- la capacité de vivre des frustrations, ce qui permet l'ajustement nécessaire pour tolérer la déception sans nous enlever le goût de continuer ;
- la persévérance dans l'effort qui contribue à nous faire vivre des succès et à développer une estime de soi positive.

> Il ne faut pas croire que ceux qui présentent de telles caractéristiques sont des individus parfaits. Il n'existe pas et n'existera jamais de gens parfaits. C'est incompatible avec la condition humaine. L'imperfection fait partie intégrante de la vie.
>
> Il existe des gens qui ont une plus grande facilité à être heureux, à vivre avec les autres et à surmonter les embûches. Mais comme chacun de nous, ils ont leurs défauts, leurs faiblesses et leurs limites.

On dit que les êtres humains ont les défauts de leurs qualités. Ce qui est une force en général peut être une limite dans une situation donnée. Par exemple :

- quelqu'un de très généreux peut avoir de la difficulté à établir ses limites, à ne pas se laisser envahir, à dire non, à penser à soi ;
- quelqu'un de déterminé peut être incapable de « laisser-aller », peut s'obstiner à poursuivre une démarche indépendamment de son inutilité ou de la disproportion entre ses efforts et les résultats escomptés ;
- quelqu'un qui a beaucoup d'habiletés relationnelles peut éprouver de la difficulté à être seul, avoir un besoin constant d'être entouré, etc.

De nombreux auteurs ont écrit sur le bonheur et sur la capacité de croire en la vie. J'aime beaucoup l'angle avec lequel deux auteurs ont abordé le bonheur. D'abord, Christophe André, psychiatre bien connu en France pour son travail clinique et ses nombreux écrits, a publié différents livres sur les problèmes de santé mentale de même que sur la capacité de vivre sa vie ardemment dans la recherche d'un mieux-être. Je vous propose mon préféré : *Vivre heureux. Psychologie du bonheur*[1]. Un second coup de cœur, écrit cette fois sous la forme d'un roman avec beaucoup de candeur : *Le voyage d'Hector ou la recherche du bonheur* par François Lelord, collègue de Christophe André, publié chez le même éditeur.

Les obstructions au bonheur

À l'autre extrême, il existe des traits de personnalité qui rendent plus ardus la recherche du bonheur, l'épanouissement personnel et la satisfaction des relations interpersonnelles. En général, on note chez ces personnes une vulnérabilité quant au risque de suicide. L'impasse relationnelle dans

1 Paris : Éditions Odile Jacob, 2002.

laquelle elles vivent ou la surreprésentation qu'elles se font des problèmes par rapport au degré de satisfaction et de bien-être personnel recherchés accentue ce risque.

Cela ne veut pas dire que ces personnes sont inévitablement suicidaires. La plupart d'entre elles ne seront jamais confrontées au suicide.

Toutefois, on constate qu'il s'agit de facteurs de risque qui s'ajoutent aux autres. Ces obstructions au bonheur peuvent avoir une incidence sur la conduite suicidaire et sur l'évolution du traitement du jeune. Quelles sont-elles?

- L'impulsivité;
- Le perfectionnisme;
- La rigidité de la pensée et des attitudes;
- Le pessimisme et le manque permanent d'espoir;
- Un seuil de tolérance très bas à la frustration;
- Un caractère très excessif;
- Le besoin insatiable d'être aimé;
- L'anxiété;
- La culpabilité;
- La passivité.

L'impulsivité

- L'impulsivité favorise un passage à l'acte très rapide, en raison du manque de maîtrise de soi et de l'incapacité à prendre du recul face à une situation souffrante.
- Elle peut être accompagnée ou non d'agressivité.

Le perfectionnisme

- Le perfectionnisme empêche le jeune d'être satisfait de ce qu'il vit et d'être fier de ce qu'il fait.
- Il l'emprisonne dans un carcan d'exigences si élevées qu'il sera inévitablement incapable de les atteindre.

- Il peut, à l'extrême, entraîner la procrastination, c'est-à-dire l'incapacité de bouger, d'entreprendre quoi que ce soit, la tendance à toujours remettre à plus tard la moindre chose parce qu'elle doit être si parfaite qu'elle est perçue comme une montagne.
- Il peut développer, à l'autre extrême, une conduite obsessionnelle par laquelle tout doit être parfait et repris inlassablement, ou avec une si grande minutie qu'il n'y a aucune efficacité possible.

La rigidité de la pensée et des attitudes

- La rigidité de la pensée empêche le jeune d'envisager des solutions de rechange à celles déjà en place.
- Elle réduit sa créativité et sa capacité à développer de nouvelles avenues de solution et des habiletés relationnelles.
- Elle fait croire que le jeune est fermé, qu'il ne veut rien savoir ; qu'il ne fera les choses que d'une seule façon, la sienne, et ne manifestera pas beaucoup d'ouverture pour apprendre de nouvelles façons de faire.

Le pessimisme et le manque permanent d'espoir

- Le pessimisme et le manque permanent d'espoir découlent d'une perception exclusive du côté négatif des événements, les aspects positifs étant masqués ou balayés rapidement.
- Ils illustrent le principe du verre d'eau que l'on voit à moitié vide ou à moitié plein.
- Ils entraînent une attitude défaitiste face à tout ce qui survient.

Un seuil de tolérance très bas à la frustration

- Un seuil bas de tolérance à la frustration empêche le jeune de développer les mécanismes d'adaptation nécessaires à sa situation.

- Il se manifeste chez lui par l'impression d'être victime de tous les événements ou qu'on s'acharne à le contrarier.
- Il rend le jeune incapable de supporter la moindre attente, la vivant comme une atteinte, une blessure ou une attaque contre lui.

Un caractère très excessif

- Un caractère excessif mène le jeune à dramatiser ou à idéaliser une situation sans nuancer, sans chercher à trouver des compromis, sans envisager de solutions intermédiaires.
- Il pratique le tout ou rien, le noir ou blanc sans nuances de gris.

Le besoin insatiable d'être aimé

- Un besoin insatiable d'être aimé amène le jeune à toujours faire ce qu'on attend de lui, à chercher à plaire à tout prix, à être incapable de dire non de peur de décevoir l'autre et de ne plus être aimé.
- Il l'empêche d'exprimer les émotions qui l'habitent réellement.
- Il fait en sorte que les besoins des autres comptent plus que les siens et de ne s'occuper de lui-même que quand il n'en peut plus.

L'anxiété

- Le jeune ayant une nature anxieuse vit une très grande difficulté d'être dans le moment présent, son esprit est préoccupé par l'appréhension du futur: le jeune est toujours inquiet de ce qui pourrait arriver.
- Elle est souvent accompagnée de symptômes somatiques (difficultés de sommeil, maux de ventre, nœuds à l'estomac, étourdissements, etc.) qui révèlent une grande tension psychique et physique.

- Elle fait en sorte que l'appréhension de ce qui pourrait arriver est bien pire que la situation en elle-même.
- Elle est bien souvent paralysante.

La culpabilité

- La culpabilité est aussi caractérisée par la très grande difficulté d'être dans le moment présent; mais à l'inverse de l'anxiété, elle maintient le jeune dans le passé. Il s'en veut continuellement de ne pas avoir fait ce qu'il aurait dû faire. Il pense en termes de *devoir* et non de *pouvoir*: il ne pense pas à ce qu'il *pourrait* faire.
- Cette caractéristique accompagne très fréquemment le perfectionnisme: le jeune se sent coupable de ne pas avoir été à la hauteur de ses propres exigences qu'il considère normales et non trop élevées.
- De façon insidieuse, la culpabilité prolongée entraîne le jeune vers deux types de réactions: celle où il s'en veut tellement qu'il en étouffe et risque de tomber en dépression, et celle où il n'en peut plus de se sentir si coupable qu'il projette cette culpabilité sur les autres, envers lesquels il développe du ressentiment.
- La culpabilité est aussi bien souvent paralysante.

La passivité

- La passivité amène le jeune à attendre que quelqu'un intervienne à sa place ou que quelque chose d'extérieur à lui se produise pour réagir.
- Elle entraîne le jeune à avoir de moins en moins d'initiatives et de réactions d'ajustement.
- Elle le fait agir comme s'il remettait son propre bien-être entre les mains d'autrui, car il n'est pas en action, mais en réaction.
- Elle fait paraître le jeune paresseux et indifférent à ce qui l'entoure.

- La passivité, c'est la tendance systématique à repousser les échéanciers, à ne bouger qu'une fois rendu à l'extrême limite, ce qui a le don d'exaspérer les autres.

Tous ces éléments de personnalité influencent le jeune dans sa capacité à résoudre les difficultés qui surgissent dans sa vie. Ils peuvent avoir un impact sur la précipitation d'une crise suicidaire et l'utilisation de moyens pour faire une tentative.

En résumé

✓ Les traits de personnalité d'un jeune influencent considérablement la façon dont il emmagasine ses expériences de vie.

✓ Certaines personnes présentent ce qu'on appelle des prédispositions au bonheur. D'autres ont une personnalité qui rend plus ardue leur recherche du bonheur et les rend plus susceptibles de développer un état suicidaire.

CHAPITRE 9

Les facteurs précipitants

Nous abordons maintenant la dernière catégorie d'indices qui peuvent amener un jeune à devenir suicidaire, celle des éléments déclencheurs ou « facteurs précipitants ». Il s'agit d'événements qui se déroulent dans la vie d'un jeune et qui, par leur influence à ce moment précis de sa vie, peuvent entraîner un geste suicidaire.

Comment un événement peut-il être assez grave pour qu'un jeune cherche à en mourir ?

En fait, l'événement est rarement assez grave pour justifier un geste de mort, vu de l'extérieur. Au contraire, nous sommes généralement étonnés de la réaction suicidaire du jeune, car la difficulté ou l'épreuve qui l'y a mené nous semble peu dramatique et la gravité du geste totalement démesurée.

Par contre, le jeune désespéré ne trouve pas les forces nécessaires pour faire face à la situation et le sentiment de perte, d'impuissance, de désarroi, d'échec ou de détresse prend alors des proportions démesurées à ce moment de sa vie où il est particulièrement vulnérable.

La goutte d'eau qui fait déborder le vase

L'élément déclencheur, si banal ou futile soit-il, n'est en fait que la goutte d'eau qui fait déborder le vase. Malheureusement, on prend conscience bien tardivement que le vase se remplissait peu à peu. Lorsqu'il est plein, le moindre écueil peut précipiter le geste suicidaire. D'où l'importance de prêter attention aux différents éléments de stress qui jalonnent la vie d'un jeune afin de l'aider à développer les stratégies d'adaptation appropriées.

Nous n'insisterons jamais trop sur l'importance d'encourager le jeune à développer ses capacités d'adaptation, d'autant plus que les études actuelles font ressortir que les jeunes suicidaires ont moins d'habileté que les autres jeunes à s'adapter aux événements stressants et à créer des solutions nouvelles[1]. Nous en discuterons de façon détaillée au chapitre 11.

Quels sont les principaux facteurs précipitants ?

Plusieurs facteurs précipitants ont été identifiés en tenant compte de leur incidence sur le processus suicidaire d'un jeune au moment où il vit une période de vulnérabilité. Les facteurs plus fréquemment rencontrés sont les suivants :

- le décès d'un proche ;
- la rupture amoureuse ;
- les relations familiales conflictuelles ;
- l'isolement social et la difficulté à développer un sentiment d'appartenance à un groupe de pairs ;
- le harcèlement et l'intimidation ;
- les événements traumatiques ;
- les problèmes légaux et les conflits avec l'autorité ;
- les problèmes scolaires ;
- l'abus de drogues et d'alcool ;
- les dates symboliques ;
- les nuits blanches.

1 CHAGNON F., J. HOULE et J. RENAUD. *Que savons-nous des éléments pouvant influencer le processus suicidaire chez les jeunes?* Montréal, 2003. Projet d'intervention concertée sur le suicide chez les jeunes en difficulté. Rapport de recherche.

Le décès d'un proche

Le décès d'un proche, qu'il s'agisse d'un membre de la famille, d'un ami ou d'un camarade, suscite une angoisse importante chez le jeune.

> Plus les circonstances entourant le décès sont dramatiques (les causes, les moyens utilisés, etc.) et plus son impact est important dans la vie du jeune (éclatement de la famille, placement, perte du confident, etc.), plus grand est le risque d'un passage à l'acte suicidaire.

Les circonstances du décès peuvent être dramatiques au regard de :

- la cause elle-même (suicide, accident, mort brutale, maladie fulgurante, incendie dévastateur, etc.) ;
- l'état des relations avec la personne au moment de son décès (disputes dans les semaines ou les jours précédents, diminution récente des contacts ou, à l'opposé, rapprochement très intense qui laisse un vide douloureux, malentendus n'ayant pu être dissipés, etc.) ;
- la responsabilité directe ou indirecte du jeune face au décès de l'autre (être au volant de la voiture au moment de l'accident, être un passager survivant à l'accident, avoir reçu les confidences d'un suicide annoncé, avoir été témoin de la mort de l'autre par agression physique, avoir passé les derniers instants de la soirée avec une personne qui est partie seule et qui serait décédée lors d'une agression sexuelle ou d'un accident de la route à la sortie du lieu, ne pas avoir été contaminé par une bactérie qui a provoqué la mort de l'autre, etc.). Il peut s'agir davantage d'un sentiment de responsabilité qui entraîne la culpabilité que d'une responsabilité réelle ;

- la découverte du décès (avoir découvert soi-même la personne décédée, la façon dont on apprend le décès, les images liées à une mort brutale, etc.).

Voici des situations où l'impact du décès est majeur dans la vie du jeune :

- la personne décédée était extrêmement importante dans la vie du jeune et son absence laisse un vide qui semble impossible à combler (ex. : un parent, le meilleur ami sinon le seul ami, etc.) ;
- l'absence de soutien ou un soutien inadéquat de la part des parents (isolement social, réaction de deuil extrêmement éprouvante pour les membres de la famille, dépression majeure avec ou sans psychose non traitée, effondrement et dysfonctionnement persistant d'un proche, etc.) ;
- la rupture avec la vie antérieure (éclatement de la famille par séparation des parents, séparation de la fratrie ou placement ; déménagement en un lieu inconnu et nécessité d'établir de nouveaux liens ; dans le cas d'un jeune vivant en famille recomposée, séparation d'avec le beau-parent, les demi-frères et demi-sœurs et reconstruction du quotidien avec le parent qui n'avait pas la garde, très souvent peu présent avant le décès de l'autre parent, etc.).

La rupture amoureuse

La rupture amoureuse cause une souffrance souvent intolérable à celui qui est abandonné, qui subit la décision de l'autre. La première vraie peine d'amour, peu importe l'âge où elle survient, fait très mal. On a alors souvent l'impression que la vie s'arrête en nous.

Si les parents, dans un désir de protéger le jeune, ne l'ont jamais laissé vivre la peine liée à des pertes relationnelles, sa vie s'écroule lorsqu'il vit une peine d'amour, car il n'a pas appris que la souffrance a une fin. Il ne sait pas qu'il peut développer en lui les ressources nécessaires pour surmonter cette souffrance.

Il est malheureusement fréquent de rencontrer des jeunes qui commettent un acte de suicide à la suite d'une rupture amoureuse. Il s'agit du facteur précipitant le plus répandu chez les jeunes suicidaires.

Les relations familiales conflictuelles

Les relations familiales conflictuelles engendrent un stress intense chez l'adolescent, contrairement à ce que les parents croient souvent, trompés par le je-m'en-foutisme que le jeune affiche pour se protéger. Le fait de se retirer dans sa chambre peut aussi servir de bouclier en cas de conflits importants.

Dans les familles séparées où la relation entre les ex-conjoints est plutôt guerrière, le jeune est très affecté. Il vit une détresse et un sentiment d'impuissance qui lui enlèvent tout espoir d'harmonisation. Il redoute par-dessus tout d'être rejeté par l'un de ses parents à cause de ses traits de caractère qui le font ressembler à l'autre parent. Il perçoit qu'il ne peut être aimé dans son entité, ni par l'un et ni par l'autre.

Le geste de suicide actualise alors le point de non-retour où le jeune ne se sent plus capable d'être piégé, ne serait-ce qu'une seule minute de plus, par ces adversaires qu'il aime et qui autrefois se sont unis pour lui donner la vie. L'acte suicidaire peut être l'ultime tentative d'un jeune pour se réapproprier son pouvoir alors qu'il vit tant d'impuissance.

Dans un registre où l'impasse est beaucoup moins importante, le jeune qui a du mal à tolérer les limites imposées par ses parents peut l'exprimer dans toutes sortes de situations. Certains jeunes vont commettre un acte suicidaire à la suite d'un refus de sortie, d'une heure de rentrée prolongée, etc. Le geste revêt alors un caractère de rébellion et d'opposition à l'autorité. Il importe dans ce cas d'amener le jeune à prendre conscience de stratégies plus appropriées pour exprimer son désaccord. Dans de telles situations, le caractère à priori manipulateur du geste ne doit surtout pas nous faire perdre de vue le réel besoin d'aide du jeune qui exprime sa dissension à l'égard de ses parents en mettant sa vie en danger.

L'isolement social et la difficulté à développer un sentiment d'appartenance à un groupe de pairs

À l'adolescence, l'identification aux pairs est essentielle au développement du jeune. C'est ainsi qu'il peut poursuivre son processus d'identification personnelle et sa quête d'autonomie qui lui permettront de quitter la sécurité de l'enfance.

Or, si les inquiétudes des parents sont souvent nombreuses par rapport à l'influence d'un groupe d'amis sur leur jeune, elles devraient l'être encore plus si le jeune n'a pas de groupe d'amis !

D'abord, rappelons-nous qu'il ne s'agit pas d'une influence à sens unique des amis envers le jeune, mais d'une interaction où il y a influence mutuelle. Et c'est à ce moment qu'on voit l'importance de ce que les parents ont investi dans leur jeune depuis sa tendre enfance, les valeurs qu'ils lui ont transmises, leur engagement affectif. Cet investissement crée des assises intérieures et des balises qui aident le jeune dans sa démarche d'autonomisation.

Cette démarche n'est possible que dans la mesure où le jeune peut comparer ses propres points de repère à des repères extérieurs. Ceux de ses pairs lui permettent de trouver sa place parmi ses semblables.

S'il n'y a pas de pairs, il lui est difficile de se projeter dans un environnement qu'il percevra comme étant hostile ou fermé à son égard. La peur d'être différent des autres, de ne pas avoir de valeur à leurs yeux, de ne jamais se sentir bien parmi eux, de ne pas faire partie des leurs, diminue son estime de lui et augmente de façon exponentielle le sentiment d'exclusion et, par conséquent, le risque de passage à l'acte.

Le harcèlement et l'intimidation

De plus en plus souvent, nous rencontrons de jeunes suicidaires qui sont victimes de harcèlement, d'intimidation ou de taxage. Cette situation risque de perdurer tant que le triangle en jeu (victime, agresseur, témoins) sera paralysé par la loi du silence (victime et témoins) et la fausse puissance de l'agresseur.

Terrorisée, la victime se tait, craignant des représailles, une récidive ou une aggravation de la situation. Elle se sent doublement isolée par le silence et par la participation passive ou la complicité, même involontaire, des témoins qui ne prennent pas sa défense. Ceux-ci redoutent à leur tour d'être éventuellement victimes de l'agresseur et cherchent à s'assurer qu'ils ne risquent pas d'en devenir la cible. De plus, l'effet d'entraînement à l'intérieur d'un groupe peut aussi empêcher la prise de position individuelle à un âge où le sentiment d'appartenance joue un rôle majeur dans le développement. Celui qui n'approuve pas l'attitude d'intimidation cherchera davantage à se retirer discrètement plutôt que de dénoncer.

Or, c'est en brisant le silence que l'on retire le pouvoir des mains de l'agresseur. Si un milieu scolaire, sportif ou social ne tolère pas l'intimidation, celle-ci diminue radicalement. C'est en encourageant les témoins à réagir ensemble et la victime à parler que la « toute-puissance » de l'agresseur est annulée.

Pour y arriver, il est important que les parents, les enseignants, les éducateurs et les animateurs ne se ferment pas les yeux en minimisant une situation perçue trop rapidement comme un événement isolé ou comme une dispute à régler entre camarades.

Le jeune victime d'intimidation ou de harcèlement a besoin d'être écouté, d'être accompagné dans la recherche de solutions à la situation-problème et de sentir chez les adultes en autorité la volonté de faire cesser toute forme de harcèlement ou d'intimidation. C'est en impliquant l'ensemble des jeunes dans la politique de tolérance zéro, en dénonçant comme groupe témoin l'attitude de l'agresseur, en soutenant la victime et en suscitant la collaboration des parents que l'on peut enrayer le phénomène.

Les événements traumatiques

Lorsqu'un événement traumatisant survient, le jeune peut commettre un acte suicidaire dans une tentative désespérée de réparation ou d'absolution à ses propres yeux. Par exemple :

- s'il vit une agression sexuelle, un viol, par des camarades qu'il croyait ses amis, ou encore par des inconnus ;
- s'il a vécu « une absence » en consommant des substances, à son insu ou non, et qu'il ne peut se souvenir de ce qu'il a fait, de ce qu'on lui a fait faire ;
- s'il a vécu un avortement et en ressent une trop grande culpabilité, une trop grande détresse ;
- s'il a fait une fugue qui l'a mené dans un lieu, un contexte, un état qui lui fait horreur ;
- s'il a été le témoin impuissant d'un acte de violence qui le laisse intérieurement ravagé.

De tels événements ne surviennent pas dans la vie d'un jeune sans laisser de traces. Les séquelles peuvent être cachées ou apparentes, parfois attribuées à autre chose, souvent minimisées par le jeune lui-même alors que les ravages intérieurs se poursuivent.

Il se peut que l'entourage soit au courant de ces événements comme il est possible qu'il les ignore. Il peut aussi se laisser berner par l'apparent détachement présenté par le jeune, qu'il s'agisse d'un secret ou d'un masque pour camoufler la souffrance. Le sentiment d'impasse et le désespoir augmentent alors dramatiquement, risquant de précipiter un geste suicidaire.

Les problèmes légaux et les conflits avec l'autorité

Bien des jeunes ont tenté de s'enlever la vie après avoir comparu devant un tribunal pour de simples mesures disciplinaires ou émissions de contraventions. La recension des écrits faite par Chagnon, Houle et Renaud (2002) fait ressortir que, parmi les jeunes garçons décédés par suicide, il y en avait deux fois plus qui avaient vécu un problème légal impliquant l'intervention des policiers au cours des 24 heures précédant le suicide.

Les conflits avec l'autorité sont une source de grand stress chez le jeune, et leurs répercussions ou leur appréhension peuvent aussi précipiter le geste suicidaire.

Les problèmes scolaires

L'école est un milieu de vie très important pour le jeune. C'est souvent le lieu qui lui permet de valider les valeurs de ses parents, d'être confronté aux divergences d'opinions d'adultes qu'il estime, de trouver sa place dans un réseau d'amis. Il peut y trouver l'occasion de développer des stratégies pour évoluer dans un encadrement disciplinaire autre que celui de sa famille. Il sera en contact avec des adultes qu'il aimera, auxquels il s'identifiera, ainsi qu'avec d'autres qui l'irriteront ou le laisseront indifférent. Il sera encouragé à trouver et à entretenir une motivation, à persévérer, alors que parfois il ne voit pas l'utilité de ce qu'il apprend.

Selon les différentes étapes de son développement et selon ses expériences, le jeune peut être un élève très appliqué, passif, contestataire, engagé ou désengagé. Chose certaine, il convient de ne pas sous-estimer le stress causé par des difficultés vécues à l'école, car le jeune peut être incapable de supporter la pression et sentir un point de rupture à l'intérieur de lui qui le précipiterait vers le suicide. Ce peut être le cas :

- d'un jeune qui se fait traiter de « nul » par ses pairs, qui n'est jamais choisi pour les activités d'équipe, qui devient la risée du groupe ;

- d'un jeune qui se fait traiter de « bollé » comme s'il s'agissait d'une tare ou d'une maladie honteuse ;
- d'un jeune qui souffre de difficultés d'apprentissage, de troubles anxieux, de troubles relationnels ;
- d'un jeune à l'intelligence supérieure, qui a perdu toute motivation scolaire et est en train de décrocher ;
- d'un jeune à qui on a trop souvent rappelé le « plaisir d'apprendre » sans souligner aussi les efforts demandés par l'apprentissage ;
- d'un jeune qui vit un échec scolaire, un conflit avec un enseignant, une suspension ou un renvoi ; un jeune qui a « mal à l'école[2] ».

L'abus de drogues et d'alcool

Différentes études confirment ce que l'expérience clinique permet d'observer : près d'un adolescent sur deux, décédé par suicide, avait consommé de l'alcool ou de la drogue avant de faire le geste. Ce qui pourrait conférer à la drogue et à l'alcool un rôle précipitant dans le geste suicidaire. Les garçons qui présenteraient des problèmes liés à la consommation seraient plus vulnérables aux ruptures amoureuses que les autres.

On sait que l'alcool et la drogue ont un effet dépresseur sur le système nerveux central, même s'ils procurent au premier abord une sensation d'euphorie et de doux bien-être. Même s'il n'y a pas de « bad trip », l'effet dépresseur existe tout de même au niveau biochimique.

Des jeunes qui ont survécu à leur tentative de suicide disent souvent qu'ils auraient eu beaucoup de difficulté à faire le geste suicidaire « à froid », c'est-à-dire sans avoir consommé. D'autres ont l'impression que l'idée de suicide s'est infiltrée petit à petit à mesure qu'ils consommaient, que leur perception était teintée par le sentiment que « faire

2 . BÉLIVEAU, M.-C. *J'ai mal à l'école*. Montréal : Éditions de l'Hôpital Sainte-Justine, 2002.

un geste suicidaire, y'avait rien là ». Leurs émotions étaient exacerbées et le suicide leur est apparu comme une réponse à trop de douleur, entraînant un urgent désir d'agir.

On sait à quel point l'abus de drogues ou d'alcool augmente l'impulsivité dans la parole ou dans l'action. Par la désinhibition quant aux limites et par l'altération du jugement qu'elle provoque, la consommation agit comme un facteur précipitant chez un jeune vulnérable et souffrant.

Les dates symboliques

Les dates anniversaires rappelant la perte d'un être cher sont particulièrement importantes pour les jeunes en quête de symboles et de sens à leur existence. L'approche du jour rappelant le suicide d'un proche, l'annonce d'un refus vécu comme un rejet, le début ou la fin d'une relation amoureuse, la découverte d'une trahison, l'annonce d'une maladie grave, tout cela peut agir comme déclencheur.

Il importe d'être vigilant quand ces dates approchent, surtout si le jeune leur confère lui-même un caractère décisif.

Les nuits blanches

Un dernier élément apparaît avoir une incidence importante dans la précipitation du passage à l'acte : celui de la nuit blanche.

Il est difficile d'expliquer pourquoi le jeune décide de faire le geste à l'aube. Est-ce la réaction à une anxiété intolérable (l'anxiété augmente à mesure que la nuit avance) ? Est-ce que la décision était déjà prise, le plan déjà connu, ce qui empêchait le jeune de s'endormir ? Il n'y a pas de réponses claires. Les jeunes qui se sont pendus ou jetés devant une rame de métro très tôt le matin ne peuvent plus nous répondre. Pourtant, certains se préparaient à un examen important ou à une promotion à laquelle ils tenaient.

Certains jeunes qui ont survécu à la crise suicidaire ont raconté à quel point la nuit est angoissante, étouffante, et à quel point elle décuple leurs appréhensions et leurs souffrances. On n'a qu'à se rappeler à quel point les problèmes du quotidien prennent une ampleur disproportionnée la nuit lorsqu'on est incapable de dormir, pour comprendre un tant soit peu l'étendue de la détresse d'un jeune suicidaire que le sommeil fuit.

En résumé

- ✓ Différents événements surviennent dans la vie d'un jeune lorsqu'il est vulnérable et peuvent agir comme facteurs précipitants d'un geste de suicide. Ils déstabilisent le jeune dans sa façon de voir et de saisir ce qui se passe dans sa vie.
- ✓ Ce n'est pas l'événement lui-même qui amène le jeune à vivre une crise suicidaire, mais ce qu'il représente à ce moment précis de sa vie.
- ✓ Il s'agit bien souvent de la goutte d'eau qui fait déborder le vase.
- ✓ En ce qui a trait au suicide: la rupture amoureuse, le décès par suicide d'un parent ou d'une personne très significative pour le jeune, les conflits avec la famille, les pairs et l'autorité incluant la loi, les pertes relationnelles importantes, l'isolement social, les situations de dénigrement, d'intimidation, voire de cruauté, l'échec ou la peur d'un échec, la suspension et l'expulsion scolaire ou celle d'une activité que le jeune avait investie sont les principaux facteurs précipitants à l'adolescence.
- ✓ En ce qui concerne les enfants: l'humiliation et l'intimidation, la séparation des parents, particulièrement si elle est très conflictuelle et que la situation est envenimée, ainsi que le décès d'une idole (surtout s'il s'agit d'un décès par suicide) sont les facteurs précipitants les plus fréquemment rencontrés.
- ✓ Enfin, il faut tenir compte du fait que la rupture amoureuse est aussi douloureuse à vivre pour un garçon que pour une fille et qu'elle peut jouer pour l'un comme pour l'autre un rôle déclencheur important dans le passage à l'acte.

Témoignage de Benoît[3] (1re partie)

Je n'aurais jamais imaginé un jour que le parcours de ma vie étudiante aurait été aussi semé d'embûches, d'hésitations et d'abandons. Il me semble aujourd'hui que rien ne laissait entrevoir ma vie de jeune décrocheur.

J'ai aimé l'école durant mon primaire. J'y réussissais même bien. C'est au secondaire que ça a commencé à se gâcher. Il y avait plus d'étudiants et je voulais faire comme tout le monde. Je voulais toujours être avec mes « chums » et parmi eux, il y en avait qui n'aimaient pas l'école. Comme j'étais un « suiveux »…

J'ai passé mon secondaire 1, mon secondaire 2 de justesse. Naturellement, j'avais toujours mes parents sur le dos. Pour mon père, l'école, c'était ce qui comptait le plus. Peut-être que je me vengeais d'une certaine façon : « Tant pis le père, c'est pas toi qui passes tes journées à l'école, c'est moi ! » Mes parents avaient beau me donner des punitions, me menacer de coupures, je ne faisais rien. En fait, je faisais semblant d'étudier.

En secondaire 3, c'est là que ça s'est corsé. J'ai changé d'école pour intégrer un collège privé. C'est là que j'ai le plus « niaisé ». J'allais à peine à mes cours, j'inventais des raisons pour justifier mes absences, je me foutais complètement du risque d'échec, je cachais mes bulletins à mes parents. Parce que tout au long, même si ça ne paraissait pas, j'avais toujours peur de leur faire de la peine ou de les décevoir. Je leur disais : « Tout est beau, laissez-moi tranquille », et je sortais, sans avoir fait mes devoirs. Le soir, j'avais de la difficulté à m'endormir parce que ça me rongeait et que je me sentais coupable de n'avoir rien fait. Je m'endormais plein de bonnes résolutions, tard dans la nuit. Comme le lendemain je n'arrivais plus à me tenir réveillé en classe, les résolutions s'envolaient en fumée.

J'ai coulé mon secondaire 3. Ça a été la guerre chez nous. Mes parents pensaient que j'avais eu ma leçon. Effectivement,

3. Le témoignage de Benoît a été publié dans *Prisme*, 1997, 7 (2) : 251, et 7 (3/4) : 472.

quand je l'ai repris, j'ai réussi. Sauf que j'ai échoué mon secondaire 4 l'année suivante. Cette fois, il y avait de la paresse, mais aussi beaucoup de découragement. Je voyais mes amis graduer sans moi. Je me sentais de plus en plus seul. J'avais perdu le goût de l'étude, le goût de l'effort. Je m'étais fait une copine qui m'encourageait, m'aidait à étudier, mais la motivation ne durait pas très longtemps: elle redescendait aussitôt.

J'ai voulu revenir à mon ancienne école, convaincu que ça me ferait du bien. J'ai été accepté sous condition. Seulement, il a fallu que je traverse l'été pour y entrer. Et là, la descente aux enfers a continué, j'ai quitté ma copine, je n'avais plus de but, je ne trouvais plus de sens à ma vie. Je me suis mis à lire des livres sur des sectes, je ne me sentais plus à ma place avec personne. Je trouvais que je ne méritais pas d'être ici. Je me disais: « Benoît, tu es rien qu'un p'tit cul sur la terre. » Quand j'ai reçu le bulletin qui confirmait que mon secondaire 4 n'était pas réussi, c'est comme s'il n'y avait pas que mon année scolaire qui coulait, je coulais moi aussi. C'est là que j'ai fait une tentative de suicide.

(à suivre)

TROISIÈME PARTIE

En intervenant...

Chapitre 10

Le suicide : facteurs de risque

La deuxième partie nous a permis de définir les trois composantes à considérer dans le déclenchement de la crise suicidaire :

- les facteurs psychosociaux ;
- les vulnérabilités individuelles que sont les problèmes de santé mentale et les traits de personnalité ;
- les facteurs précipitants, c'est-à-dire qui hâtent le geste.

Le problème du suicide ne correspond donc ni à une maladie incurable ni, à l'inverse, à un banal produit de l'imagination. Il s'agit d'une crise dont il faut tenir compte et qu'il faut essayer de résoudre sans tarder.

L'intervenant et la notion de crise

Nous avons vu précédemment que l'adolescence n'est pas une crise mais bien une étape de développement importante, source de nombreux changements accélérés. Cela nécessite de grandes capacités d'adaptation de la part de l'adolescent. Tous ces changements rapides sur différents plans demandent un ajustement constant ; il peut se produire des accidents de parcours, voire quelques dérapages. Cette période peut conséquemment être propice au déclenchement d'une crise.

Mais qu'est-ce qu'une crise ? Nous choisissons de retenir la définition qu'en donne Golan[1] : *une rupture d'équilibre* chez un individu qui rencontre un obstacle ayant des buts temporairement inaccessibles, compte tenu de l'inefficacité des moyens de résolution utilisés. Elle demande la recherche de nouvelles solutions.

L'intervenant aborde la situation de crise à partir de la perception subjective que le jeune a de l'événement. C'est la réaction émotive du jeune qui définit l'intensité de la crise et non l'événement lui-même.

On a longtemps utilisé le modèle de l'entonnoir pour schématiser le processus suicidaire[2]. Ce modèle décrit le déroulement de la crise ainsi que nous l'avons expliqué plus tôt dans ce livre.

Toutefois, l'expérience clinique et les dernières recherches nous démontrent que ce modèle ne convient pas à la compréhension du processus de suicide chez les jeunes. On peut poser un geste suicidaire sans traverser successivement toutes les étapes décrites, ou avoir des idées de suicide récurrentes sans jamais passer à l'acte. De plus, ce modèle ne tient pas compte d'éléments prépondérants comme l'impulsivité liée au geste suicidaire et la consommation d'alcool et de drogues qui augmenteraient jusqu'à six fois le risque de suicide.

Le modèle de l'entonnoir est encore mentionné dans plusieurs ouvrages et documents traitant du sujet. Ce n'est que depuis quelques années que l'on remet véritablement en question sa pertinence en ce qui a trait à la compréhension de la dynamique suicidaire chez les jeunes.

1 Cité dans McCUBBIN et PATTERSON. « File », dans *Family Inventories 1982-1985*. St. Paul : University of Minnesota, 1981. p. 107.

2 SÉGUIN, M. *Le suicide : comment prévenir, comment intervenir*. Montréal : Éditions Logiques, 1991.

Témoignages

« C'est vraiment en voyant l'arme que je suis tombé en état de panique. Je n'ai pas pensé au suicide: je l'ai fait ! »

– Éric*

« Je me suis chicanée avec mon chum qui voulait casser. Je suis sortie de l'auto comme une folle, il y avait un pont à côté. J'ai couru sur le pont et j'ai sauté. Quand je suis rentrée dans l'eau puis que je suis remontée, je me suis dit: «Oh ! non ! Qu'est-ce que je viens de faire là ?» »

– L.

« J'étais écœurée. Y'avait rien qui marchait. J'ai bu pour me changer les idées. J'ai bu pas mal. Pas mal plus que d'habitude. Je le sais pas trop comment les idées noires me sont venues. Ce que je sais, c'est que là, fallait que je le fasse. Tout de suite ! Je l'ai fait… »

– M.

L'impulsivité dans le passage à l'acte

L'impulsivité peut être liée à la crise, aux circonstances qui entourent l'événement, à la consommation inhabituelle ou plus grande. Elle peut aussi être liée à des pulsions internes caractéristiques de cette période de l'adolescence ou particulières au tempérament du jeune.

L'impulsivité, tout comme l'abus de drogues ou d'alcool, est plus répandue chez les garçons que chez les filles, mais elle ne leur est pas exclusive.

* Les témoignages suivis d'un astérisque sont tirés soit de l'émission *Jeux de Société*, « La dépression chez les jeunes » (Productions Pixcom, juillet 2000), soit de la vidéo de Jean-Pierre Maher et Monique Fournier, *La dépression chez les jeunes* (Productions Sogestalt, 1999), soit de l'émission *L'art d'être parent*, « Le suicide chez les jeunes » (Productions Téléfiction, février 2003).

L'impulsivité n'explique pas tout

On ne peut réduire le passage à l'acte qu'à un geste impulsif. Nous avons vu dans les précédents chapitres les différents éléments à considérer dans la problématique du suicide. Toutefois, l'intervenant doit tenir compte de cette notion d'impulsivité dans son évaluation du jeune, tout en sachant bien que celui ayant des idées suicidaires latentes ou obsédantes peut aussi passer à l'acte.

> En fait, nous savons que la majorité des jeunes qui ont des idées suicidaires ne font aucun geste pour s'enlever la vie, de la même façon que la grande majorité des jeunes ayant fait une tentative de suicide sont heureusement encore en vie aujourd'hui.

L'intervenant doit nuancer et exercer son jugement clinique en sachant que le processus suicidaire est loin d'être un enchaînement prévisible d'étapes vers le passage à l'acte, pas plus que le passage à l'acte est synonyme de décès.

Toutefois, l'intervenant doit garder à l'esprit que les jeunes qui ont des idées de suicide sont beaucoup plus à risque de faire des tentatives de suicide, et que ceux qui ont fait des tentatives de suicide sont beaucoup plus à risque de mourir.

Un certain nombre de facteurs ont été identifiés et sont admis comme augmentant le risque de décès chez les jeunes qui les présentent.

Une nouvelle classification : les facteurs prédisposants et les facteurs contribuants

Depuis quelques années, on subdivise les facteurs associés au suicide en quatre catégories :

- les facteurs prédisposants ;
- les facteurs contribuants ;
- les facteurs précipitants (que nous avons vus au chapitre 9) ;
- les facteurs de protection (que nous verrons au chapitre 11)[3].

Par **facteurs prédisposants**, on entend ceux qui sont reliés à l'histoire de vie du jeune, qui le rendent plus vulnérable au suicide. Par exemple, chez l'adolescent : la présence de tentatives de suicide antérieures, des relations d'abus et de violence dans la famille, l'isolement et l'exclusion sociale, un long parcours d'expériences scolaires négatives, l'acceptation du suicide comme réponse valable à la détresse…

Chez l'enfant, la banalisation du suicide pourrait être un facteur prédisposant de même que l'absence de liens d'attachement ou encore la présence d'un trouble de santé mentale.

Les **facteurs contribuants** sont ceux qui augmenteraient le risque présent. Chez l'adolescent, l'abus de drogues et d'alcool serait l'un des premiers facteurs contribuants, de même que les conflits familiaux persistants et un soutien scolaire insuffisant en cas de difficultés importantes. On évoque la grande réticence des jeunes à demander de l'aide bien qu'on ait observé que plusieurs jeunes qui s'étaient suicidés étaient allés voir le médecin en alléguant un tout autre motif de consultation dans les mois précédant leur geste fatal. De plus, les intervenants de l'équipe *Solidaires*

3 Association québécoise de prévention du suicide, documents mis en ligne sur le site et guide d'info pour les intervenants, mise à jour en 2003, Montréal.

pour la vie (FQMM) ont constaté, au cours de plus de 12 années de sensibilisation dans les écoles secondaires, une recrudescence des demandes d'aide dans les services étudiants après leur passage dans les écoles. Enfin, on ne saurait passer sous silence l'impact que peut avoir sur un jeune suicidaire l'accès rapide à un moyen de mettre fin à ses jours.

Chez l'enfant, si les situations d'abus physiques et sexuels accentuent le niveau de risque, les conflits persistants et la pauvreté économique du milieu familial font de même.

Nous choisissons de regrouper globalement ces différents facteurs sous l'appellation *facteurs de risque* pour en faciliter l'identification.

L'existence d'un trouble psychiatrique, diagnostiqué ou non, associé à près de 90 % des suicides complétés

L'existence d'un problème de santé mentale est sans contredit, à l'heure actuelle, le premier facteur de risque à prendre en considération. Trop longtemps ignoré par manque de connaissances, ce facteur a été mis en évidence grâce à des autopsies psychologiques qui se penchent sur le vécu des jeunes décédés par suicide.

Témoignages

« Il n'y a pas de relation qui soit faite actuellement entre les comportements et la maladie. Si tu ne fais pas de connexion entre les symptômes et la maladie, les enfants tombent dans un vide. Et c'est là qu'ils meurent, nos enfants… »

Les parents de Thomas (décédé)

« Dépression ! Notre fils est mort d'une maladie non diagnostiquée, non traitée, appelée dépression ! »

Les parents de Thomas (décédé)

Parmi les jeunes décédés par suicide, les garçons âgés de 18 à 20 ans auraient été quatre fois plus touchés par la présence d'un trouble psychiatrique que les autres. De plus, l'alcool et la drogue sont en cause dans bon nombre de suicides complétés par ces garçons.

Rappel

- Il est fréquent chez les jeunes qu'il y ait comorbidité, c'est-à-dire coexistence de plus d'un trouble psychiatrique.
- Les troubles psychiatriques les plus fréquemment associés au suicide chez les jeunes sont:
  - les troubles de l'humeur (dans une proportion de 45 % et le plus fréquent serait la dépression);
  - les troubles de dépendance ou d'abus de drogues ou d'alcool;
  - les troubles de la conduite[4].
- La triade « dépression, troubles de la conduite, abus de drogues ou d'alcool » constitue une association à très haut risque.
- Dans le cas d'un trouble bipolaire, le risque de suicide est plus élevé au moment du passage de la phase de manie à la phase dépressive.

L'importance des antécédents familiaux

Le décès par suicide d'un membre de la famille est un facteur de risque très lourd étant donné la perte encourue, la culpabilité ressentie, le stress qui y est associé et les mécanismes d'adaptation insuffisants pour y faire face. En particulier, le décès par suicide de l'un des parents est un facteur à haut risque pour l'enfant, et encore plus si l'enfant est de même sexe que le parent disparu. Le mythe de l'hérédité et la peur de « finir inévitablement comme le parent » sont très fortement alimentés par des situations de stress non résolues. La culpabilité de ne pas avoir été suffisamment

4 Chagnon, Houle, Renaud. *Rapport de recherche*, 2003.

« bon » pour être assez aimé du parent suicidaire de manière à lui donner le goût de vivre amène le jeune à ressentir cruellement cette perte comme un échec personnel. Les jeunes qui ont connu le suicide d'un membre de leur famille seraient trois fois plus à risque de se suicider.

D'autre part, lorsqu'un des parents tient des propos sur le suicide ou commet un acte suicidaire qui n'entraîne pas la mort, l'enfant perçoit ces actions comme une modalité ou une possible réponse d'adaptation à des tensions importantes. Il est probable, par la suite, que l'idée du suicide fasse partie de son éventail personnel de solutions lorsqu'il vivra lui-même des stress difficiles à surmonter. Enfin, la présence d'antécédents psychiatriques chez les parents, de problèmes majeurs dans la vie familiale (alcoolisme, abus sexuels, abus physiques, guerre perpétuelle entre les parents divorcés, etc.), de difficultés relationnelles graves entre les parents et les enfants de même qu'un manque, voire une absence, de soutien familial contribuent à augmenter le risque de suicide chez le jeune[5].

Le décès d'un ami proche du jeune

La perte prématurée ou inattendue d'un ami est un grand facteur de stress chez l'adolescent. Le vide ressenti, la culpabilité au regard des circonstances entourant la mort et le repli sur soi sont des éléments à considérer. Si le décès a été causé par un suicide, le risque s'accroît davantage. L'anxiété est grande car, à l'adolescence, l'identification aux amis fait partie du processus permettant d'acquérir son autonomie et de trouver son identité. Le jeune vit souvent une douleur et une culpabilité encore plus intenses s'il a été mis dans la confidence et qu'il s'est senti pris dans l'engrenage d'une trahison, en croyant avoir mené l'autre au suicide.

À l'opposé, s'il n'était pas au courant, il s'en voudra de n'avoir rien vu ni fait pour celui qu'il considérait comme

5 SAINT-JACQUES, M.-C. et al. *Les problèmes de comportement chez les jeunes : comprendre et agir efficacement.* Beauport : Centre jeunesse de Québec, 1999.

son ami. Quand le jeune dont l'ami s'est suicidé souffre d'un problème de santé mentale, l'impact est encore plus grand, les émotions étant déjà exacerbées et le jugement affecté.

Les tentatives de suicide antérieures

Lorsque le jeune a déjà vécu une crise suicidaire et surtout s'il a déjà fait une tentative de suicide, la probabilité du suicide augmente de près de 20 fois. L'idée du suicide est devenue un point de référence dans son histoire de vie. La gravité de l'acte commis est elle aussi révélatrice, car on observe une escalade dans les moyens utilisés, le geste précédent n'ayant « rien réglé » et la souffrance étant toujours aussi grande. Chaque récidive du jeune augmente donc le risque de mort et peut lui sembler une solution d'adaptation devant toute nouvelle rupture d'équilibre. Et ce, d'autant plus si, dans son entourage, un parent ou un adulte important a posé des gestes suicidaires.

Toutefois, *on ne peut se fier uniquement* à la gradation potentielle des moyens utilisés pour évaluer le risque de décès. Ainsi, un jeune qui a fait une tentative de suicide en absorbant 10 comprimés de Tylenol® avec de l'alcool ou qui a tenté de se pendre peut poser par la suite un geste suicidaire dont il ne sortira pas vivant. On constate que près des deux tiers des décès par suicide surviennent dès les premières tentatives de suicide. Dans ces cas, le type de moyen utilisé ne laisse aucune chance de survie au jeune. Il semblerait qu'après trois tentatives et plus, la probabilité d'un suicide complété diminue, les gestes de suicide apparaissant alors comme une réponse inadéquate à des situations difficiles.

Toutefois, on aurait tort de croire que, dans ces conditions, le suicide ne peut s'actualiser. L'expérience clinique nous démontre trop souvent que des individus meurent d'une énième tentative de suicide au moment où plus personne ne les prend au sérieux.

Les événements traumatiques

Les événements traumatiques augmentent la vulnérabilité des adolescents. Ceux-ci peuvent développer plus facilement un lourd problème de santé mentale (dépression grave, anxiété chronique très élevée), en plus d'une tendance à abuser d'alcool, de drogues ou de médicaments, et d'une prédisposition à une forte agressivité et à des actes déviants (délinquance et criminalité). La chronicité de ces symptômes les empêche souvent d'avoir le soutien d'un véritable réseau social qui pourrait les épauler pour traverser ces épreuves. Au contraire, ils risquent d'en être privés, affectant par le fait même leur développement émotif, cognitif et social, augmentant leur isolement et conséquemment leur vulnérabilité.

Les jeunes victimes d'abus sexuels seraient particulièrement susceptibles de faire de multiples tentatives de suicide. Leur détresse chronique serait alimentée non seulement par les viols, mais par un milieu familial perturbé et instable et par des placements répétés. Ces conditions de vie augmenteraient leur probabilité d'être aussi victimes d'autres formes d'abus : agressions physiques, exploitation et prostitution juvénile, consommation de substances toxiques.

Dans une importante recension de récits, Saint-Jacques et ses collaborateurs (1999)[6] font ressortir que :

- 52 % des garçons abusés sexuellement ont commis une tentative de suicide, comparativement à 2 % des garçons qui ne l'ont pas été. Chez les filles, cette proportion est d'environ 2 pour 1 ;
- les adolescentes enceintes ayant été abusées physiquement **ou** sexuellement sont quatre fois plus portées à entretenir des idées suicidaires que celles qui n'ont pas été abusées ;

6 SAINT-JACQUES, M.-C. et al. *Op cit.*

- les adolescentes enceintes ayant vécu un abus physique **et** sexuel sont sept fois plus portées à entretenir des idées suicidaires et à faire un geste suicidaire;
- la gravité de l'abus accroît le risque suicidaire.

Si les agressions sexuelles et les agressions physiques graves sont incontestablement sources de traumatismes pour ceux qui les subissent, d'autres événements peuvent aussi avoir cette portée:

- un avortement;
- être témoin d'une agression, d'un accident, d'un abandon;
- être victime d'intimidation, d'humiliation, de taxage ou de harcèlement;
- tomber gravement malade ou vivre avec une personne qui l'est;
- tout autre événement de la vie qui entraîne un choc, un niveau de stress quasi impossible à gérer à cause de la perte qu'il représente ou des répercussions qu'il engendre.

Il est important de se rappeler que plus un jeune parvient à parler de la situation dramatique:

- plus il le fera rapidement dès que survient l'événement;
- plus il reçoit le soutien approprié à sa situation;
- moins le risque de suicide est élevé.

À l'inverse, plus un jeune souffre en silence d'un événement traumatique:

- plus il en portera seul le poids;
- plus la situation perdure;
- plus le risque de suicide est élevé.

Les traits de personnalité

Les traits de personnalité du jeune ou son tempérament doivent aussi être pris en considération dans l'évaluation du risque de suicide.

Certains traits particuliers témoignent d'une plus grande vulnérabilité à l'égard d'un suicide complété :

- **l'impulsivité** qui favorise un passage à l'acte très rapide en raison du manque de maîtrise de soi et de l'incapacité à prendre du recul face à une situation difficile ;
- **le perfectionnisme** qui empêche le jeune d'être satisfait de ce qu'il vit et d'être fier de ce qu'il fait, et qui l'emprisonne dans un carcan d'exigences trop élevées ;
- **la rigidité de la pensée et des attitudes** qui empêche le jeune d'envisager des solutions de rechange à celles déjà en place, qui réduit sa créativité et sa capacité à développer de nouvelles avenues de solution ou des habiletés relationnelles ;
- **le pessimisme et le manque permanent d'espoir** qui découlent d'une perception exclusive du côté négatif des événements, leur dimension ou leurs aspects positifs étant masqués ou balayés rapidement ;
- **un seuil de tolérance à la frustration très bas** qui empêche le jeune de développer les mécanismes d'adaptation nécessaires et qui se caractérise chez lui par l'impression d'être victime de tous les événements[7].

L'accessibilité à des moyens et à des instruments d'autodestruction

Ce facteur de risque, bien qu'il soit matière à controverse, a été clairement mis en évidence depuis quelques années.

7 LAMBIN, M. et H. GRENIER. « Le suicide à l'adolescence : un modèle de prévention en milieu scolaire ». *Prisme*, 1997, 7 (3/4).

Plusieurs études empiriques, ayant été menées selon des méthodologies de recherche rigoureuses, ont fait ressortir l'association constante entre les suicides complétés et le fait d'avoir des armes à feu à la maison. Quoi qu'on en dise, il n'est pas simple, pour la majorité des adolescents québécois, d'obtenir une arme à feu si leurs parents (ou ceux d'un ami) n'en possèdent pas, à moins de côtoyer les milieux criminels, ce qui n'est pas monnaie courante. Il est important d'être conscient des risques liés au fait d'avoir une arme à feu à la maison, lorsqu'on a un jeune qui pourrait être suicidaire.

Cette vigilance n'est pas limitée aux armes à feu : une pharmacie trop bien garnie et facilement accessible, un câble qui traîne près d'une poutre ou d'un solide crochet au plafond, des lames de rasoir constamment à la vue peuvent être des incitatifs à la tentative de suicide.

Si vous êtes parents d'un jeune impulsif qui ne va pas bien et qui pourrait être suicidaire, ne courez aucun risque. Il est question de sa vie ! Quelquefois, ça ne tient qu'à un fil. C'est ce dont témoignent Éric et Ariane.

Témoignages

« C'est vraiment en voyant l'arme que je suis tombé en état de panique. J'ai pas pensé au suicide : je l'ai fait ! »

– Éric*

« J'ai vu tous les médicaments là, dans la pharmacie. J'ai pris des Tylenol®, des comprimés, les médicaments pour dormir de mon père, ceux de ma mère pour la nervosité. J'en ai laissé pour pas que ça paraisse. Puis, je les ai cachés sous mon matelas pour le jour où j'en aurais besoin. Ils s'en étaient pas aperçus. »

– Ariane

Les troubles de l'identité ou de l'orientation sexuelle

Il est fréquent à l'adolescence que le jeune doute de ce qu'il est et de ce qui l'attire. Bien souvent, de façon confuse, il est séduit à la fois par quelqu'un du même sexe que lui et par quelqu'un du sexe opposé. En général, ces questionnements font partie de la recherche d'identité et se précisent à mesure que l'adolescence suit son cours. Quoiqu'un peu ébranlé par ses doutes, le jeune sera soulagé si son désir pour celui ou celle de l'autre sexe s'affirme.

Toutefois, si le jeune se sent attiré par les personnes de son sexe, il vit un grand bouleversement intérieur. Le regard qu'il porte sur lui-même, conjugué à l'appréhension du regard des autres dans une société où la diversité sexuelle est controversée, constitue une source de stress très intense qui peut prendre des proportions dramatiques. Les traits de personnalité du jeune, l'attitude de ses parents, la qualité de leur relation et le soutien de son réseau d'amis seront d'une importance capitale dans sa capacité à vivre son homosexualité.

Un ouvrage important, basé sur des études qui font ressortir la prédominance du suicide chez les jeunes homosexuels ou bisexuels, a été publié par Michel Dorais, en 2000. Cette recherche n'a pas le poids du nombre puisqu'on est en pleine exploration et qu'il n'y a pas d'études quantitatives antérieures qui permettent de valider ou non des conclusions d'études. Conséquemment, ces recherches empiriques reposent sur une méthodologie qualitative d'analyse de contenu afin d'identifier les constantes, ce que permet un échantillonnage restreint. Il s'agit de cibler une clientèle spécifique pour savoir si elle est à risque de suicide et, si c'est le cas, de recueillir leurs propos pour les analyser. L'étude citée et d'autres travaux font ressortir des observations très révélatrices sur le vécu des jeunes homosexuels qui osent sortir de l'ombre pour parler de leur souffrance et de leur cheminement.

Certaines des études qui se sont penchées sur la problématique du suicide au regard de l'homosexualité ou de l'orientation sexuelle révèlent que ces jeunes pourraient être jusqu'à seize fois plus à risque de se suicider que les jeunes hétérosexuels[8].

Ce n'est pas l'homosexualité en elle-même qui est un facteur de risque suicidaire, mais bien la détresse, l'angoisse et la honte que vit le jeune soumis aux préjugés encore tenaces de la société. Si dans le milieu de vie du jeune, famille et école, sa condition n'est pas acceptée, s'il vit du rejet, de la discrimination ou de l'exclusion, le jeune souffre. Or souffrance, détresse et désespoir ne font pas bon ménage avec le désir de vivre et la conviction que l'on est aimé inconditionnellement pour ce que l'on est. Le risque de suicide devient élevé.

On commence tout juste à prendre conscience de ce phénomène, à reconnaître la nécessité d'intervenir de façon préventive auprès de cette clientèle et à sensibiliser la population afin qu'elle développe de la tolérance à l'égard de la différence sexuelle. En ce sens, le rôle des parents est crucial dans le soutien à apporter au jeune pour qu'il puisse s'épanouir comme il est, sans avoir le sentiment que sa vie n'a plus de sens et que les obstacles sont insurmontables. Il peut être nécessaire d'offrir un soutien aux parents pour qu'ils puissent à leur tour soutenir leur jeune.

La nature de l'événement

Ajoutons à ces principaux facteurs de risque celui qui tient de la nature même de l'événement, de ce qu'il représente comme perte ressentie par le jeune et comme intensité

8 Les récents travaux de Chagnon, Houle et Renaud (2003) font ressortir aussi que les questionnements liés à l'orientation sexuelle, les doutes et l'incertitude auraient une incidence plus grande dans le risque de suicide que l'homosexualité en soi.

du sentiment d'échec. Les causes du geste suicidaire ne sont pas attribuables à l'événement en soi, mais bien à la profondeur de la blessure vécue, à l'intensité de la souffrance et du désespoir ressentis par un jeune, particulièrement vulnérable à cette période de sa vie.

Comme nous l'avons vu, certains événements négatifs de la vie peuvent agir comme facteurs qui précipitent le suicide. Les pertes relationnelles, comme les décès, les abandons, les ruptures amoureuses et les conflits interpersonnels, surviennent souvent au cours des mois ou des semaines, sinon des jours, qui précèdent le suicide[9]. La douleur provoquée par la rupture amoureuse est vécue par le jeune comme une source de souffrance intolérable. De même, les relations familiales conflictuelles engendrent souvent un stress intense chez le jeune. Ce qui est largement insoupçonné par les parents, bernés par une attitude de je-m'en-foutisme, qui est un masque protecteur, ou par le retrait du jeune dans sa chambre, qui sert de bouclier en cas de conflits.

L'isolement social et la difficulté à développer un sentiment d'appartenance à un groupe de pairs sont aussi très difficiles à vivre pour le jeune. Il peut avoir tendance à utiliser les mêmes masques pour ne pas laisser voir son désarroi et sa souffrance. Enfin, l'échec scolaire, l'échec dans des activités de loisirs, les conflits avec l'autorité, ou simplement l'appréhension de tels échecs ou de tels conflits, peuvent déclencher une crise suicidaire.

À nouveau, il est essentiel de souligner que ce n'est généralement pas l'événement en soi qui provoque la conduite suicidaire. C'est ce qu'il représente pour le jeune à ce moment précis de sa vie. C'est la perception et le sens qu'il prend, l'émotion qu'il suscite. C'est l'intensité de la souffrance qu'il ressent et sa capacité à la vivre et à la

9 BRENT et al., 1993; GOULD et al., 1996; HOBERMAN et GARDINKEL, 1988; MARTTUNEN et al., a1991, RICH et al., 1988; cités dans Chagnon, Houle et Renaud, 2003.

surmonter. Cela peut faire toute la différence entre sortir grandi d'une épreuve ou, au contraire, glisser vers la crise suicidaire et en mourir.

L'intentionnalité et la létalité du geste suicidaire

Dans le contexte de la problématique du suicide, on entend par « intentionnalité » le désir de mourir, qui diffère d'une situation à l'autre et d'un jeune à l'autre. Et l'intentionnalité n'est pas toujours proportionnelle à la dangerosité du geste suicidaire, qu'on appelle la « létalité ».

Certains jeunes commettent un geste irrévocable (la pendaison ou se jeter devant le métro) alors qu'ils souhaitent avant tout communiquer leur détresse et leur impuissance. D'autres ne pensent qu'à mourir, mais utilisent un moyen qui heureusement leur laisse la vie sauve.

On aurait tort de croire que la dangerosité est nécessairement proportionnelle à l'intention de mort et qu'un geste de moindre gravité ne doit pas être pris au sérieux.

Tous les jeunes qui font une tentative de suicide sont très à risque de récidiver dans les mois qui suivent et de compléter leur suicide (Chagnon, Houle, Renaud, 2003). L'expérience clinique nous incite à être très vigilants dans les trois ou quatre mois qui suivent une tentative de suicide, car le jeune peut à nouveau se retrouver dans l'impasse qui a déclenché le geste sans recevoir l'aide dont il a besoin pour la dénouer. Ce jeune est à haut risque de récidive. Comme le premier geste n'a pas réglé la situation, le geste suivant sera probablement plus grave, le risque de mort plus élevé.

Lors de formations données aux intervenants sur la problématique du suicide, nous leur parlons du COQ: **C**omment? **O**ù? **Q**uand? Si le jeune a décidé d'un plan précis et qu'il a une réponse prête à chacune de ces questions, le risque est extrêmement élevé et il faut intervenir de façon urgente. Être très vigilant, entourer le jeune, soutenir famille et amis.

L'impact des médias

L'impact des médias comme facteur de risque est extrêmement controversé. Depuis près de 25 ans, de grands spécialistes, dont Brian Mishara de CRISE (Centre de recherche et d'intervention sur le suicide et l'euthanasie affilié à l'UQAM), se sont regroupés pour étudier l'impact des médias sur le suicide dans la population. Leurs recommandations sont longtemps restées lettre morte, mais elles sont de plus en plus considérées depuis quelques années.

C'est principalement la façon dont le suicide d'une personnalité connue est annoncé et l'angle sous lequel le sujet est traité qui posent problème. Il ne s'agit pas de limiter l'accès à l'information, ni le droit des individus à être renseignés, mais bien de traiter l'événement en l'exemptant de tout sensationnalisme, afin de ne pas y accorder une importance qui peut fragiliser un individu déjà vulnérable.

Les gens qui se suicident ne sont ni des héros ni des lâches. Ce sont des êtres en détresse qui n'ont pu être soulagés de leur souffrance.

Lorsqu'il s'agit de personnalités publiques, le suicide risque d'avoir un effet d'entraînement chez ceux qui s'identifient à eux. Les organismes qui travaillent auprès des gens suicidaires (comme les Centres de prévention du suicide, Suicide-Action Montréal, Revivre, l'Association québécoise pour la prévention du suicide, la Fondation québécoise des maladies mentales, Jeunesse, J'écoute, etc.) ont constaté une augmentation marquée du taux de suicide durant la période qui a suivi les décès de Gaétan Girouard et de Dédé Fortin auprès des groupes du même âge qu'eux. Sur le plan international, celui de Kurt Cobain du groupe Nirvana avait provoqué les mêmes réactions.

Si on prenait davantage le temps de parler de ceux qui restent et qui souffrent atrocement de la disparition d'un proche, même après des mois et des années suivant l'événement tragique, l'impact serait sans doute différent, moins incitatif.

Il est difficile d'être témoin de la souffrance prolongée d'une personne. La mort par suicide laisse derrière elle des personnes dévastées par le deuil. Ceux qui sont témoins de cette souffrance, comme les frères et les sœurs du suicidé par exemple, développent bien souvent la conviction profonde qu'ils ne feront jamais vivre à nouveau cette très dure épreuve à leurs proches. L'effet dissuasif est extrêmement fort et fait contrepoids à l'étouffement de la culpabilité.

En résumé

- ✓ L'accumulation des facteurs de risque de suicide ne signifie pas qu'un adolescent souffrant commettra inexorablement le geste.
- ✓ Ces facteurs nous indiquent toutefois la fragilité du jeune suicidaire et la dangerosité de la situation qu'il traverse.
- ✓ Le désespoir, l'incapacité de se projeter dans l'avenir et même l'incapacité de se voir vivre les prochaines minutes de sa vie peuvent pousser le jeune à poser un geste de détresse. Il est primordial, si on veut aider à prévenir le suicide, de susciter l'espoir chez le jeune.

CHAPITRE 11

Le suicide : facteurs de protection

S'il existe des facteurs de risque, il existe aussi des facteurs de protection qui peuvent aider le jeune *à éviter* le suicide. Ces facteurs de protection sont essentiels et jouent un rôle prédominant lorsque le jeune vit des moments de détresse. Il n'a pas une grande expérience de vie et son répertoire de solutions n'est pas encore très développé compte tenu de son jeune âge. Les facteurs de protection peuvent donc diminuer l'impact que peuvent avoir les facteurs de risque (prédisposants et contribuants). Ils sont toujours pris en compte dans l'évaluation globale de la situation du jeune et sont déterminants dans l'élaboration du plan de traitement proposé lors de la consultation professionnelle.

Les facteurs de protection que nous verrons ne constituent pas une liste exhaustive. Ce sont, au meilleur des connaissances actuelles, ceux qui semblent les plus aptes à prévenir le suicide. L'ordre dans lequel nous les décrivons n'a aucune signification : il n'y a pas de gradation, ils sont tous aussi importants les uns que les autres.

Les capacités d'adaptation du jeune

Les capacités d'adaptation du jeune constituent le fondement des suites d'un événement stressant dans une vie : comment il arrive à faire face aux difficultés, à composer avec les événements de la vie, à la fois dans sa tête, dans son cœur, dans son corps. Par les pensées et les croyances, les sentiments et les émotions, les attitudes et les actions.

Un jeune qui, de façon générale, arrive à s'ajuster assez facilement aux aléas de la vie, qui a une ouverture d'esprit et de la souplesse, qui fait preuve d'initiative, qui cherche des solutions de rechange à celles qui ne fonctionnent pas, qui règle ses différends autrement que par les conflits, part avec une bonne longueur d'avance sur celui qui a de la difficulté à s'adapter au changement.

L'adaptation est un phénomène normal de la vie. Les êtres humains ne sont pas des robots. Nous vivons dans un environnement *vivant*. Qui dit *vie* dit *mouvement*, *création*, *énergie*. Il existe en biologie un phénomène reconnu : l'homéostasie, qui est la propriété qu'un organisme a de rétablir naturellement l'équilibre en cas de déstabilisation ou de rupture. Il est naturel et sain de chercher à s'adapter à ce qui nous entoure. Le jeune qui a cette capacité possède une ressource inestimable.

Évidemment, l'épreuve déstabilise le jeune. S'il est en plein désarroi, désespéré, il aura énormément de difficulté, comme chacun de nous, à s'en sortir : la détresse n'est facile pour personne. Mais si, avant l'épreuve, il avait déjà de bonnes capacités d'adaptation, le retour à un état d'équilibre risque de se faire plus naturellement : cela fait partie de lui. Les points de repère y sont déjà. Il aura tendance à les rechercher.

Les compétences relationnelles du jeune et la présence d'un réseau d'amis

Si le jeune témoigne d'une bonne capacité d'adaptation, il possède probablement de solides compétences relationnelles. En effet, l'adolescence est une période propice au développement de liens d'amitié très intenses. La quête d'identité et la recherche d'autonomie passent par un phénomène quelquefois exaspérant pour les parents : l'identification aux pairs et la socialisation. Les modèles du jeune deviennent les autres jeunes de son âge, ses goûts sont ceux de son groupe d'amis. Il recherche leur présence, souvent de façon continue, et adopte leurs attitudes, leurs expressions et leurs façons de s'habiller.

Les parents ont quelquefois l'impression que leur jeune est en train de régresser plutôt que d'évoluer. Ils ne doivent pas s'inquiéter : l'adolescent est en train de prendre son élan pour mieux franchir le cap et accéder à l'âge adulte. Il veut vieillir, être considéré comme un être indépendant, mature et autonome ; il vit des pulsions qui le poussent à grandir, mais il connaît aussi les inquiétudes, les appréhensions et les pertes qui y sont reliées. Les amis l'aideront à y parvenir, à vivre une forme d'attachement assez intense pour qu'il puisse se séparer de ses parents.

Les parents vivent à leur tour certaines pertes par rapport à leur relation avec l'enfant devenant adulte. Entre-temps, ils subissent souvent de petits désagréments liés à la régression ; à propos du langage (utilisation quasi frénétique d'abréviations et d'un code de la langue propre aux ados), des choix musicaux (pièces où le bruit et la répétition des mêmes mots et des mêmes sons semblent les critères de sélection), de la façon de manger (le frigo est perpétuellement ouvert, mais le jeune dit toujours qu'il n'y a rien à manger), etc.

Lorsque les parents sentent l'exaspération monter, ils peuvent l'exprimer et doivent indiquer leurs limites. Ils demeurent les parents, même s'ils sont devenus des parents d'adolescents ! Ils doivent se rappeler toutefois que l'enfant est en train de prendre son envol et de développer les liens qui lui permettent d'y parvenir. Ces liens sont extrêmement précieux comme soutien lors d'une situation de souffrance.

Le jeune qui a développé un réseau d'amis très significatifs peut compter sur eux en cas de besoin, comme eux-mêmes peuvent compter sur lui en pareil cas. Les parents qui ont privilégié le développement de liens affectifs profonds dans la vie familiale et qui ont encouragé l'expression des sentiments et le partage dans le quotidien vont avoir un jeune en meilleure posture pour se tourner vers ses amis et se confier à eux en cas de besoin.

La capacité du milieu familial à soutenir le jeune

Les liens entre parents et enfants sont extrêmement puissants même si, à l'adolescence, les parents n'ont pas toujours le sentiment qu'il en est ainsi. La distanciation qui s'installe est nécessaire à l'envol du jeune. Sinon, il est trop douloureux pour lui d'envisager de s'éloigner. Toutefois, sous des dehors dégagés, voire indifférents, le jeune demeure profondément lié à sa famille. Beaucoup de jeunes sont momentanément exaspérés par leurs parents (comme bien des parents le sont inversement !), mais ces mêmes jeunes devenus adultes ont toujours le désir d'être aimés de leurs parents. Qui n'a pas souhaité que ses propres parents soient fiers de lui, l'encouragent dans des moments difficiles, le valorisent face à des défis à relever et le soutiennent dans les creux de vague ? Même adultes, nous continuons d'apprécier, sinon d'espérer, un amour inconditionnel de la part de nos parents. Et que de blessures encore ouvertes pour des malentendus et des incompréhensions qui parfois remontent à tant d'années !

Il est important pour les jeunes de savoir qu'ils peuvent compter sur leurs parents, sur leur présence, sur leur amour inconditionnel. Le jeune suicidaire est tellement pris par ce qu'il vit qu'il a peur de rendre l'autre aussi mal que lui s'il en parle. S'il doute souvent d'avoir assez d'énergie pour vivre cette détresse intérieure, il n'en a aucune pour soutenir la réaction de détresse de ses parents s'il se confie à eux. Il ne veut pas les inquiéter et risque ainsi de ne pas leur en parler. C'est sa façon de les protéger. Aussi est-il extrêmement important que le jeune sache et puisse sentir que ses parents peuvent porter ce poids avec lui. Que les parents peuvent l'en décharger un peu. S'il redoute leur effondrement, il ne pourra pas se confier à eux : il cherchera plutôt à les rassurer. S'il les sent assez solides pour se serrer les coudes à ses côtés, il en sera soulagé. Les parents doivent aller vers leur jeune sans attendre que celui-ci aille vers eux. Il faut maintenir le lien, l'entretenir : cela peut faire toute la différence entre un jeune qui se permettra de vivre ce qu'il ressent vraiment et un jeune qui portera le masque destiné à protéger ses parents.

La capacité du milieu familial, celle des parents comme celle des frères et sœurs, à soutenir un de ses membres dans une situation de détresse constitue un élément primordial de l'intervention auprès du jeune.

La capacité du jeune à aller chercher de l'aide

Certains jeunes ont plus de facilité que d'autres à se tourner vers autrui quand ça ne va pas. On constate en général qu'il est moins difficile pour une fille de parler de ses problèmes que pour un garçon de se confier. Ainsi, lors d'une consultation thérapeutique, il est beaucoup plus fréquent de rencontrer des jeunes filles que des garçons. Dans certains milieux, on parle même d'une proportion de 10 pour 1. Les causes de ce phénomène peuvent être à la fois physiologiques (prédominance chez les filles de l'hémisphère droit du cerveau qui serait responsable des émotions, de la créativité et de la parole), sociales (transmission, de génération en génération, de mère à fille, de la réponse aux besoins affectifs des enfants), psychologiques (la maturité émotive serait plus développée et plus rapide chez les filles qui auraient une facilité à prendre soin d'autrui, à vivre une relation d'intimité d'abord avec leur mère puis avec une grande amie à qui elles se confieront, à développer de l'empathie pour les autres) et culturelles (le fait qu'on encourage les filles, ainsi que l'ont fait leur mère, à prendre soin des autres, à régler les difficultés affectives, etc.).

Les demandes d'aide des garçons et des hommes font l'objet de plusieurs travaux de recherche depuis une vingtaine d'années. On observe une prédominance de décès chez les hommes dans la plupart des causes de mortalité, pas uniquement en ce qui concerne le suicide. Il est bien souvent trop tard lorsque les hommes consultent : ils reconnaissent peu leurs symptômes. Dans une excellente présentation sur la détresse des hommes, Gilles Tremblay, travailleur social, et Pierre l'Heureux, andragogue, font ressortir le fait que les hommes consultent essentiellement quand le corps flanche, quand ils vivent une situation de crise ou que les proches (conjointes ou mères) les poussent à le faire[1]. Tout cela malgré un indice de détresse élevé, principalement chez les 15-24 ans. Le sentiment d'échec, celui de ne pas être à la hauteur, et la honte de ne pas réussir par soi-même vont à l'encontre des attentes de la société en termes d'autonomie et de prise de responsabilités[2].

Les garçons sont beaucoup plus réservés dans l'expression de leur souffrance et plus maladroits lorsqu'ils le font : on constate tous les jours à quel point il est plus ardu pour un garçon de se confier. Physiologiquement : les deux hémisphères du cerveau qui seraient développés également chez les hommes (prédominance de l'hémisphère gauche qui est responsable de la pensée rationnelle, de la logique) et la présence de testostérone qui jouerait un rôle dans l'agressivité masculine (les garçons sont généralement impulsifs : ils réagissent plus rapidement qu'ils ne parlent). Socialement : jusqu'à récemment, le rôle du père se résumait à celui de pourvoyeur, c'est-à-dire qu'il subvenait aux besoins physiques de sa famille et en assurait la protection. Il n'y avait pas de place pour les états d'âme quand il y avait des bouches à nourrir.

Depuis l'émancipation des femmes et leur arrivée sur le marché du travail, les hommes s'occupent davantage des enfants dans toutes les sphères de leur développement et

1 TREMBLAY, Gilles et Pierre L'HEUREUX. *La détresse des hommes*. Formation donnée à l'OPTSQ le 18 janvier 2010.

2 RONDEAU, Gilles et coll. *Les hommes : s'ouvrir à leurs réalités et répondre à leurs besoins*. Rapport du comité de travail en matière de prévention et d'aide aux hommes. Québec, 7 janvier 2004.

apprennent à parler de ce qu'ils ressentent. Ils ont accès à un monde affectif qu'ils ignoraient avant. Toutefois, les hommes d'aujourd'hui ont rarement eu ce modèle de père dans leur vie: ils sont en train de défricher. Ils apprennent ce que les mères ne peuvent leur montrer, c'est-à-dire à être un père affectueux, présent, engagé dans le quotidien de leur enfant.

On aura donc peut-être ainsi le bonheur de voir de plus en plus de jeunes garçons se préoccuper de leur bien-être affectif et parler, se confier, sans redouter de ne pas être assez forts, à leurs yeux et aux yeux des autres.

Le jeune qui peut aller chercher de l'aide lorsqu'il se sent mal et n'arrive pas à résoudre son problème se donne de grandes chances de traverser l'épreuve. Qu'il choisisse de s'adresser à un ami, à un enseignant, à un intervenant du service de santé de l'école ou à un professionnel, l'important est qu'il aille vers quelqu'un. Qu'il ne reste pas pris seul avec sa souffrance. Il peut être orienté par la suite vers la personne la plus susceptible de l'aider.

La prise en charge thérapeutique

La présence d'un intervenant auprès du jeune est un atout de taille lorsqu'il vit une situation de souffrance. Le jeune a besoin d'un lieu où exprimer sa tristesse et de quelqu'un qui est capable de la recevoir. Le fait qu'il n'y ait pas de lien d'amour ni d'amitié entre l'intervenant et le jeune favorise les confidences les plus secrètes, sans le souci de ménager son interlocuteur. L'intervenant a la responsabilité de créer ce contact et d'aller chercher le jeune dans ce qu'il vit.

Il est fort probable que l'intervenant n'abordera pas une jeune fille en détresse de la même façon qu'un adolescent qui consulte. De façon générale, lorsque les filles parlent de leurs émotions, elles ont une certaine aisance à le faire, elles sont dans leur élément et elles ressentent du soulagement. Alors que c'est surtout dans l'action, de façon concrète, qu'on rejoint les garçons et qu'on peut ensuite avoir accès à ce qu'ils vivent. Le tempérament et les traits de personnalité, l'histoire de vie et les événements marquants ainsi que les enjeux relationnels influenceront aussi la façon dont le thérapeute approchera le jeune. Le thérapeute cherchera à trouver la porte d'entrée pour rejoindre le jeune.

De plus, par sa formation, l'intervenant peut cerner l'ensemble de la problématique, dépister des symptômes de problèmes de santé mentale (troubles de l'humeur, de la conduite, d'abus ou de dépendance aux drogues et à l'alcool, etc.) et évaluer le risque de suicide. Si le jeune a besoin d'une aide plus spécialisée ou d'une médication, la référence à un médecin spécialiste est indiquée. Le psychiatre est un médecin spécialisé dans le domaine des problèmes de santé mentale. Il y a aussi d'excellents médecins généralistes qui ont développé des compétences certaines dans ce domaine.

Le suivi en thérapie permet au jeune non seulement d'exprimer ce qu'il ressent, mais aussi de mieux comprendre ce qui lui arrive, d'observer ses propres indices d'amélioration ou d'aggravation, de développer les outils appropriés pour traverser cette période douloureuse. La mobilisation du réseau du jeune constitue un aspect important du traitement et sera une préoccupation du thérapeute. De même, l'incidence de l'impulsivité dans un éventuel passage à l'acte sera prise en considération.

Enfin, l'intégration à un groupe de soutien qu'offrent des organismes tels Revivre, Phobies-zéro et les Centres de prévention du suicide, permet au jeune d'échanger avec d'autres de son âge qui ont connu les mêmes difficultés. Elle permet aussi au thérapeute d'agir sur la conscientisation sociale du jeune tout en lui offrant un filet de sécurité.

La non-utilisation de substances toxiques (alcool et drogues) comme moyen d'autotraitement

Ainsi que nous l'avons vu précédemment, chez de nombreux jeunes qui souffrent d'un problème de santé mentale, la consommation constitue une tentative d'autotraitement.

Un jeune peut consommer, tant en phase dépressive pour engourdir le mal, qu'en phase de manie (trouble bipolaire) pour tenter de se ralentir un peu car tout va trop vite. Dans les deux cas, le danger de développer une dépendance à la substance est grand. Sans compter qu'il est reconnu que la prise d'alcool a un effet dépresseur sur le système nerveux. Alors, imaginez l'impact chez un jeune en dépression !

Cette prise d'alcool ou de drogue peut précipiter impulsivement un geste suicidaire. Les autopsies psychologiques démontrent souvent que, peu de temps avant de se suicider, les jeunes ont consommé. Est-ce pour se donner la force de commettre un acte qu'ils ne poseraient pas à jeun ? Est-ce parce que le jugement affecté fait jaillir l'idée du suicide et de son exécution urgente ?

On ne peut se prononcer là-dessus avec certitude. Il apparaît toutefois hors de tout doute que se traiter soi-même par l'alcool ou la drogue augmente le risque de suicide. Même s'il y a une marge entre la consommation occasionnelle et la tentative d'autotraitement, il est hautement préférable qu'un jeune souffrant de dépression ou vivant une crise suicidaire s'abstienne de consommer.

La non-accessibilité des moyens d'autodestruction

Le parent d'un jeune qui pourrait être suicidaire ne devrait pas laisser à portée de main un outil par lequel le jeune pourrait mettre fin à sa vie. Il s'agit là d'un possible incitatif pour le jeune qui doit composer avec des difficultés intérieures qui lui semblent insurmontables.

Des études longitudinales (étendues dans le temps) ont mis en évidence l'impact de l'accès à des armes à feu chez les jeunes qui étaient décédés par suicide, comparativement à leur non-accessibilité chez les jeunes qui avaient survécu à une tentative de suicide (Brent et al., 1988, 1993). L'expérience clinique corrobore ces observations : « Je l'aurais fait mais je n'avais pas ce qu'il fallait. » L'impulsivité est un facteur de risque primordial à considérer.

Il est évident que ce seul facteur n'est pas un gage de succès dans la lutte contre le suicide. Loin de là. Mais il suffit quelquefois d'un si petit détail pour éviter le point de non-retour…

La personnalité du jeune

Nous avons vu que certains traits de personnalité prédisposent au bonheur et facilitent la traversée des souffrances de la vie. Par exemple, un jeune ayant tendance à :

- voir le bon côté des choses ;
- apprendre de ses erreurs ;
- vivre une relation intime avec ses meilleurs amis ;
- confier ce qu'il vit et ressent ;
- régler rapidement ses conflits ;
- surmonter les embûches ;
- chercher des alternatives à ce qui ne fonctionne pas ;
- supporter les deuils et les peines que la vie lui fait vivre ;
- rechercher ce qui lui permet de retrouver son équilibre, ce qui lui fait du bien…

Il est mieux outillé pour vivre les souffrances et traverser des situations de détresse, de désarroi. Ce qui réduit le risque d'une crise suicidaire.

Les valeurs spirituelles

Les valeurs spirituelles dont on ne parle plus aisément de nos jours peuvent jouer un rôle important dans la lutte contre le suicide. La spiritualité englobe les valeurs philosophiques, morales, humaines, existentielles et religieuses. Ainsi, la conscience que l'on développe de sa valeur, de la valeur d'autrui, de la valeur de la vie, fait partie de la spiritualité. L'engagement que l'on prend de vivre selon les idéaux qui nous guident fait aussi partie de la spiritualité. Comme parent, il est important de transmettre à nos enfants ce qui donne un sens à notre vie pour qu'ils puissent s'éveiller à cette dimension pour ensuite se situer à partir de leurs propres convictions.

Quelle que soit la manière de vivre sa spiritualité, quelle que soit l'allégeance religieuse ou philosophique que la personne choisit, elle lui permet de découvrir un sens à sa vie. Et dans les périodes de grande souffrance, le sens de la vie peut être un phare qui permet au jeune de ne pas sombrer dans l'obscurité.

Le développement de la résilience

La résilience est cette capacité de la personne à rebondir dans des situations difficiles, de se développer de façon équilibrée malgré l'adversité et les écueils de la vie. Il ne s'agit pas d'être invincible, de ne pas être affecté par les coups durs ou de ne pas trébucher. Il s'agit d'un processus d'évolution positif pour la personne, qui commence dans l'enfance et qui se poursuit tout au long de sa vie. Parfois, ce processus peut être interrompu par la maladie physique ou mentale ou par une épreuve particulièrement envahissante qui suscite du désespoir. Mais la vie reprendra son cours et la personne, son évolution.

S'adapter constamment demande beaucoup d'énergie et il arrive que les piles soient à plat. Il faut alors prendre le temps de les recharger, à son rythme, à sa façon. Comme parents, plus nous aurons favorisé chez notre enfant sa capacité à rebondir après les épreuves, plus il intégrera de façon intrinsèque la conviction qu'il peut surmonter les épreuves et que l'appel de la vie est plus fort que tout.

> Chacun des facteurs de protection présentés est un élément favorable au non-développement d'une crise suicidaire et à l'absence du passage à l'acte. Aucun d'eux n'est plus important que les autres. Mais en développant chacun d'eux, on augmente les chances d'éviter le suicide d'un jeune.

Maintenant que nous avons vu l'ensemble des facteurs de risque de suicide et des facteurs de protection, les auteurs Chagnon, Houle et Renaud proposent, dans leurs plus récents travaux, une évaluation du risque de suicide en tenant compte de quatre déterminants :

- la motivation du jeune à vouloir commettre un acte suicidaire, ses propos, ses écrits, la présence d'un plan, sa réceptivité à une démarche d'aide, la non-intention de mourir, etc. ;
- la perturbation de son état mental en termes de modification de l'humeur et du comportement, de consommation de substances toxiques, de capacité du jugement, de perte d'espoir, d'agressivité, d'impulsivité, d'antécédents suicidaires, de présence de conflits ou de pertes relationnelles, etc. ;
- l'opportunité, c'est-à-dire l'accès à un moyen létal (qui peut entraîner la mort) : le choix, l'accessibilité, la disponibilité du moyen ;
- enfin, la mise en place de moyens de protection et l'évaluation de leur pertinence : la collaboration de la famille, la présence de mesures de traitement appropriées, le soutien du réseau, etc.

Ces auteurs évaluent que le risque de suicide – c'est-à-dire la motivation du jeune à poser un acte suicidaire, la perturbation de son état mental ou affectif et l'opportunité d'utiliser un moyen d'autodestruction – est multiplié chaque fois qu'il y a présence d'un des trois premiers déterminants. Ce sont les mesures de protection autour du jeune qui peuvent diminuer le risque de suicide ; de là l'importance de bien évaluer la situation du jeune dans sa globalité, de déterminer les éléments de traitement les plus utiles et d'utiliser les ressources existantes dans la vie du jeune comme partie intégrante de ce traitement.

En résumé

Les jeunes...

- ✓ qui ne souffrent pas de problèmes psychiatriques,
- ✓ qui ont une bonne capacité d'adaptation,
- ✓ qui n'ont pas de problèmes liés à la consommation de drogues et d'alcool,
- ✓ qui ont beaucoup de soutien de leur famille,
- ✓ qui ont des habiletés relationnelles leur permettant d'établir des liens significatifs avec leurs amis,
- ✓ qui ont eu la chance d'avoir des parents capables de leur transmettre l'importance de la vie et les valeurs auxquelles ils croyaient,
- ✓ qui ont tendance à aller chercher de l'aide lorsqu'ils ont des problèmes,

sont moins à risque de suicide que les jeunes qui ne présentent pas ces particularités.

Chapitre 12

L'intervention auprès d'un jeune suicidaire

Il existe différentes façons de travailler avec un jeune suicidaire et plusieurs avenues par lesquelles aborder sa situation, aussi difficile soit-elle. Le type de ressources auxquelles le parent s'adresse, l'approche privilégiée par l'intervenant, les problèmes présentés par le jeune, les démarches faites antérieurement, la présence et le soutien du réseau du jeune, ses ressources intérieures et leur accessibilité, sa capacité à être fonctionnel dans ses activités habituelles sont autant d'éléments qui influencent les modalités de la prise en charge.

Nous essaierons dans le présent chapitre de vous donner un aperçu de ce qui peut être fait avec votre enfant, des objectifs de traitement, des paramètres de l'intervention, du rôle actif que vous pouvez jouer dans la démarche de votre enfant, etc.

Les parents s'interrogent

Lorsqu'un jeune consulte un intervenant, cela suscite en général beaucoup d'interrogations chez les parents. Qu'est-ce qui ne va pas chez l'enfant ? Quels sont ses problèmes ? Quel est le plan de traitement ? Les intervenants ont-ils les compétences et les habiletés nécessaires pour l'aider véritablement ? S'ils se trompent, risquent-ils de lui nuire ? Que peut-on faire comme parents ? Si les parents ont appris que leur enfant avait des problèmes alors qu'il avait déjà commencé une démarche d'aide, bien souvent ils se demandent pourquoi on ne les a pas mis au courant avant. C'est de leur enfant qu'il s'agit. Ils se sentent concernés, en droit de savoir. Pour la grande majorité d'entre eux, le désir de s'engager est clairement exprimé. Ils aiment leur enfant, et pour rien au monde ils ne voudraient qu'il lui arrive quelque chose de grave.

> Il est légitime et sain pour des parents de vouloir savoir ce qui se passe chez leur enfant lorsque celui-ci ne va pas bien, de s'en inquiéter et d'avoir le désir de l'aider. Il est tout aussi légitime pour un jeune de ne pas vouloir inquiéter ses parents, de chercher à les protéger et d'essayer de voler de ses propres ailes lorsque vient le temps de surmonter des difficultés. Il a besoin de sentir qu'il peut y arriver par les moyens qu'il a choisis tout en se sentant entouré.

Pour le jeune comme pour ses parents, il est important de ne pas rester seul avec sa souffrance et ses inquiétudes, d'aller vers l'autre en respectant ses propres limites et celles de l'autre. On doit laisser le temps à l'adolescent de se rapprocher afin de permettre l'ouverture appropriée au dialogue ; l'adulte doit être en mesure d'accueillir cette souffrance et cette inquiétude, sans créer de panique. Tout en l'entourant, il doit donner au jeune l'espace nécessaire pour bouger, se mettre en mouvement, explorer et trouver des avenues de traitement efficaces.

Des parents à mobiliser

Certains parents sont sceptiques ; non pas parce qu'ils n'aiment pas leur enfant, mais parce qu'ils ont l'impression que les intervenants dramatisent ses difficultés. Ils en imputent la responsabilité à la crise d'adolescence ou à des traits de personnalité (un caractère excessif, théâtral ou pessimiste). Il se peut très bien qu'une partie des problèmes découle de ces facteurs, mais cela ne veut pas dire qu'ils ne sont pas réels pour autant et que le jeune n'a pas besoin d'aide.

Le problème du suicide peut surgir au moment d'une impasse relationnelle, comme un appel au secours afin que quelque chose arrive qui permettra de dénouer cette impasse. Que se passera-t-il si les parents et les proches auxquels le jeune est très attaché ne font rien ? Devra-t-il se manifester de façon non équivoque ? Prendrons-nous le risque de précipiter un passage à l'acte, lui lançant le message que ce n'est qu'ainsi qu'il aura notre attention ?

Attendre un passage à l'acte pour réagir comme parents représente un risque beaucoup trop élevé de perdre notre enfant même s'il n'y a pas de véritable intention de suicide. Un suicide complété ne permet aucun retour, aucune réparation de ce que l'on aurait voulu changer.

Avons-nous besoin d'attendre qu'il passe à l'acte pour réagir ? Non ! Il n'est pas nécessaire d'attendre qu'un jeune soit suicidaire pour entendre son besoin d'être aidé, soutenu, écouté.

Mais où aller, à qui s'adresser ?

À qui s'adresser ?

Il existe, dans le réseau de la santé et des services sociaux, différentes ressources qui peuvent aider les jeunes suicidaires. Bien que les restructurations du réseau soient nombreuses et qu'on s'y perde parfois, nous pouvons regrouper les services en deux grandes catégories ; auxquelles s'ajoutent les organismes communautaires qui sont des acteurs essentiels de soutien, d'information et d'accompagnement, mais qui ne font pas partie du réseau proprement dit (par exemple Revivre, La Fondation Québécoise des maladies mentales ou FQMM, L'Association des parents et amis de la personne souffrant de maladie mentale ou APAMM, Suicide-Action Montréal et les Centres de Prévention du Suicide, Tel-Jeunes, Jeunesse j'écoute, Gai Écoute, etc.).

L'intervention dite ***de première ligne*** fait partie des ressources existantes. Ces ressources sont présentes :

- dans le milieu scolaire, par l'entremise des services de santé et des organisations de vie étudiante ;
- dans le milieu de travail, par l'entremise des programmes d'aide aux employés ;
- dans les cliniques médicales grâce aux médecins de famille (omnipraticiens) ;
- dans les CLSC, par l'entremise des cliniques de jeunes, des équipes de santé mentale et des services courants ;
- dans les services communautaires (centres de prévention du suicide, associations, maisons d'hébergement, groupes de soutien) ;
- et dans les centres de loisirs, par le biais des entraîneurs, des animateurs et des coéquipiers.

L'intervention ***de deuxième ligne*** est constituée de services spécialisés :

- les cliniques externes de pédopsychiatrie et de psychiatrie adulte ;
- les centres jeunesse ;
- les unités de traitement dans les hôpitaux psychiatriques ;
- les ressources intermédiaires affiliées aux hôpitaux, parmi lesquelles on trouve les centres de crise, les résidences communautaires, les familles d'accueil et de réadaptation, les appartements supervisés, etc.

Les jeunes n'empruntent pas tous le même parcours pour aller chercher de l'aide. La situation idéale est celle du jeune qui frappe à la porte d'un intervenant en disant clairement qu'il ne va pas bien, qu'il jongle avec l'idée de mourir, qu'il est très souffrant et qu'il sait avoir besoin d'aide. Lorsqu'il est devant vous en entrevue, vous vous apercevez que tout coule, qu'il identifie lui-même ses symptômes, qu'il fait des liens, qu'il se sent à l'aise avec le thérapeute, qu'il se dit prêt à se retrousser les manches pour surmonter sa dépression et, en sortant du bureau, qu'il se met en mouvement. Cette situation est plutôt rare, très rare même.

Chaque jeune a sa propre façon de frapper à la porte. Quelquefois directement, au bon endroit, au bon moment. Bien souvent de façon indirecte, en donnant des indices que l'on doit décoder. Et peu importent les règles qu'on établit, le jeune choisit lui-même la façon de se manifester. C'est à nous par la suite de composer avec ce qu'il est, pour arriver à le rejoindre dans ce qu'il vit. Les différents intervenants ont donc des points de repère en ce qui a trait à l'approche des jeunes, mais ce ne sont en rien des règles immuables.

Ainsi, un jeune écrit parfois un message dans la marge d'un travail ou d'une copie d'examen qu'il remet à l'enseignant. Un autre laisse un mot de détresse, anonyme, sur le dessus d'un pupitre ou à l'intérieur d'un livre de bibliothèque. Un troisième reste après la partie de basket-ball et laisse entendre à son entraîneur que rien ne va à l'intérieur de lui. Ou il s'ouvre à un ami proche, avec des propos qui laissent soupçonner son état suicidaire ou qui sont très clairs. Un autre consulte à l'occasion l'infirmière de l'école pour lui parler de sa fatigue et de son manque d'énergie. Certains jeunes se confient à l'aide pédagogique du collège, lui disent leur déroute, parlent à leurs parents, aux parents d'un ami, à un oncle qu'ils aiment beaucoup, à un grand frère, etc.

Celui qui reçoit le message ne se sent pas toujours en mesure de faire face à la situation. Le premier mouvement en est souvent un de recul, comme si cela ne se pouvait pas ; on se sent parfois démuni, incapable de bien jouer son rôle et d'aider l'adolescent. L'infirmière qui traite des ITS et du sida, l'instituteur qui enseigne la physique, le bibliothécaire qui a la passion des livres, le surveillant du dortoir habitué à faire la discipline, l'entraîneur d'une équipe sportive habilité à développer des tactiques de jeu, l'orthopédagogue spécialisé dans les troubles d'apprentissage, la travailleuse sociale habituée à développer les compétences des parents, le Grand Frère qui propose des activités au jeune, le médecin généraliste qui traite des problèmes physiques, la mère du meilleur ami qui est en train de cuisiner, le psychologue qui vient de perdre son meilleur ami, chacun d'eux peut se sentir démuni et incapable d'aider le jeune, et avoir alors tendance à ignorer la détresse exprimée.

Rien n'est plus dramatique pour un jeune que de laisser entrevoir sa souffrance et de voir la porte se fermer devant lui. Aussi est-il important d'être sensibilisé à ce problème et de réagir à l'appel au secours.

Pistes d'intervention

Travailler auprès des jeunes et de leur famille, de même qu'être consultant auprès d'écoles et d'organismes du réseau, amène à prendre en considération certains aspects de l'intervention particulièrement utiles lorsque nous sommes interpellés par un jeune suicidaire.

Voici des points de repère à développer chez les aidants qui accueillent ce jeune lors de son premier mouvement pour aller vers l'autre (qu'il s'agisse d'un ami, d'un proche, d'un enseignant, d'une aide pédagogique, d'un animateur d'activités, d'un collègue de travail ou d'un professionnel de la santé).

1. **L'intervention doit essentiellement être fondée sur la concertation**. En aucun cas, l'intervention ne doit se faire de façon isolée et ne concerner que l'aidant et l'aidé. Il est primordial de mobiliser le réseau du jeune pour que celui-ci se sente soutenu ; il faut également veiller à ce que la famille ne soit pas tenue à l'écart. Les parents doivent être informés de ce que vit leur enfant sur le plan émotif. La famille fait partie du processus de résolution de la crise suicidaire, quelle que soit sa

contribution. Il ne faut jamais perdre de vue que le jeune éprouve le besoin, souvent ambivalent d'ailleurs, d'éviter que ses parents ressentent sa détresse. De plus, la création d'un réseau d'entraide est un outil très puissant, tant pour le jeune que pour l'intervenant.

2. **L'intervention doit se faire dans le respect de ses propres limites**. Face au phénomène du suicide, chaque personne a une expérience qui lui est propre. Le jeune suicidaire, dans sa détresse, est très sensible aux émotions qu'il suscite chez son interlocuteur lorsqu'il s'ouvre à lui. Il est utopique, et nuisible même, de chercher à montrer au jeune une image invincible ou toute-puissante. Le jeune aura l'impression que tout cela est faux et il se détournera. L'intervention sera pertinente si l'aidant arrive à reconnaître la souffrance du jeune, à accueillir ce dernier, à l'assurer de sa présence et à l'accompagner vers une ressource qui correspond à ses besoins.

   Personne ne peut se substituer à l'autre : on ne s'improvise pas thérapeute. En revanche, le thérapeute ne peut remplacer l'ami, la copine, le cousin. Il arrive que le premier interlocuteur soit en mesure de prendre le jeune en charge. Dans le cas contraire, cet interlocuteur doit orienter l'adolescent vers un autre intervenant, en veillant à personnaliser ce transfert.

   Il est très utile pour le jeune que les intervenants travaillent en réseau, qu'il s'agisse de l'aider à diminuer sa consommation de substances, à développer sa motivation scolaire et à résoudre ses difficultés scolaires, à améliorer ses relations familiales et à s'intégrer à un réseau de pairs, à détecter et à traiter un trouble de l'humeur, à prendre conscience de ses conduites antisociales ou de la nécessité d'un arrêt d'agir. Chaque intervenant a sa raison d'être et aucun ne devrait avoir le monopole de l'efficacité ou de la pertinence.

3. **Le jeune suicidaire choisit la personne vers laquelle il se tourne**. Il fait ce choix parce qu'il la connaît bien, qu'il se sent en confiance avec elle ou qu'il est attiré par certaines caractéristiques de sa personnalité, comme l'ouverture d'esprit, la chaleur humaine, la disponibilité intérieure. Peut-être leurs routes se sont-elles simplement croisées à ce moment précis et c'est ce qui incite le jeune à se confier à cette personne, directement ou indirectement, en donnant un message qui sera entendu et compris, du moins l'espère-t-il consciemment ou non. Il est primordial de reconnaître le caractère privilégié, bien qu'anxiogène, rattaché au fait d'être choisi par le jeune suicidaire, de prendre le temps de l'accueillir dans sa détresse et de créer un véritable contact avant de le confier à un autre intervenant.

   La qualité de l'écoute et de l'accompagnement est déterminante dans la poursuite de la démarche d'aide du jeune.

4. **L'intervention doit se faire dans le respect et dans un esprit de loyauté à l'égard du jeune**. Ceci signifie d'éviter de faire un geste à son insu, à moins qu'il soit impossible de rejoindre le jeune et que la probabilité d'une tentative de suicide soit considérée comme élevée. Le jargon professionnel définit le *risque suicidaire* comme la probabilité qu'un jeune passe à l'acte d'ici deux ans, tandis que *l'urgence suicidaire* est la probabilité qu'un jeune passe à l'acte dans les 48 heures. Si le jeune est dépressif, impulsif, ne dort presque plus, consomme beaucoup d'alcool et quitte une fête de façon impromptue en parlant de voyage, l'urgence apparaît élevée. Dans ce cas, aucune hésitation n'est possible : il est impératif de le protéger. Mais si ce jeune, bien que dépressif, est relativement passif, a de la difficulté à se concentrer en classe, pleure beaucoup, dit ne pas envisager de

gestes suicidaires, est entouré par ses amis, rencontre un thérapeute et manifeste ouvertement le désir de s'en sortir, l'urgence est probablement faible, même si le risque peut demeurer élevé. Dans un tel cas, on ne doit rien tenter à l'insu du jeune.

Être loyal ne signifie pas être silencieux par rapport au projet suicidaire dont nous a informés le jeune. Il importe de ne pas se laisser piéger si le jeune nous demande de garder le secret au nom de la confiance et de l'amitié. Ce secret fait partie de l'impasse suicidaire, et il est souvent exigé par les jeunes qui ont facilement l'impression d'être trahis. Si l'interlocuteur accepte de garder le secret, il confirme en quelque sorte qu'il y a des raisons d'envisager le suicide, puisque la personne à qui l'adolescent se confie ne fait rien de plus pour l'aider à s'en sortir. Comme s'il n'y avait aucune issue possible. Quand l'interlocuteur cherche à argumenter et à expliquer, le jeune suicidaire a une forte tendance à rationaliser et à mettre son vis-à-vis au pied du mur en lui démontrant que la vie ne vaut pas la peine d'être vécue ainsi, qu'il a le droit d'en disposer comme il l'entend, qu'il n'a pas demandé à vivre, que personne ne peut contraindre un autre être humain à continuer à vivre, etc.

Il est primordial de ne pas se laisser piéger par le secret exigé par le jeune, de ne pas être aspiré avec lui dans l'impasse suicidaire.

En parler équivaut à dénouer cette impasse.

On peut lui donner le choix du tiers (À qui est-il prêt à accepter qu'on en parle ? Quelle est la personne qu'il privilégie ?). Mais on ne peut lui confier la décision d'en parler ou non à une tierce personne.

5. **Il est essentiel de ne pas perdre de vue que le jeune suicidaire cherche avant tout à cesser de souffrir.** Le jeune suicidaire n'a pas tant le désir de mourir que de faire cesser une souffrance intolérable. Dans son témoignage, Annie exprime clairement ce sentiment que nombre de jeunes reconnaissent avoir éprouvé.

Témoignage

« Je n'en pouvais plus de souffrir. Je n'en pouvais plus d'expliquer aux gens : «Ça fait mal ! Ça fait tellement mal. » Donc… tu cherches une solution pour partir, tu cherches une solution pour t'en aller… sans avoir mal. »

– Annie*

On ne peut pas juger de la « pertinence » ni de l'intensité de la souffrance d'un jeune en se basant sur une analyse objective de la situation qui suscite cette souffrance. La souffrance n'est jamais objective, logique et rationnelle. La souffrance est localisée dans la partie émotionnelle du cerveau (cerveau limbique) alors que le raisonnement est situé dans le cerveau cognitif (le cortex cérébral). Cette souffrance peut être suscitée par une importante perte relationnelle, réelle ou symbolique, par une situation très éprouvante, par des difficultés d'adaptation telles que les mécanismes habituels ne sont d'aucun secours, par un seuil de tolérance extrêmement bas à la frustration, par le sentiment de solitude, l'absence d'espoir ou de sens à sa vie.

La souffrance peut aussi être provoquée par un problème majeur de santé mentale ainsi que nous l'avons vu précédemment.

On se doit de vérifier la présence de symptômes de dépression chez ce jeune et de l'orienter vers des spécialistes qui peuvent l'évaluer et l'aider. Les adultes qui vont l'inciter à consulter un professionnel lui donneront l'occasion de savoir enfin ce qu'il a vraiment, de le rassurer sur ce qui se passe en lui et de recevoir un traitement approprié. La dépression est une maladie. Elle se soigne et se guérit.

6. **L'intervention doit, avant tout, viser à transmettre l'espoir**. Le jeune suicidaire est désespéré, son sentiment d'impuissance augmente avec le temps. L'écoute est indispensable, mais insuffisante : il faut agir, amorcer un mouvement, susciter son désir de changement, lui communiquer de l'espoir.

   Désamorcer la crise est l'un des objectifs à atteindre. Le jeune suicidaire considère le suicide comme la solution à une souffrance ou à un problème qui lui paraît insurmontable. Il importe de l'aider à nommer ce qu'il vit, ce qui le fait souffrir, les problèmes auxquels il fait face, pour l'amener à chercher des solutions car le suicide n'est et ne sera jamais une solution.

   En ce sens, il faut indiquer au jeune suicidaire que des voies existent pour sortir de l'impasse, qu'on peut l'accompagner dans cette recherche, qu'il n'est plus seul, qu'on a la certitude qu'avec de l'aide il peut s'en sortir. Susciter l'espoir est indispensable pour inciter le jeune à rester en vie. Ce n'est que vivant qu'il découvrira des solutions réelles, des réponses apaisantes à sa souffrance.

7. **Il importe d'établir un pacte de non-suicide**. Lorsque les parents redoutent de perdre leur enfant par suicide, ils vivent la plupart du temps une immense inquiétude qui peut devenir intolérable. Ils ont alors tendance à surprotéger leur jeune qui, à son tour, ne tolère pas d'être envahi de cette manière.

   Parlez à votre jeune de ce que vous ressentez, de votre peur de le perdre, de votre désir de ne pas l'étouffer, mais en même temps de votre besoin d'être rassuré. Demandez-lui de s'engager à ne rien tenter qui mette sa vie en danger afin qu'il vous aide à le laisser respirer, à lui permettre de reprendre pied tranquillement.

Il est primordial que les parents prennent clairement position contre le suicide comme moyen valable d'être soulagé d'une souffrance, si intolérable soit-elle. Le jeune doit savoir hors de tout doute que sa vie est plus importante que tout. Que sa détresse peut être entendue et reçue sans avoir recours à l'éventualité d'un suicide. **Le suicide n'est pas et ne sera jamais une option.** Comme parents, vous pouvez l'entourer, l'aimer, l'amener à avoir le soutien de ses amis, celui d'un groupe d'entraide ou d'intervenants afin de l'aider à traverser cette période de douleur.

Assurez-vous qu'il a identifié des personnes-ressources vers qui il peut se tourner si tout va mal. Assurez-le de votre présence à ses côtés, de votre amour inconditionnel, de votre détermination à l'aider et de la confiance que vous mettez dans la parole qu'il vous donne.

8. **Il est primordial de se rappeler qu'en prévention du suicide, la pire intervention, c'est de ne pas intervenir.** Il est fort possible que la personne qui reçoit la confidence d'un jeune suicidaire se sente démunie, dépassée, ne sachant trop que faire, redoutant de faire plus de tort que de bien, redoutant de précipiter un geste suicidaire. Cette personne doit se rappeler que si un jeune se tourne vers elle, c'est qu'il cherche son aide, quelle qu'elle soit.

   Le pire pour le jeune serait de ne susciter aucune réaction chez l'autre, car ce serait comme s'il ne comptait pas pour elle, alors qu'il l'a choisie, consciemment ou non.

Le travail dans les écoles

Lorsqu'on travaille avec des jeunes suicidaires, on découvre rapidement la nécessité de sensibiliser et d'outiller ceux qui gravitent autour d'eux. C'est dans le milieu scolaire qu'il est le plus pertinent d'agir, car l'école est le milieu de vie des adolescents. Ils y passent beaucoup de temps, y créent des liens d'amitié solides et s'attachent souvent de façon profonde à un adulte, quelquefois même à l'insu de celui-ci. Rappelons-nous qu'on ne choisit pas d'être la personne vers qui le jeune se tourne lorsqu'il appelle à l'aide : c'est le jeune qui nous choisit, qui met sa confiance en nous, et malheureusement trop souvent dans une dernière tentative pour éviter un scénario fatal.

Toute personne qui gravite autour du jeune peut jouer un rôle important dans la prévention du suicide. Il n'y a pas que les professionnels de la santé et des services sociaux qui peuvent dépister, accueillir et soutenir un jeune suicidaire. Chacun peut y contribuer sans chercher à se substituer à l'autre. Il ne s'agit pas de déterminer qui est le plus apte à le faire. Il faut s'assurer que celui qui croise la route d'un jeune au moment où il est suicidaire saura en reconnaître les signes, pourra l'accueillir et le soutenir tout en l'orientant vers les services d'aide appropriés.

La consultation professionnelle

Lorsque le jeune arrive dans le bureau de l'intervenant, que se passe-t-il ? C'est bien beau de l'y amener, mais encore faut-il qu'il y reste ! C'est là qu'entrent en jeu les habiletés relationnelles du thérapeute ou du médecin. En effet, les jeunes sont particulièrement sensibles à la façon dont s'établit ce premier contact. Ils sont en général entiers : ils aiment ou n'aiment pas. C'est à nous, comme intervenants, de faire en sorte qu'ils reviennent. Toutefois, nous avons besoin que vous vous assuriez – comme parents – que l'adolescent vienne une première fois, à moins qu'il n'ait lui-même entrepris de consulter ou qu'il soit prêt à entreprendre cette démarche.

Lorsque les parents téléphonent ou consultent pour parler de la situation de leur enfant, c'est toujours un aspect sur lequel l'intervenant doit insister: « Pouvez-vous, comme parents, l'inciter à venir me voir et vous organiser pour qu'il soit à son rendez-vous ? » Quelquefois, cela ne pose aucun problème: le jeune qui est tellement mal dans sa peau ou qui a déjà fait une tentative de suicide accepte de consulter. D'autres fois, les parents doivent insister et discuter longuement avant que l'enfant accepte. Enfin, en d'autres occasions, les parents doivent être très déterminés dans leur volonté, car le jeune est réfractaire à toute demande d'aide: il n'a jamais voulu rencontrer un professionnel auparavant, la communication entre les parents et leur enfant est très difficile sinon pénible, et l'adolescent considère catégoriquement qu'une aide extérieure ne lui sera d'aucun secours.

Deux stratégies différentes semblent porter fruit dans ces conditions. La première est ce qu'on peut appeler la *position basse.* Dans ce cas, vous abordez l'enfant en parlant de vous-même, de votre difficulté à faire vos activités quotidiennes, du fait que vous en arrachez parce que vous êtes inquiets pour lui. Peut-être est-ce à tort, lui dites-vous, mais cela prend toute la place. Vous ne le reconnaissez plus, vous vous faites du mauvais sang, vous ne voulez pas le perdre. Vous risquez bien sûr que votre enfant vous interrompe en vous disant que vous vous en faites trop, que tout va bien, que vous vous en faites toujours pour rien, etc. Ne niez pas, reconnaissez-le, tout en lui disant que vous n'y pouvez rien. Que vous avez même rencontré un intervenant pour vous aider, que vous allez un peu mieux, mais que vous avez besoin que votre jeune vous accompagne. Vous êtes inquiets, il vous inquiète et vous avez besoin de lui, de sa participation. Vous pouvez même lui présenter cela comme une faveur qu'il vous ferait: vous aider à être aidé, à diminuer votre inquiétude. Si vous le pouvez, n'hésitez pas à parler de vos craintes par rapport au suicide, cela peut lui permettre de s'ouvrir à vous. Sinon, du moins saura-t-il que vous êtes prêts à en parler ou à en entendre parler. Souvent, lorsque les parents demandent à leur enfant de rencontrer quelqu'un juste une fois, pour eux, cela fonctionne. Le jeune accepte souvent une rencontre.

Si ce n'est pas le cas, il vous reste la seconde stratégie, moins agréable mais que son attitude vous incite à adopter : *l'y obliger.* « Je suis très inquiet, je ne te sens pas bien, j'ai peur de te perdre, il faut que nous allions voir quelqu'un ensemble. » Même si sa réponse est *non*, vous ne lui laissez pas le choix. N'oubliez pas qu'en tout temps, si vous redoutez un acte suicidaire imminent, vous pouvez l'emmener à l'hôpital de votre région ou, en cas de grande urgence, composer le 911. Quand on dit au répartiteur des appels que l'on craint un geste suicidaire, il en fait une priorité et les secours arrivent en peu de temps. Ne redoutez pas que votre enfant vous en veuille : sa colère et sa frustration peuvent être légitimes et se manifester sur le coup, *mais elles ne dureront pas*, soyez-en certain. En présence d'un tiers, que ce soit à l'hôpital parce que vous l'y avez emmené ou face aux policiers et aux ambulanciers, déjà la frustration diminuera. Le travail des ambulanciers, des techniciens et des médecins qui se rendent à votre domicile vous soutiendra beaucoup, vous et votre enfant. Vous aurez leur appui : ils ne courront pas le risque d'un passage à l'acte impulsif. Et le message que votre enfant percevra alors, c'est à quel point vous l'aimez et tenez à ce qu'il reste en vie.

En général, l'expérience clinique démontre que devant la fermeté et le soutien des parents, le jeune finit par accepter de rencontrer un intervenant, même si c'est à reculons. Les parents sont souvent perplexes et se questionnent sur la valeur d'une rencontre, dans un tel contexte. Ne vous en faites pas : aucune condition ne pourra être pire que de laisser souffrir seul un jeune en détresse et de risquer qu'il s'enlève la vie. Je le répète : c'est à nous, comme intervenants, de faire en sorte que le jeune accepte de revenir ou de l'accompagner vers une autre personne plus apte à l'aider.

Nous devons prendre le temps de créer un contact réel avec le jeune au moment de l'entrevue. C'est notre responsabilité de thérapeute de trouver la porte d'entrée, la voie la plus accessible pour établir ce contact et accrocher le jeune. Il doit sentir qu'on est là pour lui. Si nous n'y parvenons pas, nous devons persévérer, raffermir le filet de sécurité autour de lui ou le confier à un autre intervenant. Un professionnel ne doit pas laisser partir un jeune suicidaire s'il redoute un passage à l'acte très rapidement, sans avoir au moins avisé quelqu'un de son réseau ou avoir préparé son transfert vers l'urgence de l'hôpital de son secteur. Au Québec, la législation actuelle, dont la *Loi 180*, oblige les professionnels à surseoir à l'exigence de confidentialité (secret professionnel) dans les situations de danger imminent pour la vie.

L'évaluation

L'évaluation est une étape déterminante de l'intervention auprès d'un jeune suicidaire. Elle est l'amorce qui nous permettra d'approfondir petit à petit la démarche thérapeutique avec le jeune.

C'est au moment de l'évaluation que le jeune choisira ou non de s'engager dans une telle démarche. L'évaluation est un lieu privilégié :

- pour que le jeune exprime sa souffrance, son désarroi, son impuissance, sa détresse ;
- pour qu'un premier contact véritable se crée qui jettera les bases du lien thérapeutique ;
- pour nommer les problèmes vécus par le jeune et avoir la puce à l'oreille quant à l'éventuelle présence d'un trouble de santé mentale ;
- pour tenter de comprendre la dynamique du jeune et sa façon d'être en relation avec les autres ;
- pour connaître l'histoire familiale et les enjeux actuels en ouvrant sur ce qui se passe vraiment ;

- pour saisir la nature du lien parents-adolescent ;
- pour miser sur les ressources intérieures et environnementales du jeune ;
- pour mobiliser ou commencer à établir un réseau de soutien autour du jeune ;
- pour évaluer l'impact des éléments déclencheurs sur l'état suicidaire, sur un éventuel passage à l'acte ;
- pour repérer les facteurs de risque et les facteurs de protection face au suicide ;
- pour encourager la recherche et l'exploration d'avenues de solutions ;
- pour trouver la porte d'accès au jeune et le motiver à entreprendre une démarche thérapeutique.

Le contenu de l'évaluation, de même que le type de services offerts par l'organisme et la disponibilité des ressources orienteront la prise en charge du jeune.

La prise en charge

La prise en charge peut être assumée par le même professionnel qui a fait l'évaluation, ce qui est grandement souhaitable. Toutefois, dans certains milieux de pratique, les structures organisationnelles entraînent le transfert du jeune vers un service différent. Il est alors fortement recommandé que le praticien qui a évalué le jeune puisse personnaliser ce transfert, en accompagnant le jeune vers l'entrevue de prise en charge, en communiquant notamment avec le nouvel intervenant pour faciliter la transition.

Il est bien évident que, chez les ados qui ont tendance à peu se dévoiler devant des étrangers, la continuité est un atout important. D'autant plus dans la problématique suicidaire où la marge de manœuvre est mince.

Tout au long des rencontres, nous réévaluons constamment ce risque de suicide et gardons présente à l'esprit l'éventualité d'un geste impulsif. Les principaux éléments qui sont pris en considération et nous guident dans le suivi du jeune sont :

- le maintien et la qualité du lien thérapeutique : le thérapeute s'assurera constamment de bien sentir le jeune, qu'il n'y ait pas de rupture dans le contact, que le courant passe entre eux ;
- l'intensité de la souffrance du jeune et la persistance d'un état suicidaire ;
- le tempérament du jeune par rapport à l'impulsivité, la rigidité des attitudes et la pensée, l'anxiété, le perfectionnisme, la passivité, etc. ;
- la possibilité d'un état dépressif ou d'un autre trouble de l'humeur et, si tel est le cas, l'intensité des symptômes, leur fréquence dans le temps, le niveau de fonctionnement du jeune dans sa routine quotidienne, dans ses activités et dans son milieu de vie, et les signes d'amélioration sont des aspects importants à considérer ;
- le maintien du lien parents-enfant, la qualité du soutien familial ;
- l'implication des parents et des proches ;
- son intégration sociale, la présence d'un réseau d'amis ou son isolement ;
- l'absence ou la présence de tentatives de suicide antérieures ;
- la charge génétique et environnementale, par exemple : troubles de l'humeur ou gestes suicidaires de ses parents et d'autres membres de sa famille, etc. ;
- la capacité du jeune à se mettre en mouvement, à reprendre ses activités ou à en explorer des nouvelles, à se mobiliser pour découvrir des points de repère stables, à retrouver un rythme de vie qui l'aidera à regagner de l'énergie.

L'intervenant doit faire en sorte que le jeune trouve dans l'intervention un lieu d'expression de ce qu'il vit et de sa souffrance, où il n'a pas à se soucier de « ménager » l'autre pour ne pas lui faire de la peine. Il est important de l'amener à prendre du recul face à ce qu'il vit et de développer les outils qui l'aideront à surmonter son état suicidaire. Pour ce faire, l'intervenant insistera sur la nécessité d'explorer différentes avenues de solution, de s'auto-observer, d'essayer des choses, de prendre conscience de ce qui lui fait du bien et de ce qui n'a pas d'impact sur lui, sans porter un jugement.

Se permettre de tirer des leçons de ce que lui envoie la vie pour comprendre mieux ce qu'il est, ce qu'il voudrait être, ce qu'il peut faire, est un atout pour le jeune.

L'aider à se mettre en mouvement, à sentir ce qu'il est vraiment, ce qui l'anime, ce qui le nourrit est un élément indispensable de la démarche thérapeutique ; de même l'aider à apprendre à vivre avec ses forces et ses limites, à vivre avec celles des gens qui l'entourent, à découvrir ce qu'il y a de beau et de bon en lui, à découvrir un sens à sa vie.

Susciter et entretenir l'espoir que la lumière est au bout du tunnel, que le soleil est toujours derrière les nuages et qu'il a en lui des ressources pour faire à nouveau briller ce soleil est un enjeu thérapeutique de tous les instants. Même si ces images peuvent sembler être des clichés, elles sont extrêmement représentatives de la démarche avec un jeune suicidaire. La capacité pour le thérapeute de rester là, à côté du jeune, à tolérer ce qu'on pourrait nommer l'intolérable tout en l'amenant à croire peu à peu qu'il y a un meilleur possible pour lui et créer un mouvement dans cette voie, voilà des éléments clés de l'intervention clinique.

Il existe différents styles d'intervenants (selon le tempérament, la formation et les convictions professionnelles), différentes modalités de prise en charge (selon le milieu de travail, la présence et le fonctionnement de l'équipe, les ressources disponibles, le mandat de l'organisme), différentes approches thérapeutiques (selon la philosophie professionnelle, la formation et l'expérience clinique). Les applications et les expressions thérapeutiques varieront en conséquence et, bien que se distinguant les unes des autres, elles se recouperont fréquemment entre elles.

- Les approches cognitivo-comportementales se penchent sur la structure de la personnalité, les croyances qui en font partie, les émotions vécues, les attitudes et les comportements qui les accompagnent. Elles sont particulièrement efficaces pour le développement de l'estime de soi, la résolution de problèmes, la modification de schémas de fonctionnement et la consolidation des acquis.
- Les approches systémiques structurelles et stratégiques favorisent particulièrement la résolution des crises interpersonnelles et familiales.
- La consolidation des facteurs de protection, la résolution des pertes et des deuils, le développement des mécanismes d'adaptation peuvent être traités par l'une ou l'autre de ces approches, de même que par l'approche psychosociale, les thérapies brèves ou psychodynamiques. C'est l'angle sous lequel on aborde le problème qui change. L'important est d'accueillir le jeune et de favoriser rapidement la mise en mouvement ainsi que de s'assurer que la famille puisse avoir du soutien afin de mieux l'entourer.

Que faire s'il y a un trouble de l'humeur ou un autre trouble de santé mentale ?

S'il y a un trouble de l'humeur ou un autre trouble de santé mentale, il se peut que la psychothérapie seule ne soit pas suffisante pour aider le jeune à retrouver son équilibre. Il n'est pas toujours simple de poser un diagnostic franc de problème psychiatrique.

Lorsqu'on voit que la démarche thérapeutique semble tourner en rond malgré les efforts du jeune et sa bonne volonté, malgré le lien de confiance entre le jeune et l'intervenant, lorsque le thérapeute reconnaît la présence de symptômes qui peuvent relever d'un problème psychiatrique, il est très important qu'il oriente le jeune vers un médecin. Ce dernier pourra poser le diagnostic et recommander un traitement médical.

Par exemple, dans le cas d'une dépression, qui est le trouble de l'humeur le plus fréquemment rencontré, le médecin pourra effectuer les examens qui mettront en lumière tout problème d'ordre physique et dont les symptômes peuvent s'apparenter à la dépression (dysfonctionnement de la glande thyroïde, mononucléose, anémie, etc.). S'il s'agit d'une dépression et qu'elle se prolonge dans le temps, ou qu'elle est si intense que le jeune n'arrive plus à se mettre en mouvement, le médecin pourra lui prescrire des antidépresseurs. La médication s'ajouterait alors à une démarche psychothérapeutique, si le jeune – malgré les efforts qu'il fournit – n'arrive pas à se sentir vraiment bien, comme si un obstacle l'en empêchait.

L'utilité de la médication

La grande crainte des parents – comme celle des jeunes d'ailleurs – est celle de la dépendance aux médicaments. Or, les antidépresseurs actuellement sur le marché ne créent aucune accoutumance. Il ne s'agit ni d'un euphorisant ni d'un relaxant qui rend l'utilisateur « zombie ». Les antidépresseurs sont des molécules qui aident à rétablir l'humeur.

On sait aujourd'hui que la sérotonine, la dopamine et la noradrénaline sont des substances biochimiques sécrétées par le cerveau (des neurotransmetteurs) et impliquées dans la régulation de l'humeur. Selon les recherches, une personne en dépression éprouve un dysfonctionnement des neurotransmetteurs. On ne sait pas si la dépression est la cause de ce déséquilibre ou si c'est le déséquilibre des neurotransmetteurs qui provoque la dépression. Ce qu'on sait, par contre, c'est qu'il est important de rétablir cet équilibre. Dans certains cas, le temps y pourvoit. Dans d'autres, il n'y fait rien, pas plus que les outils que le jeune développe. Comme si ce n'était pas assez complet.

Il est alors indiqué d'être aidé par des antidépresseurs. Différentes métaphores sont utilisées pour faciliter la compréhension de l'action du médicament :

- il sert à recharger une batterie d'auto qui est à plat pour l'aider à redémarrer ;
- il est le thermostat qui s'allume si la température de l'humeur est trop basse ;
- il est la sonnette d'alarme qui avise le cerveau d'autorégulariser le fonctionnement des neurotransmetteurs ;

Chaque jour, un signal est lancé et capté par le cerveau qui réagit peu à peu, et l'équilibre se rétablit. En général, les médecins s'entendent pour dire que cela prend de trois à quatre semaines, sinon plus pour y arriver. Si le temps de réaction est trop long, la dose peut être ajustée. Ce qui ne signifie pas que le jeune est encore plus malade ! La charge était peut-être insuffisante pour faire redémarrer vraiment la batterie. Alors on essaie encore jusqu'à ce que les choses se replacent. Sinon, on peut changer d'antidépresseur. Certains fonctionnent bien pour un individu et moins bien pour un autre, sans que l'on sache trop pourquoi. Qu'est-ce qui fait que pour certains d'entre nous les maux de tête disparaissent avec l'acétaminophène alors que pour d'autres cela ne marche pas ? Ce sont là les mystères et les caprices du corps humain.

Si, en attendant l'effet clinique de la médication, le jeune se sent très mal, le médecin peut suggérer de façon temporaire un autre type de médicament, par exemple un anxiolytique, afin de lui permettre de tenir le coup, de ne pas s'épuiser inutilement et se vider de toute son énergie en continuant sa descente aux enfers.

L'antidépresseur ayant envoyé un signal continu au cerveau chaque jour depuis un certain temps, le rééquilibre biochimique se fait peu à peu. Par la suite, quand on voit que tout est stabilisé depuis un certain temps, on arrête le signal, le cerveau s'étant habitué à rétablir l'équilibre. Il poursuit ensuite sur sa lancée. Pour la grande majorité des jeunes, il en est ainsi. Dans certains cas, il arrive que la vulnérabilité biologique soit telle qu'on doit reprendre la médication. Actuellement, l'expérience démontre que le fait de poursuivre la médication pendant une période d'au moins six mois après la disparition des symptômes dépressifs minimise le risque de rechutes.

On diminuera de façon très progressive le dosage, puis la fréquence des antidépresseurs, non pas pour un sevrage, mais pour permettre au cerveau de garder son nouvel équilibre et pour limiter les effets secondaires. Comme on l'avait probablement fait lorsque le médecin avait introduit la médication, et pour les mêmes motifs.

La médication seule ne guérit pas la dépression. Elle ne permet pas de développer des outils qui aident à surmonter la dépression. Elle peut toutefois être utile dans certains cas et permettre à la personne dépressive de retrouver son équilibre mental, ce à quoi on ne croit presque plus lorsqu'on est au fond du baril. Dans tous les cas, on respectera le rythme du jeune et de sa famille avant d'introduire des antidépresseurs. Sinon, le peu d'énergie qu'il reste au jeune sera gaspillé à lutter contre cette médication dont il ne veut pas et il l'arrêtera à la première occasion.

Dans la mesure où il y a traitement, ne perdons pas de vue que le temps est un allié.

En résumé

- ✓ Il existe différentes façons de travailler avec un jeune suicidaire : informez-vous de l'évaluation et de l'orientation préconisée par le ou les intervenants qui ont rencontré votre jeune. Engagez-vous dans le traitement de votre enfant.
- ✓ L'école étant le milieu de vie du jeune à l'adolescence, il importe de sensibiliser et d'outiller les intervenants scolaires.
- ✓ Les pistes d'intervention ou points de repère que doivent utiliser ceux qui accueillent le jeune suicidaire dans ses premières tentatives de s'ouvrir à l'autre sont :

- établir une intervention concertée;
- respecter ses propres limites;
- reconnaître le privilège d'avoir été choisi par le jeune;
- entretenir respect et loyauté envers le jeune;
- ne pas oublier que le jeune désire avant tout cesser de souffrir;
- transmettre l'espoir;
- établir un pacte de non-suicide;
- garder à l'esprit que la pire intervention est l'absence d'intervention.

CHAPITRE 13

Aider Sandrine, Amélie et Carl-Éric

Maintenant que nous avons vu le processus suicidaire et ce qui peut le déclencher, que nous avons identifié les signes précurseurs, les éléments à considérer dans l'évaluation et le suivi d'un jeune qui peut être à risque de suicide, regardons, à la lumière de nos connaissances, ce qui pourrait être fait pour Sandrine, Amélie et Carl-Éric, dont l'histoire a été présentée dans les premiers chapitres.

Comme la prévention du suicide ne concerne pas seulement les professionnels formés pour intervenir et comme le jeune suicidaire n'avertit jamais à l'avance celui à qui il va fournir des indices, nous nous mettrons tour à tour dans la peau des parents, des amis et des adultes qui gravitent autour du jeune.

Suite de l'histoire de Sandrine et intervention

Résumé

Sandrine est cette petite fille de 8 ans qui avait en son cœur fait la promesse d'épouser son cousin handicapé s'il guérissait de la maladie qui le terrassait. Comme il semblait prendre du mieux, elle revint sur sa promesse et se sentit atrocement coupable lorsqu'il mourut quelques jours plus tard. Elle commença à se replier sur elle-même, pleurait sans raison apparente, se disputait à la maison, se sentait étouffée par son secret. Elle n'en pouvait plus : si tout pouvait finir, si elle pouvait disparaître… (Voir le chapitre 3, à la page 84.)

Que feriez-vous si vous étiez les parents de Sandrine? Attendriez-vous que « ça passe » avec le temps, les larmes, les disputes, les difficultés de sommeil? Peut-être vous diriez-vous que c'est probablement le décès de son cousin, compagnon de jeu, qui provoque cette réaction et que le temps atténuera sa peine.

C'est possible; vous devriez aller vers votre fille: elle a besoin de vous. Parlez-lui. Elle n'a que 8 ans. Utilisez des mots simples, dont elle comprend bien le sens.

« Qu'est-ce qui se passe? Qu'est-ce qui ne va pas? On ne te reconnaît plus ma cocotte. Tu ne ris plus beaucoup. Tu as souvent des disputes avec nous. Ce n'est pas toi ça. »

Prenez-la dans vos bras. Établissez le contact de manière à ce qu'elle puisse vous parler de son gros chagrin qui l'étouffe.

Ne minimisez pas ce qu'elle ressent, même si ça vous semble disproportionné. Elle est en train d'apprendre à se libérer de sa peine, à aller vers l'autre pour ne plus étouffer. La façon dont vous l'accueillerez et votre réceptivité seront pour elle des points de repère importants pour les années à venir.

S'ouvrir aux autres est un apprentissage nécessaire qui se vit plus facilement pour certains que pour d'autres, selon le tempérament de l'enfant, selon la réaction de ceux qu'il aime.

Vous pouvez la rassurer, lui parler de ce que l'on ressent face à la mort, du grand désir de tout faire pour sauver l'autre, et lui dire que la maladie et la mort sont plus grandes que nous. C'est toujours difficile de perdre quelqu'un qu'on aime. Elle n'en est aucunement responsable, elle ne le sera jamais.

Il y a de fortes chances que Sandrine, rassurée, consolée, se sentant écoutée, ayant la possibilité de vous parler quand elle est préoccupée, puisse passer au travers de cette souffrance. Il n'y a pas d'âge pour souffrir. On ne peut jamais de l'extérieur évaluer si quelqu'un, adulte ou enfant, souffre véritablement.

Vous pouvez inviter Sandrine à parler de ce qu'elle aimait de son cousin, des activités qui lui plaisaient le plus, des souvenirs de lui qu'elle aime particulièrement, des occasions où ils ont ri et joué ensemble, des anecdotes, etc. Cela facilite la résolution du deuil de prendre le temps de se rappeler, d'en parler, de penser à la personne que l'on a perdue.

Vous pouvez réunir des photos dans un album ou, avec elle, en choisir une qu'elle voudra placer dans un cadre sur un mur ou un meuble de sa chambre. Quelquefois, les enfants choisissent de donner à un toutou ou à une poupée le prénom de l'absent. D'autres fois, ils désirent garder un objet, une casquette ou autre chose qui lui appartenait. Ne forcez pas la note. Soyez ouverts et attentifs à la façon dont elle vit ce deuil. Qu'elle sente que vous êtes là près d'elle.

Il y a de très fortes probabilités que les difficultés se résorbent peu à peu, quelquefois plus rapidement qu'on ne le croit. Une fois sécurisés, les enfants reviennent vite dans le présent et continuent à s'épanouir.

Si les difficultés perduraient malgré votre attitude chaleureuse et rassurante, vous pourriez aller chercher l'aide d'un professionnel qui vous accompagnera auprès de Sandrine.

L'important, c'est que vous ne laissiez pas votre fille seule avec sa peine lorsque vous vous apercevez que rien ne va plus. Et si vous ne savez pas trop à quoi l'attribuer, vous serez probablement éclairés lorsqu'elle vous en parlera.

Suite de l'histoire d'Amélie et intervention

Résumé

Amélie est cette étudiante de 4e secondaire, très engagée dans son milieu scolaire, entourée d'amis et qui reçoit constamment des confidences. D'un naturel volubile, enthousiaste et souriant, elle est de plus en plus renfermée, démotivée, préoccupée. Elle ne se confie à personne, soutenant même, lorsqu'on le lui demande, que tout va bien tout en fuyant le contact avec les autres. (Voir le chapitre 2, à la page 71.)

Suite de l'histoire d'Amélie :

Pendant les jours qui suivent, elle ne semble guère aller mieux. Elle continue d'être préoccupée, souvent distraite. Personne ne sait ce qui se passe. Toutefois, un soir, après la partie de basket-ball, vous l'apercevez en larmes dans le vestiaire. Elle finit par vous avouer qu'un de ses amis, qu'elle ne veut pas nommer, lui a confié son intention de se suicider le lendemain soir. Il lui a fait promettre de ne pas trahir leur amitié et de n'en parler à personne. Elle est la seule au courant de ses projets.

Vous êtes l'entraîneur de basket-ball. Que faites-vous? Comme parents, que souhaiteriez-vous que l'entraîneur fasse?

En fait, cet entraîneur fait face à une situation qui est double : le message suicidaire de l'ami d'Amélie et le désarroi d'Amélie.

Sa première intervention devrait d'abord viser Amélie, qui a reçu la confidence. Il est essentiel avant tout de s'assurer qu'Amélie n'est pas elle-même aux prises avec des idées suicidaires, l'ami lui servant de façade pour appeler au secours. Il faut évaluer attentivement cette alternative et la garder à l'esprit tout au long de la rencontre exploratoire avec Amélie.

Si Amélie ne cherche pas elle-même à lancer un appel au secours, il y a de fortes chances qu'elle soit réticente à parler, compte tenu du secret exigé par son ami. Si c'est le cas, il est important de lui permettre d'exprimer ce qu'elle ressent : « Qu'est-ce qui se passe? Raconte-moi! » L'entraîneur doit l'amener à lui confier ce qu'elle sait exactement, les circonstances entraînant la décision, les modalités du passage à l'acte. Il doit savoir aussi si d'autres personnes sont au courant, quelle est la nature de la relation que le jeune entretient avec ses parents, leur ouverture d'esprit et le temps qu'ils lui accordent.

L'objectif est d'amener Amélie à prendre conscience qu'elle ne peut garder ce terrible secret et que, par loyauté pour son ami qui se tourne vers elle en l'appelant au secours, elle doit l'aider. L'aider signifie parler, aller chercher du soutien. Le fait de se taire équivaut à lui confirmer que personne ne peut rien pour lui et l'expose davantage au risque de faire le geste.

À ce stade, l'entraîneur peut se tourner vers le service de santé du milieu scolaire, s'il est encore ouvert, en y accompagnant Amélie. Un membre de l'équipe (infirmière, travailleur social, psychoéducateur, psychologue ou autre) pourra alors offrir son soutien à Amélie ou encore prendre la responsabilité de la suite des opérations.

On peut aussi communiquer directement avec les parents d'Amélie, les parents du jeune ou le jeune lui-même, selon ce qu'Amélie entrevoit comme meilleure stratégie pour ouvrir la situation. Si l'on choisit de communiquer directement avec le jeune, il est préférable de le rencontrer face à face, ce qui facilite le contact et permet en outre d'éviter une fugue. Dans une éventualité où le jeune fugue, on ne doit pas hésiter à informer les parents du jeune et Urgences Santé (911) afin d'entreprendre immédiatement la recherche de ce jeune en danger de suicide.

Il est important de se rappeler que l'intervention dite de première ligne est à la portée de toute personne qui reçoit un jeune en désarroi. Il s'agit d'offrir écoute, soutien et réconfort, et d'orienter le jeune vers une action constructive.

Transmettre l'espoir devient un objectif primordial dans l'accueil du jeune. Amélie a besoin de sentir qu'on a le désir d'aider son ami. Que rien n'est perdu ni irrémédiable tant qu'il y a de la vie ! Son ami doit entendre que quelqu'un, quelque part, est prêt à le recevoir dans sa douleur et peut l'aider à la surmonter.

Dans la situation que nous examinons ici, le plan suicidaire étant défini, déterminé dans le temps et sur le point d'être exécuté, l'urgence est élevée. L'aide d'un professionnel de la santé (urgence d'un hôpital, équipe psychiatrique, équipe de crise d'un CLSC, etc.) serait indiquée pour procéder à une évaluation plus complète et développer une intervention clinique qui permette au jeune de trouver un équilibre plus profond, plus épanouissant.

En aucun cas, cette intervention ne peut se faire à l'insu des parents, qui sont les premiers responsables du bien-être de leur enfant, et ce, même si le jeune a atteint l'âge de la majorité. La complexité des liens familiaux, les manifestations d'attachement mutuel, le processus d'autonomisation du jeune ne facilitent pas toujours la résolution de la crise. Il reste cependant que les parents sont des partenaires essentiels dans cet apprentissage qui consiste, pour le jeune et sa famille, à utiliser la crise comme levier de changement dans sa vie pour découvrir un nouvel équilibre.

En ce qui concerne Amélie, il est tout aussi important de la soutenir dans ce qu'elle vit et de l'épauler face aux soubresauts prévisibles dans son lien avec son ami. Ce dernier pourrait éprouver des sentiments contradictoires envers elle : colère, rejet, déception, soulagement, amertume, reconnaissance, renforcement des liens, etc. Ils sont le reflet de l'ambivalence du jeune aux prises avec des idées suicidaires.

Le soutien de ses propres parents serait un atout considérable pour Amélie. On l'encouragera très fortement à leur parler de ce qu'elle vit.

En tant que parents d'Amélie ou du jeune suicidaire, impliquez-vous auprès d'eux, soyez à leurs côtés, assurez-les de votre présence, de votre amour. Ils ont besoin de vous.

Suite de l'histoire de Carl-Éric et intervention

Résumé

Carl-Éric est ce jeune de 5e secondaire, leader de son groupe, réussissant très bien à l'école, populaire auprès des filles, qui vit difficilement la rupture amoureuse avec Josée qu'il fréquentait depuis un an. Il semble malheureux, il est distrait et ses résultats scolaires diminuent de façon marquée. Il sort et consomme davantage, devient plus agressif, à un point où ses amis ne le trouvent plus « parlable ». Comme ils ont de la difficulté à endurer son irritabilité, Carl-Éric leur dit que, de toute façon, bientôt, ils auront la paix. (Voir le chapitre 2, à la page 72.)

Suite de l'histoire de Carl-Éric :

Carl-Éric se dirige vers la salle de classe, s'assoit au fond, ne parle à personne, surtout pas à Josée. Son titulaire s'aperçoit que ça ne va pas et qu'il est à l'écart de sa bande habituelle. Au moment de la pause, Carl-Éric reste dans son coin, l'air perdu.

S'armant de courage, l'enseignant s'approche et lui dit que ça n'a pas l'air d'aller ; ce à quoi Carl-Éric répond que « tout est correct ». Et comme l'enseignant, sceptique, insiste un peu, Carl-Éric l'interrompt en lui disant de se mêler de ses affaires, se lève brusquement et quitte la classe.

Que souhaitez-vous que l'enseignant fasse ?

Nous savons que la rupture amoureuse est un facteur précipitant chez les jeunes. Dans le cas de Carl-Éric, on relève aussi plusieurs indices affectifs : il semble malheureux, il a perdu intérêt pour les activités auxquelles il participait, faisant montre d'impulsivité, d'irritabilité et de sautes d'humeur. Nous savons aussi que Carl-Éric présente plusieurs indices comportementaux : l'isolement, la baisse de résultats scolaires, l'absentéisme, les difficultés d'attention, la consommation d'alcool.

L'enseignant n'a peut-être pas tous ces éléments en main, mais il s'aperçoit avec perplexité que Carl-Éric n'est plus le même avec sa bande d'amis et que Josée ne semble plus le fréquenter. De plus, il coupe brusquement le contact avec le prof, l'envoyant carrément promener. Cet enseignant devrait-il le laisser partir ainsi ?

Non, il vaudrait mieux le rejoindre rapidement ou prévenir un membre de la direction. Il serait souhaitable que Carl-Éric rencontre un intervenant avant de quitter l'école. Bien sûr, il est possible qu'il reprenne pied par ses propres moyens, mais il peut aussi en être incapable. Comment savoir ? C'est impossible si l'enseignant ne va pas plus loin. Et le risque est grand de ne rien faire. En cas de doute, il ne faut pas hésiter : on doit faire quelque chose, au moins vérifier si nos inquiétudes sont fondées.

L'enseignant peut utiliser sa sortie intempestive de la classe pour l'aborder et lui faire part de son inquiétude. Si le jeune ne collabore pas, on doit lui offrir de rencontrer un membre du service de santé ou des services à l'élève. Il est important d'informer un intervenant ou un membre de la direction de ce qui se passe. Si le jeune demeure hermétiquement fermé, il ne faut pas hésiter à communiquer avec ses parents afin qu'ils fassent preuve de vigilance et puissent l'entourer. Peut-être partagent-ils les inquiétudes de l'enseignant ?

À l'école, il est important de tisser un filet de sécurité autour du jeune en mobilisant son réseau, ses amis, et en demandant la collaboration des collègues enseignants qui pourront aussi être vigilants. L'un d'entre eux a peut-être un lien privilégié avec lui par son implication dans une activité à laquelle le jeune participait.

Il ne s'agit pas d'agir à l'insu de ce jeune qui a mal, mais de lui offrir soutien et espoir.

Prêtons attention au risque potentiel que Carl-Éric vive une dépression sous-jacente. Il est de ceux qui peuvent souffrir d'un trouble de santé mentale non diagnostiqué.

L'implication des parents est primordiale aussi et il ne faut pas se laisser arrêter par l'opposition du jeune à une évaluation psychiatrique. Le risque est trop élevé qu'il puisse contribuer à augmenter les statistiques du suicide complété : un jeune adulte de sexe masculin présentant une rupture de comportement, vivant le deuil d'une relation amoureuse et n'allant pas chercher le soutien de ceux qui l'entourent peut être extrêmement vulnérable à un passage à l'acte.

Témoignage de Benoît (2e partie)

J'ai été chanceux, je m'en suis sorti. À l'hôpital, j'ai vu mes parents pleurer et je me disais : « Mais qu'est-ce que je suis en train de faire, là ? » C'est à ce moment que j'ai demandé de l'aide. On a consulté toute la famille ensemble, puis moi tout seul. C'est comme si j'avais repris pied, petit à petit.

En septembre, à l'école secondaire, les professeurs et la direction m'ont beaucoup aidé. Je ne connaissais plus personne. Tous mes amis étaient au collège. Moi, je reprenais mon 4e. J'étais devenu l'un des plus vieux de l'école. Ça n'a pas été facile. Ce n'est pas encore facile. Mais je ne lâche pas. C'est grâce aux profs que je tiens encore le coup là-bas.

J'ai eu une grosse peine d'amour récemment. J'ai traversé une autre période de crise. J'ai trouvé ça dur. J'ai déconné, mais pas trop. Ça a été dur de me remotiver. La peine prenait toute la place, mais ça s'en vient. Je le sens. J'ai continué à consulter ma travailleuse sociale. J'ai même rencontré le psychologue scolaire parce que je sentais que j'avais besoin de parler. Souvent.

J'ai pris conscience que la vie est faite pour être vécue. Je veux être quelqu'un. Je ne veux pas être quelqu'un qu'on manipule. Je veux me prouver et prouver aux autres que je peux y arriver. Je veux le faire aussi pour mes parents qui m'ont pas laissé tomber. Même si ça « barde » encore quelquefois entre nous.

C'est dur une rupture, c'est dur de faire une rechute. Y'a des jours où je me dis : « Pourquoi ça m'arrive à moi ? J'essaie tellement d'être un bon gars, de rendre les gens heureux. Y'a toujours quelque chose qui arrive et me fait tout recommencer. » Je me pose plein de questions. J'avais l'impression d'avoir changé, de moins dépendre de ce que les autres pensent de moi. Ça a l'air que c'est pas fini. J'ai encore du chemin à faire, même si je sais qu'il y en a une bonne partie de fait.

Mais j'ai le goût d'aller plus loin, de persévérer, même si c'est difficile. Je suis écœuré de refaire toujours les mêmes affaires. Je me fous du temps que ça prendra. Je sais que je suis capable d'y arriver. Je veux me dire un jour que j'ai été capable de faire les deux ans de plus que ça me prenait pour finir mon secondaire, avec des étudiants plus jeunes que moi. C'est comme si je me revoyais en eux. J'ai pris un coup de maturité.

Je veux me sentir quelqu'un à mes propres yeux, mener une bonne vie, sans être aux pieds des autres. C'est comme si je me raccroche à moi-même. J'essaie de voir loin, tout en prenant une journée à la fois.

C'est sûr que j'ai hâte que ça finisse. Mais j'en vois le bout. L'école m'a donné une chance que je ne veux pas gaspiller, lorsqu'elle a accepté de me reprendre. Je veux leur démontrer qu'ils ont eu raison de me faire confiance. Comme mes parents le font. On dirait que je ne réalise pas vraiment que je suis en train de persévérer. J'suis fier de moi dans un sens. Mais j'aurais mieux aimé ne pas passer par là.

Aujourd'hui, le plus important pour moi, c'est que je commence à me sentir heureux, à être bien dans ma peau. Et surtout, enfin, je sens que j'ai l'esprit libre.

Benoît, 18 ans

QUATRIÈME PARTIE

Le rôle des parents

CHAPITRE 14

Que faire comme parents ?

Le chemin que nous venons de parcourir ensemble nous amène à explorer ce que peuvent faire les parents d'un jeune suicidaire pour l'aider à traverser cette période extrêmement difficile. Il n'est pas toujours facile, pour des parents, de s'engager auprès de leur enfant dans un tel contexte. Les parents sont souvent envahis par un sentiment de culpabilité quand ils constatent à quel point leur enfant souffre, de même que par un sentiment d'échec qui leur donne à croire qu'ils n'ont pas su lui transmettre le goût de vivre, et par un sentiment d'inquiétude face à la crainte qu'il en meure.

Il n'est déjà pas facile pour des professionnels d'être à la fois assez proches du jeune pour créer un véritable contact et de garder assez de distance pour avoir une juste perspective de la situation afin de l'aider à trouver en lui les ressources pour guérir. L'intervenant se sent souvent en équilibre sur un fil ; alors imaginez comment se sentent les parents qui redoutent plus que tout de perdre leur enfant. Et pire encore, de le perdre par suicide… Ils nagent en plein désarroi et, devant le non-désir de vivre, leur détresse est souvent comparable à celle de leur enfant.

Aidez votre enfant : vous pouvez et vous devez le faire

Comme parents, il est important que vous ayez la certitude que vous pouvez aider votre enfant. Vous devez lui démontrer que son envie de mourir correspond en réalité à un désir d'arrêter de souffrir, et que la mort se présente à lui à ce moment-là comme la seule issue pour que cesse sa douleur. Il a besoin de vous pour croire que d'autres solutions existent afin de calmer cette douleur. Il a besoin de votre tendresse, de votre amour inconditionnel, de votre présence, de votre capacité à être à ses côtés quand il n'est pas bien, de votre détermination à croire qu'il peut s'en sortir et de votre volonté de lui transmettre ce message.

> Comment y arriver ? Les parents apprennent eux-mêmes beaucoup en s'impliquant dans le traitement de leur jeune, en explorant, en observant, en faisant des gestes, en exprimant leurs sentiments, en partageant leurs valeurs, en s'ajustant, en encadrant leur enfant avec chaleur et fermeté. En effet, aimer le jeune, l'entourer, lui faire sentir qu'il est important et lui redonner espoir ne veut pas dire exaucer ses moindres désirs, ne pas le contrarier ni le surprotéger. Le jeune a besoin de respirer, ce que ne lui permet pas l'impasse suicidaire dans laquelle il est coincé. Il a besoin de recul afin que la souffrance ne prenne pas toute la place et il doit croire qu'il est vrai que cette souffrance n'est pas permanente, même si elle peut sembler interminable et insoutenable.

Les jeunes qui ont traversé une crise suicidaire le savent : c'est lorsqu'on en sort qu'on se rend compte qu'elle est temporaire. Avant, on ne peut que l'espérer, y croire de toutes ses forces et agir de telle sorte que l'on mette toutes les chances de son côté pour y arriver. À cet égard, le rôle des parents est extrêmement important. Les parents sont les alliés les plus sûrs de l'adolescent en crise, comme peuvent l'être aussi ses amis les plus proches. Alors, par où commencer ?

Diminuez votre sentiment de culpabilité et apprenez à maîtriser votre inquiétude

D'abord, il faut diminuer votre sentiment de culpabilité et apprendre à maîtriser votre inquiétude pour mobiliser vos énergies de façon constructive. C'est la première chose à faire, sans aucun doute, sinon il vous sera impossible d'estimer ce qui se passe réellement chez votre enfant. Vous devez être en mesure d'évaluer la situation et de repérer les signes précurseurs d'un geste suicidaire, tout comme ceux d'une amélioration de l'état affectif de votre enfant. Vous avez besoin de tout votre jugement. Il n'y a rien que vous puissiez faire pour effacer les bouts de passé que vous auriez souhaité autres. Nous en avons tous et cela fait partie de la vie de tout être humain. Vous pouvez toutefois agir énormément sur ce qui se passe maintenant et qui pourrait influencer l'avenir.

Sous des dehors d'indifférence ou encore de reproches, l'adolescent s'inquiète souvent de faire du mal à ses parents et de les faire couler comme il se sent lui-même en train de couler. Il ne veut pas les entraîner dans sa chute et il évite parfois à peu près tout contact avec eux ou, encore, il fait comme si de rien n'était.

La culpabilité est un boulet que l'on traîne et dont le poids empêche souvent d'avancer. Il est important de chercher à diminuer ce sentiment, non seulement pour vous, mais aussi pour votre enfant qui présente également des symptômes de culpabilité et de dévalorisation. Et bien qu'on en doute parfois, les parents servent de modèles aux jeunes, tout en n'étant pas les seuls qu'ils suivent. Vous pouvez donc leur montrer, par des gestes et des attitudes, à surmonter cette culpabilité. L'exemple est souvent bien plus efficace que les discours. Et quand il y a cohérence entre l'exemple, la façon dont on se traite soi-même et ce qu'on pense et dit, l'enfant reçoit un message clair, sans ambiguïté.

> Apprenez-lui qu'on peut se tromper et chercher à réparer. Que ce n'est pas la fin du monde. Qu'on continue à être une bonne personne qui peut aimer et être aimée. Que l'on peut se regarder dans un miroir en se disant qu'on est quelqu'un de valable. Les parents peuvent le dire souvent et démontrer de mille et une façons à quel point ils aiment leur enfant ; mais quelquefois ils livrent un message à double sens à cause des exigences élevées qu'ils ont envers eux-mêmes : on peut excuser l'autre, pardonner les gaffes de l'autre, mais pas les siennes.

Abordez le sujet de vos craintes

> Soyez d'abord indulgents à votre égard, c'est un des moyens les plus efficaces pour que votre enfant le soit envers lui-même. Et abordez directement avec votre enfant le sujet de vos craintes.

Cet élément marque souvent un tournant dans la relation entre les parents et leur jeune : il sait que vous pouvez en parler et qu'il peut donc lui aussi vous en parler. Peut-être ne le fera-t-il pas ? Mais vous augmentez alors vos chances qu'il le fasse, à un moment ou à un autre, lorsqu'il sera prêt.

Les parents se demandent souvent avec inquiétude quelle est la meilleure manière d'aborder le sujet du suicide. Utilisez la formule avec laquelle vous êtes le plus à l'aise. Si vous arrivez à le dire simplement, sans intensité dramatique ou sans « envolée théâtrale », en évitant le ton du mélodrame, votre enfant a davantage la chance de s'ouvrir à vous, ne craignant pas de provoquer votre effondrement émotif.

Certaines personnes ont besoin de prendre une voie indirecte pour aborder un sujet difficile, comme s'ils devaient d'abord l'apprivoiser. D'autres ont tendance à procéder par étapes ou en se rapprochant petit à petit.

D'autres, au contraire, n'y vont pas par quatre chemins. Certains ont de la facilité à parler d'un sujet très intime, très émotif, ce qui constitue un atout sur le plan relationnel.

Il est important de considérer la situation sous l'angle du jeune. Essayez d'y aller en fonction de son tempérament plutôt que du vôtre. Est-il excessif? Anxieux? Est-il volubile ou plutôt introverti? Son seuil de tolérance à la frustration est-il bas? Les jeunes, spécialement les ados, s'impatientent souvent lorsque les parents tournent autour du pot. Ils les voient venir, se demandent « ce qu'ils ont encore fait » et sont ainsi rarement dans de bonnes dispositions pour parler.

Nombre de jeunes, en entrevue ou durant des ateliers, disent à quel point ils voient leurs parents venir de loin. Ils se disent tout bas ou à voix haute : « Arrête de tourner en rond, je te vois venir, dis-le donc ce qui te fatigue. » Les jeunes sont portés à vouloir aller droit au but, pour savoir le plus vite possible ce qui se passe. Déjà, en temps normal, leur seuil de tolérance n'est pas très élevé; cet aspect ne s'améliore pas lorsqu'il y a des problèmes.

Abordez le sujet le plus simplement et le plus directement possible. Parlez de votre inquiétude, dites que vous tenez à lui, que vous remarquez que ça n'a pas l'air d'aller. Évitez que cela prenne une tournure d'interrogatoire, ce qui n'est pas toujours facile à éviter si votre enfant répond par monosyllabes. Il est important de l'écouter, de ne pas adopter un ton de confrontation, ni de chercher à le convaincre qu'il n'y a rien de grave, qu'il dramatise ou qu'il est trop fatigué. Vous ne cherchez pas à savoir s'il a raison de se sentir mal et d'être suicidaire, mais plutôt à saisir ce qu'il vit. Ce qui compte avant tout, c'est qu'il sente que vous êtes là.

Il peut être très utile pour votre enfant et pour vous-mêmes que vous arriviez à prononcer le mot *suicide*. Cela témoigne de votre capacité à aborder le sujet et de votre réceptivité à l'égard de ce que vit votre enfant. Longtemps tabou, ce phénomène est encore difficile à aborder sans porter de jugement. Votre enfant doit sentir qu'il peut vraiment vous parler.

Il existe d'autres tabous qui peuvent être très souffrants pour votre enfant dont celui de l'homosexualité. On croit que bon nombre de garçons homosexuels qui se sont suicidés redoutaient l'impact de leur orientation sexuelle dans leur vie ou la réaction de leur entourage. Croyez-vous que votre enfant vous en parlerait s'il avait des doutes sur son orientation sexuelle ou s'il était de plus en plus sûr de son homosexualité ? Votre attitude, vos propos et vos valeurs à cet égard l'encourageraient-ils à s'ouvrir à vous ? Cette révélation ne se fait pas sans heurts, sans appréhension, voire sans angoisse, d'abord à ses propres yeux lorsqu'il le découvre, ensuite face à ceux qu'il aime, puis à la société. Plus vous témoignerez d'une ouverture, moins ce sera anxiogène pour lui.

Il appartient à chacun d'entre nous de se situer comme parents face à notre enfant et face à l'entourage. L'homosexualité n'est pas une maladie, ni une tare. Mais elle peut être souffrante pour un jeune au point qu'il ne voit aucune issue devant lui ! Comme elle peut être culpabilisante pour des parents qui souhaitent une vie heureuse et épanouissante pour leur enfant !

Vous ne pouvez rien faire quant à son orientation sexuelle et lui non plus. Aidez-le, accueillez-le, aimez-le. C'est ce dont il a le plus besoin.

Allez chercher de l'aide

Allez chercher de l'aide pour lui et pour vous-mêmes. Il existe des services de soutien et de traitement. Est-il réticent à consulter ? Peut-être l'êtes-vous aussi, de peur qu'il soit stigmatisé et qu'il en porte les séquelles toute sa vie ? N'hésitez pourtant pas à consulter : beaucoup de gens utilisent les services d'aide à une période charnière de leur vie et il en résulte un cheminement constructif. S'il est vrai qu'il demeure encore aujourd'hui certains préjugés face à la démarche thérapeutique, non seulement ces préjugés diminuent-ils mais ils sont aussi moins tenaces qu'auparavant; de toute façon, ils ne font pas le poids quand il s'agit d'une question de survie.

L'évaluation et la prise en charge professionnelle du jeune et de sa famille permettent de reprendre espoir, de dénouer l'impasse suicidaire, de rééquilibrer la dynamique familiale en tenant compte des besoins de chacun, de traiter la dépression ou tout autre trouble de santé mentale et de développer les outils appropriés pour résoudre les problèmes. L'état suicidaire altère la capacité du jeune à savoir ce qu'il veut réellement, à juger de ce qui pourrait l'aider. Il peut lui être pénible d'entreprendre seul une démarche, et il se sent bien souvent vidé de son énergie. C'est d'ailleurs la plupart du temps ce qu'il évoquera s'il rencontre un médecin : sa grande fatigue, passant sous silence les symptômes affectifs. Il a besoin de vous pour le motiver à entreprendre une démarche. Encouragez-le, accompagnez-le la première fois ou demandez-lui des nouvelles de sa première rencontre, selon le cas. Mais insistez avec chaleur et fermeté pour qu'il consulte. Il s'agit bien souvent d'une combinaison efficace de la part des parents pour l'y amener.

S'il a une préférence pour un type de services, s'il tient à rencontrer un intervenant scolaire précis, s'il en fait une condition, ne vous y opposez pas. L'important, c'est d'entreprendre une démarche. Il n'y a pas qu'une seule porte d'entrée aux services d'aide, le jeune peut indiquer aux autres ce à quoi il est prêt à s'engager. Et les intervenants étant de plus en plus sensibles à la problématique suicidaire, ils pourront orienter votre enfant et l'accompagner vers la ressource qui lui convient le mieux.

De votre côté, ne restez pas seuls avec vos inquiétudes. Entourez-vous de vos proches, donnez-vous les moyens d'évacuer la pression intérieure. Au Québec, un appel au 1-866-APPELLE, ligne d'écoute et de consultation à l'échelle de la province, permet d'être guidé et orienté à toute heure du jour. Les groupes de soutien peuvent être d'un grand réconfort et véhiculer beaucoup d'information, tant pour votre enfant que pour vous. Allez chercher l'aide qu'il vous faut, celle qui vous convient. Prenez soin de vous, tout comme vous avez le désir de prendre soin de votre jeune.

Engagez-vous dans le traitement de votre enfant

Engagez-vous dans le traitement de votre enfant et veillez à ce que son réseau le soutienne. Nous avons vu ensemble, tout au long de cet ouvrage, à quel point vous faites partie du processus de guérison de votre enfant. Les problèmes affectifs doivent être abordés de la même façon que les problèmes physiques : que feriez-vous si l'on vous annonçait que votre enfant a une maladie grave ? Chaque jour, des enfants et des parents apprennent qu'ils doivent lutter contre un cancer, une infection virulente, une dysfonction organique, ou vivre avec une maladie respiratoire, sanguine, dégénérative, etc. Il ne nous viendrait jamais à l'idée de laisser la personne atteinte traverser seule l'épreuve. Comme parents, nous faisons tout pour être à ses côtés dans de pareilles circonstances, pour l'encourager et nous tenir au courant de l'évolution de la maladie. La famille, les amis, les camarades et les enseignants prennent de ses nouvelles, l'encouragent, l'entourent, partagent ses inquiétudes. La seule chose que nous ne pourrons jamais faire, c'est de suivre les traitements à sa place... même si, comme parents, nous préférerions être nous-mêmes malades plutôt que de voir souffrir notre enfant.

C'est exactement de cette façon que nous devons considérer la santé mentale. Si notre enfant est suicidaire, qu'il vive ou non une dépression ou une autre maladie affective, il a besoin de ses parents, de ses amis et de ses camarades. Tous doivent se serrer les coudes pour lutter *avec* lui, pour qu'il sente à quel point il peut compter sur cette énergie, cette confiance que nous avons en ses capacités de traverser la crise.

Être engagés ne signifie pas agir à la place de l'autre, le prendre par la main sans relâche et essayer de savoir tout ce qui se passe à chaque instant. Votre enfant est responsable de son traitement. Il a besoin de son espace relationnel avec le thérapeute pour y arriver et surmonter la crise suicidaire. Cet espace lui appartient, comme il vous appartient à vous de le soutenir, de vous informer, d'être aidé pour mieux l'aider et de vous remettre en question pour favoriser les réajustements qui permettront à chacun des membres de la famille de s'épanouir.

Communiquez avec l'équipe de soins. Faites partie du plan d'intervention. En pédopsychiatrie, lorsque le jeune a moins de 18 ans, les parents font partie intégrante du traitement. Ils sont aussi pris en charge par un membre de l'équipe multidisciplinaire. Il devrait en être ainsi dans les autres ressources de santé ou de services sociaux, bien que les modalités diffèrent. Au Québec, les jeunes ont droit à des services de santé dès l'âge de 14 ans sans que les parents en soient avisés. Toutefois, dans les cas de tendances suicidaires, de santé mentale et de protection, les parents sont consultés et on cherche à les intégrer.

Il en va autrement lorsque le jeune est majeur, car alors l'intégration des parents se fait rarement automatiquement. Vous devez, en accord avec votre enfant, demander à rencontrer l'équipe traitante et à recevoir de l'aide. La rencontre avec le médecin traitant ou le thérapeute se fait souvent en présence de votre jeune adulte. Il se peut que ce dernier ne soit pas d'accord pour que vous vous engagiez autant dans le processus. Dans ce cas, n'hésitez pas : allez chercher de l'aide pour vous-mêmes. Vous pouvez rencontrer un intervenant qui connaît le phénomène et qui vous guidera en fonction de ce que vous vivez, de la perception que vous avez de la situation et des objectifs que vous désirez atteindre.

En tout temps, si vous êtes particulièrement inquiets de votre enfant dont les symptômes s'aggravent, n'hésitez pas à communiquer avec le professionnel qui le suit pour le mettre au courant. Les thérapeutes ne sont pas des devins et votre aide peut s'avérer très bénéfique. Vous devrez en informer votre enfant, et l'intervenant lui en parlera aussi, car il n'y a rien de pire pour un jeune que ce qui se fait à son insu sur le plan des relations. Il le vit souvent comme une trahison. Le lui dire, c'est lui manifester votre confiance en lui et votre amour pour lui.

Toutefois, même si votre jeune est pris en charge et suit un traitement, il peut arriver que vous redoutiez un passage à l'acte *imminent*. En cas d'urgence ou s'il vous semble en pleine désorganisation, accompagnez-le immédiatement à l'hôpital de votre secteur. S'il s'y oppose, communiquez avec Urgences-santé ou faites le 911. Il y va de sa vie. Ne craignez pas pour votre relation : s'il éprouve du ressentiment, il sera de courte durée. Et même si cela peut vous paraître pénible à vivre, pensez à la souffrance que peut représenter la perte d'un enfant par suicide.

Encouragez votre jeune à prendre la médication prescrite si tel est le cas

Si le médecin de votre jeune considère qu'une médication serait indiquée pour l'aider à reprendre pied, informez-vous des indications, des effets secondaires et des motivations cliniques. Si vous hésitez, pensez-y, informez-vous, puis encouragez votre jeune à avoir confiance. Dans certaines situations, le jeune se sent tellement mal qu'il est prêt à suivre les conseils du médecin. Si tel est le cas, soutenez-le. Il importe que votre jeune ne soit pas déchiré entre des messages opposés des gens en qui il met sa confiance : ses parents depuis sa naissance et son médecin qui répond à son signal de détresse.

Le traitement peut prendre différentes formes : il peut être psychothérapeutique (thérapie avec un professionnel), de réseau (participation de la famille, des amis et du milieu scolaire, inscription à un groupe de soutien), pharmacologique (introduction d'une médication) ; les approches sont souvent combinées. La décision de suivre ou non un traitement appartient au jeune. On peut toutefois faire beaucoup pour l'amener à entreprendre un traitement et le soutenir dans sa décision afin de l'encourager à persévérer. Il n'est pas toujours facile de savoir ce qui peut vraiment aider notre jeune et d'avoir confiance dans les traitements proposés. Comme parents, nous souhaitons ce qu'il y a de mieux pour nos enfants. Si vous êtes indécis, inquiets, si vous avez des réserves, parlez-en ouvertement à la personne concernée. Elle peut vous rassurer, vous donner l'information pertinente ou vous diriger vers un professionnel ou un organisme qui pourra vous la donner. Mieux vous serez informés, mieux vous serez outillés pour affronter la situation et la surmonter avec succès.

Votre pharmacien peut aussi vous aider à comprendre les fonctions, les effets cliniques et secondaires de la médication proposée. À moins qu'il y ait un danger de mort *imminent*, on ne forcera jamais un individu à prendre une médication. La persuasion insistante ou le harcèlement n'est jamais utile: à la première occasion, le jeune cessera de prendre sa médication, convaincu que cela lui apporte plus de problèmes que de secours.

L'indication d'une médication doit être bien évaluée par le médecin, qui tiendra compte des différents symptômes physiques, de l'intensité de la maladie, de sa durée et de la réaction du jeune et de son entourage face à cette éventualité. Il faut prendre le temps de comprendre ce qu'elle peut apporter, ne pas la considérer comme la seule solution de traitement. Elle ne doit pas être isolée. L'expérience clinique démontre que la démarche thérapeutique demeure essentielle dans le traitement de problèmes de santé mentale chez les jeunes. Toutefois, la médication peut être un complément extrêmement puissant pour permettre au jeune de retrouver une énergie, une qualité de sommeil, un équilibre dans l'alimentation et une diminution de la douleur intérieure qui, parfois, remonte à très longtemps.

Dans tous les cas, le temps est un allié très important : pour évaluer, observer, établir des points de repère ou apprivoiser l'idée.

Les parents et les intervenants sont aussi des alliés importants. Le jeune peut se sentir coincé entre ses parents et l'équipe traitante, il ne voudra déplaire ni aux uns ni aux autres. Le peu d'énergie qu'il a ne doit pas être gaspillé dans des conflits interrelationnels entre ceux qui le guident et le soutiennent. On sait à quel point les conflits peuvent user, envahir l'esprit et altérer la santé. Nous devons tous travailler ensemble, vers un même objectif : le bien-être de ce jeune.

N'hésitez pas à poser les questions qui vous préoccupent, à demander des précisions. Si, par conviction, vous privilégiez la phytothérapie ou l'homéopathie, assurez-vous d'être bien renseignés et guidés. On sait maintenant, grâce à des études documentées, que les oméga 3 peuvent être efficaces en cas de dépression si elle n'est pas accompagnée d'anxiété paralysante. On a longtemps utilisé le millepertuis pour combattre les symptômes de la dépression. Pour certains, ces approches dites naturelles seront efficaces ; pour d'autres, elles précéderont la médication psychiatrique. Dans tous les cas, parlez-en au médecin et au pharmacien, afin qu'ils sachent avec quelles combinaisons ils doivent composer. Certaines de ces combinaisons sont contre-indiquées. Les professionnels de la santé sauront en tenir compte et vous conseiller. Et soyez sûrs que le médecin fait preuve de vigilance lorsqu'il prescrit un médicament à un jeune. Il dosera la posologie progressivement, en suivant le jeune de près. Le médecin désire le soigner, il ne courra pas le risque de lui recommander un traitement inadéquat qui pourrait être interrompu abruptement, ce qui augmenterait le risque d'une rechute.

Prenez le temps d'en parler avec votre fils ou votre fille, comme vous prenez le temps de parler du reste. C'est la voie à privilégier.

Assurez le jeune de votre présence

Il est important pour votre enfant non seulement de savoir qu'il peut compter sur vous et sur votre présence, mais aussi de sentir que vous l'aimez et tenez à lui. Il n'ira peut-être pas toujours vers vous pour vous confier chaque variation de ses états d'âme, mais il sait et il sent que vous êtes là. Il choisira de vous parler quand il se sentira prêt à le faire, si vous lui tendez une perche. Attention, cela ne veut pas dire de mettre votre vie en suspens, d'attendre à la maison au cas où il viendrait vers vous ! Maintenez le contact avec lui, entretenez votre relation, allez vers lui. Cela n'a pas besoin d'être long, mais faites-le régulièrement.

Il est fort probable que l'implication des parents diffère selon le tempérament et le rôle joué dans la famille. En général, la mère témoigne d'une présence plus affective, attire davantage les confidences, alors que le père est orienté dans l'action et propose des activités. Si leur contribution est différente, elle est surtout complémentaire et tout aussi importante l'une que l'autre. Le père ne saurait montrer à la mère comment être mère et l'inverse est aussi vrai. Le père agira comme un père aimant et dévoué, à sa façon, et la mère le fera comme une mère.

Des parents me disent à quel point il peut être ardu de converser avec leurs enfants au moment du repas du soir ou quand ils sont devant la télé. Ils ne sentent pas beaucoup de disponibilité de la part de leur enfant. Voici quelques points de repère qui peuvent faciliter la tâche des parents.

- Abordez simplement et brièvement votre jeune afin qu'il n'ait pas l'impression que vous n'en finissez plus de parler ; si lui-même prolonge l'échange, profitez de ce cadeau de la vie. Il sera probablement bénéfique de lui parler plus souvent et moins longtemps.
- Rejoignez-le dans son monde, dans ses intérêts. Vous créerez un meilleur contact avec lui en vous intéressant à ses amis et à ce qu'il aime comme musique, loisirs,

activités sportives. Profitez-en pour échanger avec lui lorsque vous allez le conduire à l'une de ses activités, ou allez le chercher à la fin d'une soirée. Les jeunes ont souvent tendance à parler davantage le soir et la nuit que le matin.

- Parlez-lui aussi de ce que vous vivez dans une journée, au travail ou dans vos loisirs. Les jeunes ont souvent l'impression qu'aux yeux de leurs parents, ils doivent alimenter la conversation et répondre à leurs questions. Cela ne constitue pas un échange. Parlez-lui de vous, il risque d'être réceptif à vos propos. À la condition de ne pas vous étendre trop longtemps sur le sujet...
- Offrez-lui la possibilité de vous accompagner dans des activités du quotidien (aller à la boulangerie, à la pépinière, faire la tournée des boutiques...) ; organisez des petites sorties à deux, en famille (cinéma, déjeuner au resto, spectacle, glissade sur tubes, patinage sur un cours d'eau, randonnée pédestre...) ; demandez-lui de vous donner un coup de main pour jardiner, rénover une pièce de la maison, de participer à la cuisine... Donnez-lui la chance de participer aux choses simples de la vie, de se rendre compte qu'il peut à nouveau se sentir vivant autrement que par la souffrance.
- N'hésitez pas à lui demander si ça va, s'il se sent entouré, s'il y a des moments moins difficiles, ce qu'il fait pour se sentir moins mal ou mieux. N'oubliez pas que dans un état suicidaire, on essaie de trouver ce qui est moins pire avant de parler de ce qui va bien. Il y a souvent une gradation dans l'amélioration. On passe de *très mal* à *mal*, à *moins mal*, à *un peu mieux*, à *ça s'en vient bien*, et *ça va bien* et même *ça va très bien*. Quelquefois, cette gradation s'effectue en dents de scie, mais l'important est que la courbe devienne ascendante peu à peu.

- Vous ne lui direz jamais trop à quel point vous l'aimez. Et vous pouvez lui demander s'il le sent, ce qui lui permet d'être conscient qu'il peut ressentir autre chose que sa souffrance.

Vous êtes des alliés pour votre jeune et non ses amis: des amis, il en a. Si ce n'est pas le cas, vous devez l'aider à développer des amitiés. Mais vous êtes ses seuls parents: dans ce rôle, vous serez toujours irremplaçables!

Ne banalisez jamais le geste suicidaire et le risque de mort par suicide

Il est fréquent, par réaction d'autodéfense, quand la réalité est difficile à accepter, que l'on se fie à la gravité du geste pour estimer le risque réel de suicide chez un jeune. Il est presque insoutenable pour des parents d'envisager que leur enfant puisse mettre fin à ses jours. Or, comme nous en avons parlé précédemment, l'intention de suicide n'est pas nécessairement proportionnelle à la létalité du geste, pas plus qu'elle ne l'est selon que le jeune en parle ou se tait.

Il n'y aura jamais de garantie qu'un jeune ne passera pas à l'acte pas plus qu'il n'existe de certitude qu'un jeune se suicidera.

Mettez toutes les chances de votre côté en étant attentifs à la souffrance de votre jeune, à ses demandes d'aide, tout en sachant qu'elles peuvent être exprimées très maladroitement.

Le suicide ne peut être banalisé. La vie qui nous a été donnée est un don précieux. La recherche d'un sens à sa vie fait partie des grands questionnements existentiels et le suicide ne saurait en être la réponse.

Établissez un pacte ou une entente de non-suicide avec votre jeune

À l'heure actuelle, l'efficacité du pacte de non-suicide n'a pas été démontrée par des recherches empiriques, ce qui entraîne des avis controversés, particulièrement en ce qui a trait aux jeunes décédés par suicide. Si nous en parlons, c'est que beaucoup de jeunes soutiennent ne pas avoir fait de geste suicidaire parce qu'ils avaient pris envers un être cher l'engagement de ne pas attenter à leurs jours. Vous n'avez rien à perdre à établir cette entente de non-suicide que vous délimiterez dans le temps en précisant les personnes vers qui le jeune choisira de se tourner en cas de détresse.

Ce pacte peut être verbal, il n'est pas nécessaire qu'il soit écrit. Il peut ressembler à ceci : « Tu peux compter sur moi, je ne te laisserai pas tomber. Je peux m'engager à faire telle chose pour t'aider ainsi que nous en avons parlé (ex. : te dire clairement si je suis inquiet, ne pas te surveiller constamment, prendre quelques minutes le soir avec toi, etc.). De ton côté, si ça ne va pas, promets-moi que tu ne poseras pas de geste de suicide et que tu parleras à quelqu'un que tu as choisi de ce qui se passe. Vers qui iras-tu ? S'il n'est pas possible de rejoindre cette personne à ce moment, vers quelle autre te tourneras-tu ? Puis-je moi aussi compter sur toi ? Viendras-tu me parler ? Que puis-je faire pour que tu sentes mon soutien ? » Sa réaction à votre demande d'engagement est un bon indicateur de ce qu'il vit à ce moment-là. Quant à vous, s'il accepte, vous serez un peu plus rassuré. Insistez sur la confiance et l'amour que vous vous portez mutuellement, ces deux principaux fondements de la relation parents-enfants.

Plusieurs affirment que le pacte de non-suicide qu'ils avaient établi avec une personne chère avait été déterminant dans leur décision de ne pas faire le geste et d'entreprendre par la suite une thérapie. C'est peut-être la confiance qu'ils ont en l'autre qui retient les jeunes de faire le geste. C'est peut-être aussi le besoin viscéral d'être important aux yeux de quelqu'un qui nous est cher ou l'engagement pris face à cette autre personne ou une combinaison de ces différents éléments. Quoi qu'il en soit, il n'y a rien à perdre et tout à gagner à établir ce pacte, car il témoigne de notre intérêt, de notre attachement, de notre désir que l'autre vive et continue à faire partie de notre vie. Comme parents, cela vous permet de mieux sentir votre enfant, car vous ouvrez ainsi une porte sur ce que cela signifie pour vous et pour lui.

Au contraire, si sa réaction vous inquiète, qu'il ne veut pas prendre cet engagement et qu'il vous dit ne l'avoir pris avec personne, peut-être est-ce un indice de la gravité de son état de souffrance et sans doute une intervention urgente s'impose-t-elle.

Parlez-en. N'escamotez pas ce qui se passe. Fiez-vous à ce que vous ressentez. Mettez-le en mots. Gardez le contact avec votre enfant : il en a besoin et vous aussi.

Prenez soin de vos autres enfants

La peur de perdre un enfant nous amène à concentrer notre attention sur la lutte que nous menons avec lui pour sa survie, qu'il s'agisse d'un enfant gravement malade physiquement, victime d'une blessure majeure, d'un traumatisme, ou d'un enfant suicidaire. S'il est indéniable que le jeune suicidaire a besoin d'être soutenu, entouré, aimé, guidé, **ses frères et sœurs ont tout autant besoin de sentir qu'ils existent encore**. Que leur vie est aussi importante à vos yeux que celle de l'enfant qui vous inquiète.

On a vu malheureusement des jeunes s'enlever la vie alors que leurs parents s'inquiétaient pour un autre enfant, sans que l'on voie venir l'événement, ce frère ou cette sœur étant apparemment sans problème.

Un enfant n'a pas besoin d'être suicidaire pour que l'on prenne soin de lui. Si les circonstances vous amènent à vous occuper davantage du jeune suicidaire, assurez-vous tout de même que ses frères et sœurs, qui ressentent aussi des inquiétudes et des répercussions, puissent compter sur vous. Il faut les aider eux aussi à développer leurs capacités d'adaptation face à ce qui survient dans leur vie.

Gardez et entretenez l'espoir

L'état suicidaire est un état temporaire. L'éventualité du suicide est une réponse *irréversible* à une situation difficile qui peut être corrigée. On peut traverser une crise suicidaire, obtenir un traitement approprié et en ressortir grandi. Votre jeune doit avoir l'espoir de s'en sortir. Il doit développer la conviction qu'il a en lui les ressources pour y parvenir, même si la souffrance, la détresse, la peur et la maladie l'empêchent de les voir. Et qu'il peut compter sur vous, sur ses amis et sur les intervenants pour y arriver. Que vous ne le laisserez pas tomber.

Pour qu'il y croie, vous devez y croire aussi. Le jeune suicidaire est extrêmement sensible à vos sentiments. Toutefois, l'interprétation qu'il en fait est directement liée à sa propre souffrance, sans recul.

Donnez-vous les outils pour croire en lui et en vous. Vous pouvez le soutenir en l'entourant, en l'aimant, en l'aidant à reprendre espoir, en lui faisant confiance, en l'accompagnant vers des services d'aide, en l'encourageant à aller vers ses amis. Des traitements existent. Des traitements grâce auxquels les intervenants croient aussi qu'il s'en sortira, qu'il retrouvera sa joie de vivre, sa confiance en lui, en ceux qui l'entourent, en la vie. Parmi eux, il y en a un pour lui, spécialement adapté à ce qu'il vit, à ce qu'il est.

La récupération ne se fera pas par magie, mais l'effort à fournir n'est pas comparable à tout ce que lui fait vivre son état suicidaire. On gravit une montagne en faisant un pas à la fois, en s'arrêtant pour reprendre son souffle afin de mieux repartir. On s'encourage en regardant le chemin parcouru. On regarde en avant pour se rappeler que l'objectif à atteindre est toujours là, accessible. On l'atteint d'autant plus sûrement qu'on va à son propre rythme et qu'on utilise des points d'appui pour y accéder.

Il arrive qu'on soit découragé. C'est normal. Ces moments font partie du cheminement, mais ne laissez pas le découragement vous envahir. Communiquez avec des intervenants. Allez chercher de l'aide. Vous ne le regretterez pas. Vous pourrez ainsi continuer à croire de toutes vos forces qu'il s'en sortira et lui transmettre votre foi en la vie, votre foi en ce qu'il est. Il en a besoin.

Chapitre 15

Attitudes parentales préventives

Les attitudes parentales qui favorisent l'épanouissement et l'équilibre affectif des enfants permettent au jeune de développer sa capacité d'adaptation face aux contrariétés de la vie. Elles contribuent de cette façon à diminuer le risque de suicide.

Les parents ont le profond désir d'intervenir auprès des enfants avant qu'ils vivent une crise suicidaire. Il est à la portée de tous de donner aux enfants les outils qui les aideront à surmonter les obstacles et à passer à travers les épreuves qui font partie de la vie.

Les parents sont responsables de la vie familiale

Les parents constituent le noyau de la famille autour duquel les autres membres gravitent. En ce qui concerne les rôles familiaux, ils ne sont pas interchangeables. C'est évident en ce qui a trait aux responsabilités qui s'y rattachent (on verrait mal un enfant subvenir aux besoins de nourriture et de logement des autres membres de sa famille), mais ça l'est beaucoup moins lorsqu'on parle des droits et des privilèges.

Les parents et les enfants ont donc des rôles particuliers. Ces rôles évolueront avec le temps et l'expérience. Toutefois, les parents restent les parents et n'ont pas à chercher à devenir les amis de leurs enfants. Dans la majorité des cas, les enfants n'ont que deux parents, à moins de vivre dans une famille d'adoption, recomposée ou substitut.

Les parents doivent veiller à ce que leur enfant évolue dans un milieu sain, équilibré et épanouissant. Ceci ne veut pas dire un milieu idéal ou aseptisé : les parents, au moment même où ils commencent à aimer leur enfant et à s'engager auprès de lui, lui transmettent ce qu'ils ont de meilleur en eux, comme ce qu'ils ont de moins bon. Un milieu familial chaleureux et ouvert est pour le jeune un terrain fertile qui permet l'émergence d'un équilibre intérieur et d'une bonne estime de soi. Les aléas de la vie, la maladie, les peines et les petits bonheurs, les défis et les apprentissages, la qualité des relations que le jeune entretient avec ceux qu'il aime, sa façon d'exprimer sa joie comme sa frustration et sa déception contribueront à élargir son éventail de solutions devant des situations différentes.

Comment les parents favorisent-ils un développement sain et harmonieux chez leur enfant ?

Au plan affectif

- En acceptant en tout premier lieu qu'en aimant leur enfant et en s'impliquant profondément auprès de lui, ils lui transmettront nécessairement ce qu'ils ont de meilleur en eux et ce qu'ils ont de moins bon ;
- En ne perdant pas de vue qu'ils ne sont pas et n'ont pas à être parfaits ;
- Qu'on ne peut pas toujours faire de son mieux, que parfois les parents sont essoufflés ou impatients et que ce n'est pas grave (à moins que ce soit devenu un mode opératoire) ;
- En se remémorant que des parents heureux ont de fortes probabilités d'avoir des enfants heureux ;
- En aimant leur enfant, en le lui exprimant pour qu'il sache toujours à quel point il est aimé… même si ce n'est pas toujours ce qu'on ressent dans les moments d'exaspération ! L'important est d'en avoir la certitude intérieure.

Au plan éducatif

Comme parents, voici vers quoi nous devrions tendre, peu à peu, un pas à la fois. Sans avoir la prétention ou l'obsession d'y arriver en tout temps, car les défis sont abondants :

- tenir compte des forces et des limites de chacun ;
- développer le sentiment d'appartenance à la famille ;
- inculquer le sens des valeurs auxquelles nous croyons ;
- établir des règles claires dans un environnement sécuritaire ;
- communiquer ouvertement nos attentes, désirs, satisfactions et insatisfactions ;
- encourager l'expression des émotions positivement, sans tolérer d'abus verbaux ;
- accorder la priorité au respect de soi et des autres ;
- accepter d'être un modèle et de guider mon enfant dans son cheminement ;
- apprendre à chacun à surmonter ses propres difficultés, l'aider à persévérer, à croire en lui et lui permettre de vivre la conséquence des actes qu'il pose ;
- l'accompagner dans sa capacité à assumer les choix qu'il fait, choix adaptés à son âge, à son tempérament et à sa maturité ;
- favoriser le développement de son estime de soi, c'est-à-dire la conscience qu'il a de sa propre valeur, de ses qualités et défauts, de ses forces et faiblesses ;
- l'aider à développer ses capacités d'adaptation et ses habiletés relationnelles ;
- lui apprendre à aimer ceux qui l'entourent pour ce qu'ils sont et à être aimé pour ce qu'il est ;
- l'amener à bouger, à faire des activités qu'il aime ;
- favoriser sa débrouillardise et son autonomie ;
- lui apprendre que la vie est faite de hauts et de bas, et que l'apprentissage se fait souvent par essais et erreurs… tant chez les parents que chez les enfants.

Chaque enfant est unique

Nombre de parents disent ne pas comprendre comment leurs enfants peuvent être aussi compétitifs entre eux alors qu'ils sont convaincus de les traiter tous de la même façon : heure du coucher, autorisation de sortie, répartition de l'argent de poche ou encore achat de nouveaux vêtements. Ils estiment que ce traitement égalitaire devrait les empêcher de se comparer les uns aux autres et de développer de la rivalité. Or, plus les parents cherchent à être équitables à tout prix, plus ils se retrouvent dans un engrenage infernal où chacun observe pour voir si l'autre n'en a pas plus que lui.

Les enfants sont tous différents : nier cette réalité équivaut à nier leur authenticité. Ils ont un tempérament, des besoins, des aptitudes, des intérêts différents ; conséquemment, les stratégies éducatives que nous adoptons pour l'un ne sont pas nécessairement efficaces pour l'autre.

Il nous appartient, comme parents, de nous adapter à chacun de nos enfants tout en maintenant les valeurs éducatives et affectives auxquelles nous croyons. Les enfants ont besoin d'apprendre à vivre avec ce qu'ils sont, de croire qu'ils ont une valeur comme personnes, qu'ils peuvent être aimés et reconnus pour ce qu'il y a d'unique en eux.

Augmenter son seuil de tolérance à la frustration

Votre enfant doit pouvoir supporter des délais si vous désirez qu'il puisse traverser les difficultés de la vie, les obstacles et les épreuves qu'inévitablement il rencontrera sur son chemin. Il est important de ne pas répondre de façon systématique et instantanée à l'expression de ses moindres besoins, encore moins lorsqu'il s'agit de désirs. Sinon, il craindra de ne plus exister aux yeux de l'autre lorsqu'il n'aura pas toute l'attention sur lui.

Les efforts que l'on met à accéder à un but sont aussi importants que le but lui-même : il est bon d'avoir le temps d'éprouver du désir, d'y mettre de l'énergie, d'y rêver…

Les contrariétés font partie de la vie personnelle, conjugale, familiale et sociale. Avoir appris à composer avec elles est un atout inestimable dans les moments difficiles. Les contrariétés sont le signe que nous ne vivons pas isolés les uns des autres, mais en interrelation avec ceux qu'on aime, ceux que l'on choisit ou qui croisent notre route.

Développer ses habiletés relationnelles

La capacité à établir des relations épanouissantes avec les autres est primordiale dans la vie d'une personne. Lorsqu'on l'acquiert tout jeune, les autres deviennent partie intégrante de notre vie et les chances sont grandes qu'au fil du temps, on poursuive dans cette voie.

De nombreuses et récentes études publiées dans des revues médicales, notamment celles des universités de Harvard et de Virginia, ont démontré à quel point l'amitié favorise l'épanouissement de l'être humain. Elle augmente le niveau de bonheur en nous permettant de rehausser notre bonne humeur, particulièrement si l'ami est lui-même heureux, et de trouver beaucoup moins pénibles, sinon aisés, certains défis physiques qu'on relève avec des amis. De plus, nos habitudes de vie influenceraient et seraient influencées par celles de nos amis. La récupération à la suite de la maladie serait plus rapide et moins douloureuse si l'on est entouré de plusieurs amis. Par ailleurs, des chercheurs américains ont démontré en 2008 que des liens sociaux forts et constants aident à maintenir le cerveau en santé à mesure que l'on vieillit[1]. Développer et entretenir des liens forts avec nos amis est un atout inestimable.

Les enfants sont tous différents. Certains enfants vont spontanément vers les autres, ont une habileté naturelle à s'ouvrir à eux et à développer des liens significatifs. Pour d'autres, plus introvertis, c'est beaucoup plus ardu d'y parvenir.

---

1 Ces études sont citées dans l'article de Allard, S. « Les vertus de l'amitié » *La Presse*, 27 novembre 2008.

Ne laissez pas votre enfant vivre en marge de ceux de son âge : les parents, les grands frères ou les toutes petites sœurs, les oncles, les tantes, les grands-parents, bien qu'ils créent des liens indéfectibles, ne peuvent lui apprendre à composer avec ses pairs et à trouver sa place parmi eux.

Encouragez-le à aller vers les autres, à créer des liens, à ne pas se cantonner dans une attitude où il attend qu'on vienne vers lui. Il sera ainsi plus porté à demander de l'aide en cas de besoin et ne vivra pas la déception liée au fait qu'on ne se préoccupe pas de lui. Il deviendra un acteur de premier plan dans les liens d'amitié qu'il développera, ce qui facilitera aussi sa façon d'aborder et de vivre ses premières amours.

Lui apprendre à régler lui-même ses conflits

Cet aspect est particulièrement important si on souhaite que notre enfant croit en lui et développe une bonne estime de soi. On est souvent tentés comme parents d'intervenir directement lorsque notre enfant vit une situation d'injustice ou de mise à l'écart. Par exemple, on n'a qu'à prendre le téléphone et parler à l'enseignant ou à la direction pour éclaircir une situation et s'assurer que notre enfant est bien. En quelques minutes, le tour est joué. Il est difficile pour un parent de sentir la peine de son enfant : on est souvent prêt à tout pour qu'il ne souffre pas. Mais l'enfant a-t-il besoin que papa ou maman aplanissent toujours les difficultés qu'il rencontre ? Ne serait-il pas plus constructif pour lui de savoir que papa et maman seront toujours là pour l'aider, le soutenir, lui suggérer des façons de régler un conflit, pour mettre en place des conditions facilitantes et l'encourager à le faire, convaincus qu'il peut lui-même y arriver ?

Dans cette ère du jetable, de la vitesse et de la performance à tout prix, on incite les jeunes à passer à autre chose lorsque cela ne va pas suffisamment vite à leur goût. La multitude d'objets et d'événements capables de susciter leur intérêt ne favorise pas la persévérance et la détermination. Les amis ne sont pas interchangeables : on ne remplace pas un être humain par un autre. Il peut être tentant de ne rien régler, de partir en laissant les choses en plan. Il n'y a pas de relation durable possible dans cette voie. Ni en amour, ni dans un couple, ni dans une famille ou en amitié.

Encourageons les jeunes à régler leurs différends, à rechercher des compromis. La proximité d'un ami nous permet de vivre avec lui des choses intenses, dans le bonheur comme dans la peine.

Lui permettre de faire sa propre expérience

S'il y a une chose qu'on ne peut transférer à une autre personne, c'est bien l'expérience de vie. Comme parents, on aimerait tant que ce que l'on a vécu et appris puisse servir à notre enfant afin de lui éviter qu'il souffre comme nous ou qu'il fasse les mêmes erreurs. Pourtant, c'est ce que nous avons vécu et ce sont nos erreurs qui nous ont permis d'apprendre. Il en sera de même pour lui.

Chacun apprend par ce qu'il est, par ce qu'on lui inculque, par ce qu'il vit. Ne vous empêchez pas de lui parler de ce que vous avez vécu, de ce à quoi vous croyez profondément, de ce que vous aimeriez lui éviter comme faux pas. Mais acceptez qu'il choisisse lui-même le moment et la façon dont il intégrera à sa vie ce que vous lui transmettez.

Votre enfant doit se donner le droit de se tromper. Pour y arriver, il doit sentir non seulement que *vous lui permettez de se tromper*, mais aussi que *vous vous permettez* de vous tromper. La façon dont vous vous traitez vous-mêmes et jugez les autres sera significative pour votre enfant : on apprend davantage par les actes que par les paroles.

Aidez-le à découvrir comment il apprend les choses dans sa vie, comment il les intègre à son expérience de vie, quelles empreintes les joies, les peines, les déceptions, les embûches et les défis laissent sur lui.

Lui apprendre à réparer ses erreurs

Apprendre par essais et erreurs est une méthode valable, naturelle et spontanée pour acquérir de l'expérience. Expérimenter, c'est explorer, ce qui permet l'émergence de trois scénarios possibles : le statu quo (aucun changement significatif dans sa vie), le succès (amélioration de conditions de vie, défi relevé), l'échec (détérioration de la situation, incapacité à relever un défi ou à surmonter une épreuve).

Si la réussite est stimulante, si le statu quo peut nous permettre de garder un équilibre déjà atteint, il en va tout autrement des échecs qui jalonnent notre vie et qui sont difficiles à avaler.

Non seulement les échecs et les erreurs font partie de nos apprentissages personnels, mais ils sont aussi l'occasion de nous permettre d'avancer. Lorsque d'autres personnes sont touchées par nos faux pas, elles sont souvent blessées. Encouragez votre enfant à réparer ses faux pas. Tout peut se réparer, pourvu qu'on le désire vraiment et qu'on soit attentif à découvrir ce qui diminuerait la peine de l'autre. Ce n'est que dans des situations extrêmes où l'ampleur des répercussions est tragique qu'on peut difficilement y parvenir. Elles sont loin d'être monnaie courante.

Les faux pas, les erreurs de jugement et le manque de discernement sont le lot de bien des jeunes et de moins jeunes. Amenez votre enfant à reconnaître ses erreurs, à souhaiter les réparer et à accepter qu'elles fassent partie de son expérience de vie. Comme il en est pour chacun de nous.

Lui permettre d'assumer les conséquences de ses actes

On peut être tenté comme parents de réparer les bévues de notre enfant ou de passer l'éponge très facilement sur des erreurs répétitives. Or, lui permettre d'assumer les conséquences de ses actes est une méthode d'apprentissage beaucoup plus efficace que tous les discours moralisateurs !

Ce qui ne veut pas dire que vous vous empêchez de dire ce que vous pensez. Mais prenez le temps de demander à votre jeune ce qu'il perçoit lui-même de la situation, comment il peut s'y prendre la prochaine fois. Assurez-vous que la conséquence sera en lien direct avec l'acte posé et qu'elle sera déterminée dans le temps.

S'il doit faire face à une situation qui implique une tierce personne, vous pouvez le soutenir, le guider, l'aider à trouver comment il va aborder le problème. Accompagnez-le dans sa démarche mais ne faites rien à sa place. Il a besoin d'apprendre *qu'il* peut faire face à des difficultés et non que c'est *vous* qui le pouvez !

Croire en sa capacité à vivre les peines de la vie

Comme parents, on a souvent tendance à vouloir préserver son enfant de la souffrance en se disant qu'il aura bien le temps de la connaître. Or, la première grosse peine fait toujours très mal, quel que soit l'âge ou le motif. On a l'impression qu'on ne s'en sortira jamais. Pourtant, la souffrance s'estompe peu à peu avec le temps et on s'aperçoit tout à coup que l'on peut continuer à s'attacher à quelqu'un, à rire, à être heureux. Cela n'efface pas ce qui a fait si mal, mais cela fait désormais partie de soi. On l'a intégré à notre expérience de vie.

Permettez à votre enfant de vivre de petits deuils, des peines qui font partie de sa vie : le décès d'un oncle, d'un grand-parent, de son animal favori (qu'on ne cherchera pas à remplacer immédiatement pour escamoter la peine) ; la déception de ne pas avoir été sélectionné dans l'équipe de son choix, de ne pas être dans la classe de son meilleur ami, etc. Consolez-le, aidez-le à parler de sa peine, de ce qu'il peut faire pour se faire du bien. Vous pouvez l'aider à savoir que le soleil finit toujours par se lever.

Lui apprendre à cultiver les petits bonheurs

Apprendre à être heureux ne se limite pas à vivre des grands moments exceptionnels. Bien sûr, ces moments peuvent survenir et nous faire vivre des émotions d'une rare intensité. Pensons simplement à quel point il est enivrant de tomber en amour.

Mais le bonheur est fait de petits moments vécus au quotidien, de petits moments ordinaires où on se sent bien tout simplement. La capacité de savourer ce qui est là, dans notre vie. Lorsque notre regard se pose sur ce que nous avons plutôt que ce qui n'est pas là. Comment alors ne pas être reconnaissant pour ce que la vie nous envoie? Les gens qui vivent des épreuves terribles parlent de cette nouvelle perception dans laquelle ce qu'ils ont et ce qui les entoure devient le centre de toute leur attention. Il n'est pas nécessaire d'être sur le point de perdre ce à quoi nous tenons, ceux que nous aimons, pour sentir leur importance.

Le bonheur est précieux. Il a un effet multiplicateur dans les différentes sphères de notre vie:

- au plan personnel sur notre estime de soi et sur la pleine conscience de ce que nous vivons;
- sur un plan interpersonnel où nous transmettons à l'autre ce qui nous anime et qui nous lie encore plus étroitement à lui;
- au plan cognitif alors que nous entretenons des pensées agréables et porteuses d'espoir;
- au plan de la santé physique où l'effet du bonheur se fait sentir par une meilleure activation de notre système immunitaire et un gain d'énergie;
- au plan de la santé mentale car il stimule les neurotransmetteurs impliqués dans la stabilisation de l'humeur, la capacité énergétique et permet de développer la conviction qu'on peut arriver à surmonter les difficultés;

Les ados sont intenses et recherchent justement cette intensité. Apprenons-leur à la trouver aussi dans les petites choses de la vie.

Développer et entretenir le lien avec votre jeune

Le lien entre un parent et son enfant se tisse dès les premiers moments de sa vie avant d'évoluer et de s'approfondir au fil du temps. Il n'est pas toujours facile de maintenir ce lien dans les périodes de tempête. La distanciation nécessaire à l'adolescence, qui se manifeste souvent par une opposition aux règles familiales, exaspère les parents et entraîne quelquefois une détérioration de la relation qui peut aller jusqu'au point de rupture.

Gardez le contact avec votre enfant, surtout dans les moments difficiles. C'est à vous, comme parents, de vous assurer que le lien ne se rompt pas. Intéressez-vous à ce qu'il fait, accueillez ses amis, allez le rejoindre dans son monde. Assurez-vous que la communication n'est pas coupée entre vous. Parlez lui de ce que vous ressentez, fournissez-lui l'espace pour qu'il s'exprime, assouplissez les règles si vous le jugez utile, sans toutefois baisser les bras et lui enlever tout point de repère, voilà autant de façons d'être près de lui.

Il n'est pas très fréquent qu'un jeune s'assoie longuement avec ses parents pour discuter de ce qu'il vit. Si tel est le cas, appréciez ce moment privilégié.

C'est en général au moment où il est prêt à vous parler que votre jeune le fera (rarement le matin, bien souvent au retour d'une bonne soirée avec ses amis). Profitez d'un déplacement en voiture vers l'une de ses activités pour établir le contact. N'hésitez pas à parler des petits riens de votre journée comme de moments plus intenses afin que votre jeune n'ait pas le sentiment que votre échange est à sens unique. Votre jeune a besoin de sentir que vous prenez plaisir à lui parler comme vous aimez qu'il vous parle… mais sans grossièreté ni insolence. Dans un tel cas, dites-lui calmement que vous ne voulez pas discuter sur ce ton. S'il le faut, changez de pièce. Si vous êtes en auto, rangez-vous sur l'accotement, sans discuter avec lui : vous repartirez quand il sera calmé. Vous verrez l'impact : les jeunes sont bien prêts à couper le contact quand ils le désirent eux-mêmes, mais beaucoup moins si c'est vous qui le faites.

N'oubliez jamais que vivre une bonne communication avec ses parents est aussi important pour le jeune que ça l'est pour vous. Sous des dehors bourrus ou nonchalants, les jeunes sont souvent inquiets de cette distanciation qui les propulse irrémédiablement dans le monde adulte.

Si ce que vous faites ne fonctionne pas, essayez autre chose

Si ce que vous tentez ne vous permet pas de rejoindre votre jeune, essayez autre chose. Il ne faut pas lancer la serviette à la première embûche : persévérance et efforts conjugués sont indispensables. Toutefois, il arrive que ça ne passe pas, malgré des efforts répétés maintes fois.

Dans un tel cas, ne sautez pas trop vite à la conclusion que rien ne fonctionne, que votre jeune ne veut rien savoir de vous. Essayez autre chose. Donnez-vous cette chance à tous les deux. Explorez. Parlez-en autour de vous. N'ayez pas peur de retourner vers ce qu'il aimait lorsqu'il était enfant. N'ayez pas peur d'être imaginatif. Transmettez-lui à quel point vous souhaitez être en contact avec lui… sans l'étouffer naturellement. Ce sera à son rythme beaucoup plus qu'au vôtre. Chaque jeune est unique. La voie pour le rejoindre peut différer de celle qu'on a l'habitude d'utiliser ou qu'on a utilisée pour un autre enfant. Un milieu familial qui est chaleureux et ouvert est pour le jeune un terrain fertile qui permet l'émergence d'un équilibre intérieur et d'une bonne estime de soi. Les aléas de la vie, la maladie, les peines et les petits bonheurs

C'est à nous comme parents de trouver ce qui marche avec notre jeune et de lui montrer que le chemin existe toujours entre nous et lui.

Témoignage de Benoît (6 mois plus tard)

Je trouve ça dur. Tellement dur. Je suis tanné. Je vais avoir 19 ans, je suis en secondaire V mais j'ai encore quelques cours en secondaire IV. Je veux pas lâcher mais j'ai tellement hâte de passer à autre chose.

J'ai persévéré. J'en suis fier. Je vous assure que ce n'est pas facile. Surtout quand les résultats sont moyens. J'ai beau essayer d'étudier régulièrement, on dirait des jours qu'il n'y a rien qui rentre. Comme si mon cerveau n'était plus capable d'en prendre. Mais je veux pas lâcher. Faut que je finisse mon secondaire V.

Des fois, mes parents sont découragés, je le vois bien. C'est comme s'ils ne croient pas que je vais y arriver. En fait, ils ont peur que j'abandonne. Je ne veux pas abandonner. Je le sais qu'ils trouvent ça dur. J'aimerais que ça se passe autrement. Ce n'est pas parce que je ne les aime pas, mes parents. Au contraire. J'essaie de faire de mon mieux, mais ce n'est pas toujours facile de vivre trois adultes dans la même maison.

Mon seul objectif présentement, c'est de décrocher mon diplôme de secondaire V. Je ne vois même pas ce que je vais faire « après ». Je veux mener une bonne vie, bien gagner mon argent. Comment ? On dirait que toutes les années où j'ai niaisé, j'ai arrêté de regarder en avant de moi. Je voulais juste « avoir du fun », « tripper ». Je peux vous dire que là, je suis loin de « tripper ». J'ai les deux pieds sur terre, puis les yeux en face des trous. Je suis pas malheureux. Loin de là. J'ai juste hâte que l'école finisse.

Avec ma travailleuse sociale, on a décidé que j'irais passer des tests pour trouver mes intérêts, mes aptitudes, mes capacités.

En sachant un peu plus où je m'en vais, ça peut m'aider à me motiver. Je me suis aperçu que j'aime le travail manuel. Je ne suis pas un intellectuel. Ça va peut-être décevoir mes parents. Mais c'est de ma vie dont il est question. Puis, en même temps, on dirait qu'ils commencent à comprendre vraiment que le plus important pour moi, c'est d'être heureux. Si je fais un métier que j'aime, en étant entouré, parce que j'aime le monde, je vais l'être.

Je suis sûr que je vais y arriver. Dans combien de temps ? Je ne le sais pas. Je peux encore réussir à terminer en juin. Faut pas que je lâche. L'école me soutient beaucoup. La direction, les professeurs. On dirait qu'ils le sentent quand j'ai besoin d'un petit coup de pouce d'encouragement. « Lâche pas Ben, c'est pas catastrophique ta note. Lâche pas, ça s'en vient. » Eux aussi, ils essaient de s'ajuster pour m'aider.

En tout cas, j'ai l'impression de faire tout ce que je peux. J'essaie de ne pas trop travailler à l'épicerie pour ne pas être trop fatigué le lendemain matin quand je me lève pour aller à l'école. C'est déjà bon. Mais ouf ! J'ai encore de la misère à dire non. Sauf que j'y arrive pas mal mieux qu'avant. Ça, je l'ai compris. Puis j'en suis fier. La semaine, mes amis m'appellent pour sortir : « Non, je ne peux pas. Faut que j'étudie. » Je n'aurais jamais dit ça avant, j'étais toujours prêt à fêter.

J'ai pris un coup de vieux. Je sais davantage ce que je veux. Je veux travailler. Être quelqu'un dans la vie. Me sentir fier de moi. Être autonome. Heureux dans ma peau. Quand je vais être sur le marché du travail, je sais que ça va marcher. Je suis un très bon travaillant, j'aime travailler. C'est concret. C'est gratifiant. À l'école, j'ai trop perdu mon temps. C'est comme si je suis toujours en rattrapage.

J'ai quand même fait un bon bout de chemin, je le sais. Je me sens beaucoup mieux dans ma peau. Même avec ma copine. On a repris ensemble. C'est plus pareil. Ça va super bien. On dirait que maintenant, moi aussi j'existe. Je ne suis pas toujours après elle.

Je me sens plus fort comme personne. J'suis capable de dire non, sans avoir toujours peur qu'on ne m'aime plus. Je fais mes choses sans que nécessairement quelqu'un soit là avec moi. Je prends ça au jour le jour, sans m'inquiéter trop à l'avance de ce qui va arriver demain.

J'ai appris à me connaître avec le temps. Y'a des embûches, je peux les surmonter. Je l'ai déjà fait. Quand j'ai peur de me décourager, je regarde le chemin que j'ai fait. Je suis parti de loin. Et s'il y a une chose dont je suis sûr, c'est que je suis plus du tout à la même place. C'est fini de me laisser abattre par les épreuves. Je veux m'en servir pour grandir.

Je le sais bien que des fois, je ne suis pas toujours drôle à vivre. Qu'il y a des jours où j'aurais le goût de tout foutre en l'air. Mais je veux continuer. Je veux y arriver. Là, je le sais que je suis capable. Et que j'en vaux la peine. Je me vois dans l'avenir. J'ai une place, même si je ne sais pas encore tout à fait où elle est.

Quand j'ai besoin de m'encourager, je relis le texte que j'ai écrit il y a six mois. Je l'ai gardé longtemps dans mes poches, à le relire souvent. Ça m'a fait du bien. Je prends tous les encouragements que je peux. Les miens, ceux de mes parents, ceux de ma copine, ceux de l'école. Je les prends tous. Même les vôtres.

Benoît, bientôt 19 ans

Cinquième partie

Questions de parents

QUESTIONS DE PARENTS

J'ai décidé d'ajouter ici une brève section pour répondre à des questions qui me sont souvent posées. J'ai déjà abordé certaines d'entre elles dans des sections précédentes, mais d'autres sont toutes neuves. Je tenais à les regrouper pour que vous puissiez les consulter rapidement, en cas de besoin.

? Je redoute que ma fille ait des idées de suicide, mais j'ai peur qu'elle m'envoie promener si je lui en parle. La situation est déjà assez tendue entre nous, je ne veux pas l'aggraver. Que devrais-je faire ?

Il n'y a rien de pire pour un parent que d'avoir peur de perdre son enfant. Et cette crainte devient intolérable si vous pensez que cette perte pourrait se produire à la suite d'un suicide. Vous n'avez sûrement pas le désir d'empirer la situation. Toutefois, le jeune qui a des idées suicidaires a probablement des relations difficiles ou du moins altérées par ce qu'il vit avec tous ceux qui l'entourent.

En général, les jeunes sont alors portés à se retirer, physiquement ou émotionnellement, pour éviter d'affronter leur souffrance. Et plusieurs d'entre eux manifestent cette souffrance par de l'irritabilité, des sautes d'humeur et des réponses agressives. Le jeune sait bien que ses réactions sont excessives et que son ton de voix est blessant. Ne pas oser y réagir lui confirme que rien ne va plus, à tous les points de vue. Surtout si vous avez toujours accordé de l'importance au respect et à la façon de dire les choses. Alors, votre jeune risque de vivre encore plus culpabilité, de dévalorisation excessive ainsi que la perte de ses points de repère habituels. Votre ado peut dès lors appréhender que rien ne soit plus comme avant, ce qui peut contribuer à augmenter en lui le sentiment d'impasse.

Comme parents, il est important de saisir ce qui se produit et de ne pas vous laisser arrêter par des rebuffades. Allez vers votre jeune, il en a besoin. Il a besoin que vous exprimiez ce qui vous arrive, ce que vous observez, ce que vous ressentez lorsque vous le voyez ainsi. Insistez sur votre inquiétude et votre volonté de ne pas le perdre. Vous ne lui direz jamais trop à quel point vous l'aimez et vous tenez à lui. Pour l'aider et diminuer le risque de suicide, faites-lui savoir que vous pouvez entendre sa souffrance et qu'elle ne vous anéantit pas. Que vous êtes à ses côtés pour le soutenir et pour aller chercher l'aide dont il a besoin.

Choisissez de n'aborder qu'un ou deux aspects à la fois, les plus importants pour vous, ceux qui sont plus facilement observables, afin de ne pas tomber dans des interprétations qu'il s'empresserait de réfuter. Par exemple, soulignez le fait qu'il ne mange presque plus, qu'il dit continuellement ne pas avoir faim, ou qu'il dort énormément, qu'il se traîne, sans entrain ni vitalité, ou encore qu'il ne répond plus aux appels de ses amis, qu'il est toujours à l'ordinateur, sans contact direct avec ceux qu'il aime.

Toutefois, ne le submergez pas d'observations, même si elles sont pertinentes. Personne ne peut se faire dire en long et en large à quel point rien ne va plus sans se sentir attaqué, écrasé ou blâmé. Nous avons tous une capacité limitée à entendre des commentaires négatifs qui ressemblent à des reproches. Vous ne voulez pas activer ses mécanismes de défense contre l'envahissement, vous voulez plutôt le rejoindre, le toucher. Vous connaissez votre enfant. Vous savez probablement comment l'aborder, ce à quoi il était sensible avant la situation actuelle. Les blâmes n'ont jamais été efficaces pour créer le contact. Faites-vous confiance. Vous comptez pour lui, même s'il ne le montre pas souvent.

Si vous avez le privilège d'être deux parents très proches de votre enfant, essayez d'éviter de lui parler à deux de ce qui ne va pas: il aura l'impression d'être convoqué au sommet, ce qui ne favorise nullement l'intimité. Choisissez plutôt celui ou celle qui a le contact le moins tendu avec le jeune. Bien souvent, les mamans sont plus à l'aise pour avoir des discussions sur des sujets affectifs. Elles sont dans leur élément. C'est à la fois une question de culture intergénérationnelle, de société, de facilité psychologique, de fonctionnement du cerveau. Pourtant, il arrive que le papa soit le mieux placé pour aborder la situation, car le jeune le laisse s'approcher davantage. La détresse d'une mère devant la souffrance de son enfant serait-elle plus difficile à supporter pour le jeune? Ou peut-être cherche-t-il à protéger sa mère de sa souffrance en la tenant à l'écart?

Voici un propos qui résulte de mon expérience à la fois professionnelle et personnelle et qui s'adresse aux mamans: quand le papa va vers le jeune, il vaut mieux le laisser faire à sa manière, avec ce qu'il est, de la façon dont il est le plus à l'aise. Les mères s'attendent souvent à ce que les pères agissent comme elles-mêmes le feraient. Surtout si c'est important pour elles.

Or, **les parents sont uniques et complémentaires**. Le papa crée un lien différent de celui que crée la maman, bien qu'il soit aussi important. La mère devrait parler avec son conjoint de ce qui l'inquiète le plus, pour former avec lui une équipe de parents. Elle doit avoir confiance, car son enfant est aussi celui de son mari. Le père l'aime autant, mais… différemment!

? J'ai réellement peur que mon fils ait des idées suicidaires, mais il ne veut pas consulter. Il me dit de me mêler de mes affaires, que c'est lui qui décide et qu'on ne décidera pas à sa place. Qu'il n'a besoin de personne et qu'il s'en sortira tout seul... Que faire ?

Faisons ici un parallèle entre santé mentale et santé physique.

Scénario 1 : Votre enfant commence à faire de la fièvre et il est amoché, mais sans autre symptôme. Il a toujours été en bonne santé, alors vous précipitez-vous chez le médecin ? Probablement que non. Vous l'encouragez plutôt à garder le lit, à se reposer, à prendre les arrangements nécessaires pour l'école ou le travail, vous lui donnez beaucoup de liquides pour éviter qu'il se déshydrate et s'affaiblisse. Vous donnez une chance au temps, tout en restant vigilant quant à l'évolution de la maladie. Il y a de fortes chances alors pour que tout rentre dans l'ordre en quelques jours.

Scénario 2 : Les symptômes continuent, les médicaments en vente libre ne semblent nullement efficaces, pas plus que le repos ni les soins dont vous l'entourez : avez-vous alors la même réaction ? Probablement pas. Vous mettrez alors toute votre énergie à convaincre votre enfant de l'importance de consulter. Vous lui fixerez sans doute un délai maximal et même, s'il le faut, un ultimatum pour se rendre chez le médecin. Et il est extrêmement rare, dans un tel contexte, que des parents ne parviennent pas à amener leur adolescent à consulter. L'enfant sent leur détermination et peut-être n'a-t-il plus la force de résister à leurs assauts répétés.

Scénario 3 : L'enfant a une énorme inflammation de la gorge, il est brûlant de fièvre et, en quelques jours, sa voix est devenue rauque, gutturale et caverneuse. Que faites-vous ? Attendez-vous, les bras ballants, paralysés par l'indécision ? Même si votre enfant y est très fortement opposé, laissez-vous les choses passer sans rien faire, comme il l'exige ? Un abcès derrière les amygdales n'est pas monnaie courante, mais peut entraîner en moins de 24 heures la mort par suffocation ! Dans une telle situation, la réaction d'un parent risque d'être prompte, décisive, directive, non équivoque : on monte dans l'auto à la cinquième vitesse ou on compose le 911 pour faire venir une ambulance.

Il faut aborder de la même façon la santé mentale : il ne s'agit pas de s'alarmer au moindre symptôme, mais d'être vigilant ou d'observer les symptômes dont l'addition est inquiétante. Un premier signe de déprime n'est pas dramatique, mais un abattement persistant et envahissant, conjugué à d'autres éléments qui montrent que cela ne va pas, voilà qui demande une intervention plus directe et incisive de la part des parents. Quel jeune, quel ado — surtout s'il s'agit d'un garçon — a spontanément le goût de consulter, d'aller chez le médecin pour une anomalie ou même pour un examen annuel ? Les ados trouvent toujours que les parents (particulièrement les mères) s'en font pour rien et que les choses vont passer. Pourquoi serait-ce différent en santé mentale ? Pourquoi aborder cet aspect différemment ? Il s'agit de la santé globale d'un jeune.

Lorsque les problèmes sont affectifs, on a tendance à croire que le jeune sait ce qu'il fait et qu'il peut décider de son sort. On est porté à baisser les bras un peu trop rapidement : *C'est son choix*, dit-on. *On ne peut pas décider à sa place.* Or, il ne s'agit pas de décider pour lui d'une conduite à tenir pour les prochains mois ou les prochaines années, mais de lui permettre de recevoir les soins appropriés, car souvent, lui-même ne sait pas ce qu'il a, ni ce qu'il doit faire, n'ayant jamais eu l'expérience de tels sentiments dans sa courte vie. Il en irait de même si des éruptions cutanées lui venaient soudainement ou pire des crampes abdominales intenses et persistantes. Que faire ? Difficile dans ce dernier cas de prétendre qu'il s'agit uniquement de stress et non d'une crise d'appendicite alors que les symptômes sont semblables. Il faut donc vérifier auprès d'un professionnel de la santé. Tout est une question d'évaluation du risque et de perception du danger. Un jeune qui souffre ne devient pas nécessairement suicidaire, mais doit-on attendre qu'il le devienne avant d'agir ?

Voilà donc l'approche à privilégier : se poser les bonnes questions. Les signes sont-ils assez inquiétants pour que l'on consulte ? Quelle est notre marge de manœuvre ? Dans les cas précédents, chacun des scénarios appelle une réponse différente. Le scénario 1 représente un signal d'alarme : nul n'est invincible et on peut se retrouver avec un banal virus qui nous met complètement à plat. Dans le scénario 2, on a une marge de manœuvre puisqu'on a le temps de voir évoluer la situation et de préparer le jeune en conséquence afin qu'il se fasse à l'idée d'une possible consultation, si sa situation ne s'améliore pas. Et ses dénégations n'y changeront probablement pas grand-chose. Dans le scénario 3, il faut agir rapidement et de façon directive si le jeune s'y oppose. Est-on prêt, comme parent, à risquer que notre jeune décède aujourd'hui parce qu'il n'a pas voulu aller chez le médecin ? On peut avoir si mal dans la vie qu'on perd de vue ce qui nous ferait du bien…

Lors d'une des premières formations que j'ai données à des enseignants, un professeur relativement réticent à participer, Pierre, s'est levé tout d'un coup, vers la fin de la journée :

> « Je viens de comprendre. C'est comme si j'amenais mes élèves en ski alpin et qu'il y en avait un qui se cassait la jambe dans le haut d'une pente. Même s'il demandait avec insistance que personne ne le touche, je ne le laisserais pas redescendre seul en se traînant sur sa jambe. La douleur l'empêcherait sans doute d'estimer à leur juste valeur les éventuelles conséquences d'une telle décision. Ce serait donc à moi de rester à ses côtés, de le rassurer et d'enclencher ce qui doit être fait, mais je ne le laisserais pas seul. Et tant pis s'il m'en voulait : ce serait à moi de composer avec cela. Il ne serait pas en mesure d'évaluer ce que pourrait représenter le fait de vivre avec des séquelles permanentes qui le restreindraient et diminueraient sa qualité de vie. De plus, qu'il soit majeur ou non ne m'empêcherait pas de m'assurer que

quelqu'un de son entourage est au courant de ce qui lui arrive. Comme les hôpitaux le font dans le cas d'une hospitalisation ou d'une opération à venir. Et si le jeune ne voulait aviser personne de son entourage, on lui enverrait la travailleuse sociale ou le psychiatre pour voir ce qui se passe. »

Cette réaction de ce professeur d'éducation physique illustre très pertinemment la dynamique, la réaction et les enjeux d'un jeune aux prises avec des idées suicidaires qui souhaite qu'on le laisse tranquille. Il y a déjà plus de 15 ans que je l'utilise pour sensibiliser des jeunes, des parents et des intervenants. Merci, Pierre, pour ce très bel apport dans la compréhension de ce que l'on peut vivre en présence d'un jeune en détresse. C'est pour moi l'occasion de t'en rendre hommage

En fait, s'il y a une chose à retenir, c'est qu'il vaut mieux regretter d'avoir essayé quelque chose qui ne marche pas que de regretter de n'avoir rien fait.

? J'ai finalement convaincu mon fils de consulter, mais ça n'a pas du tout « cliqué » avec l'intervenant qu'il a rencontré. Il ne veut plus du tout y aller, alors que ça m'a demandé tellement d'énergie de l'y amener ! Que devrais-je faire ?

C'est là une situation combien frustrante pour le parent d'avoir l'impression que tous les efforts qu'il a mis tombent à l'eau. Pourtant, ces efforts sont loin d'avoir été inutiles. Votre jeune sait qu'il peut compter sur vous et que vous ne le laissez pas tomber dans l'adversité. Il y a différentes façons de réagir, diverses avenues qui s'ouvrent à vous et que vous choisirez, selon la gravité de la situation, le tempérament de votre jeune, la qualité de votre lien, sans oublier l'état dans lequel vous êtes vous-mêmes.

En premier lieu, il est important que vous vous assoyiez avec votre jeune pour tenter de voir ce qui n'a pas marché. Qu'est-ce qu'il n'a pas aimé chez l'intervenant ? Est-ce un aspect avec lequel il a toujours eu de la difficulté à composer ? Lui fait-il penser à quelqu'un d'autre avec qui il a connu une expérience difficile ? Est-ce une impression liée seulement à la première rencontre ? C'est sûr qu'il est beaucoup plus stimulant de travailler avec quelqu'un pour qui on éprouve un coup de cœur spontané ou dont le style et la façon d'entrer en relation correspondent à ce que nous sommes, mais dans la vie, peut-on se fier uniquement à sa première impression pour prendre une décision aussi importante que le fait de consulter ou non, alors que l'état suicidaire altère insidieusement notre perception de la vie, des gens, des événements ? Ce problème peut devenir l'occasion de parler avec votre enfant de cette ouverture indispensable qu'il faut adopter pour accueillir ce que la vie nous donne.

Bien sûr, il n'est pas évident de parler d'ouverture à la vie quand l'autre ressent l'appel du suicide, et pourtant, c'est le temps de semer cette idée. On sait que l'état suicidaire se caractérise par le sentiment d'être dans une impasse. Il faut donc créer des avenues, élargir le répertoire de solutions, explorer, expérimenter et essayer à nouveau ce qui n'a pas marché, car il est rare que tout fonctionne dès la première fois, à moins que l'on se découvre une habileté naturelle dans ce domaine. Parfois, le talent y est, mais n'arrive pas à émerger. Il faut faire de la place en soi pour qu'il puisse s'exprimer.

Dans une telle situation, on peut demander à notre jeune d'accepter quelques entrevues supplémentaires, pour donner une chance d'installer une bonne dynamique entre l'intervenant et lui. On devrait l'encourager à dire au thérapeute le malaise ou l'absence de motivation qu'il ressent. C'est là un grand pas dans l'apprentissage de la parole comme outil de résolution des problèmes. La très grande majorité des thérapeutes savent composer avec ce type de réactions et chercheront à s'ajuster, conscients de ce que cela représente pour un jeune suicidaire d'exprimer ce qu'il ressent directement à la personne concernée.

En second lieu, fiez-vous à vos impressions. Ressentez-vous la même chose que votre jeune ? Vous sentez-vous en confiance avec l'intervenant ou avec l'équipe de thérapeutes ? N'hésitez pas à partager vos impressions, qu'elles rejoignent ou non celles de votre enfant. Quel aspect vous inspire confiance ? Qu'est-ce que vous retenez de cette première rencontre ? Qu'est-ce qui vous inquiète le plus ? Vos impressions sont-elles mitigées ? Comment seriez-vous porté à réagir ? Encore une fois, vous pouvez arriver à un compromis : tout en soutenant ce que ressent votre jeune, vous pouvez vous fixer quelques entrevues pour aller un peu plus loin et prendre le temps de voir si, finalement, le lien se crée. Vous ferez alors le point. Le fait d'exprimer ses sentiments constitue un double atout : on donne à l'autre l'occasion de s'ajuster ou de s'orienter d'une façon qui convient mieux et on se donne l'occasion de s'adapter aussi à l'autre. Cela peut nous amener à découvrir des facettes insoupçonnées de notre personnalité et de nos mécanismes d'adaptation. Et le bilan est souvent très fructueux et révélateur.

On peut appliquer cette situation à d'autres sphères de sa vie. Ainsi, peut-être a-t-on développé une belle amitié avec quelqu'un d'insoupçonné, les premières impressions ne portant pas spontanément vers cette personne. Pourtant, ce qu'on a vécu ensemble a pu nous lier étroitement. Il arrive que des coups de cœur s'avèrent aussi des déceptions et causent des blessures douloureuses. Comment y réagit-on ? En coupant les ponts ? En prenant du recul ? En parlant calmement de ce qui se passe ? En se relevant les manches et en affrontant la tempête ? En cherchant un compromis ?

Peut-être en a-t-il été ainsi pour un enseignant qui nous a marqués au-delà de ce que nous aurions imaginé, à qui nous nous sommes beaucoup attachés à mesure que nous l'avons connu et avons passé du temps dans sa classe. Les gens ne sont pas tous flamboyants. Certains se laissent approcher petit à petit. Il en va ainsi pour les adultes comme pour les jeunes.

Et que dire de la relation amoureuse ? Est-ce toujours un coup de foudre ? Et si c'est le cas, un coup de foudre réciproque ? Il arrive que l'on tombe amoureux totalement, passionnément, mais pour d'autres, l'amour vient à petits pas et s'approfondit lentement. Et dire que dans ce cas, on aurait pu passer à côté de cette personne qui embellit tant notre vie et lui donne tout son sens !

Enfin, une troisième avenue consisterait à vous fier à votre instinct et à chercher un nouvel intervenant qui convient mieux. Il y a des alliances qui se créent plus aisément que d'autres. À l'opposé, certaines personnes nous hérissent sans que l'on sache trop pourquoi. Si vous en avez presque de l'urticaire, continuez vos recherches. Il y a d'autres intervenants qui peuvent vous aider. Personne n'est seul sur son île. Alors, poursuivez vos démarches. Si vous deviez être opéré et que le chirurgien ne vous inspirait pas confiance, vous demanderiez sans doute un autre avis ; alors ici faites de même : allez chercher des recommandations pour vous rassurer et avoir le sentiment d'être entre bonnes mains.

Le seul scénario que je n'encourage pas est celui qui consisterait à tout arrêter et à laisser votre jeune (et vous-même) sur un sentiment d'échec. Il serait encore plus ardu une prochaine fois de l'amener à consulter, car cette expérience serait enregistrée comme une expérience ratée. Par la suite, l'appréhension monterait si vous deviez consulter à nouveau. Vous risquez de vivre une anxiété de performance en vous obligeant à faire en sorte que cela marche à tout prix cette fois-ci. Or, il est plus important d'amener le jeune à croire que rien n'est irréparable, qu'il y a toujours des solutions de rechange à des problèmes et que ces solutions sont accessibles. Il suffit de persévérer et de donner une chance au temps qui passe.

Il n'y a pas d'intervenants parfaits, comme il n'y a pas de parents parfaits ni d'ados ou de profs parfaits. La nature est imparfaite et nous en faisons partie, comme tout organisme vivant. Cependant, la nature a aussi comme caractéristique de s'adapter, de retrouver l'équilibre après le déséquilibre et de cicatriser les blessures. Ce pouvoir, nous l'avons tous. L'important, c'est d'y avoir accès et d'y croire, sans perdre de vue que tout est possible, tant qu'il y a de la vie et de l'amour dans nos vies. Et lorsque, dans les moments de souffrance et de détresse, nous mettons tout en place pour recevoir les soins nécessaires, le temps devient un allié pour guérir.

Conclusion

Le phénomène du suicide pourrait être abordé sous d'autres angles que ceux que nous avons privilégiés dans ce livre. Il n'y a pas qu'une seule façon de faire, d'évaluer, d'intervenir et de traiter un problème. La science n'est pas statique: l'avancement des connaissances influence nos perceptions, change nos croyances et modifie nos pratiques. À l'heure actuelle, en ce qui concerne le suicide, nous faisons davantage le lien entre les conduites suicidaires et la santé mentale, les traits de personnalité et les facteurs biopsychosociaux. À propos du milieu de vie, on ne peut passer sous silence le fait que nous vivons dans une société individualiste qui favorise la performance, qui exige beaucoup de chacun, et que cela a un impact énorme sur la détresse que nous voyons chez les uns et chez les autres.

Mais quel est l'essentiel? Sur quoi devons-nous fixer notre attention sinon sur le fait qu'un jeune vivant une crise suicidaire émet presque toujours des indices qu'on peut identifier, qu'il a besoin d'aide et que c'est à nous de trouver la porte qui lui est accessible. L'état suicidaire est un état de crise temporaire et on peut aider le jeune à en dénouer l'impasse. Tendre la main est à la portée de chacun de nous. La très grande majorité des jeunes parviennent à en sortir avec soutien, amour et démarche d'aide.

Que le jeune puisse être suicidaire constitue pour les parents une des pires sources d'inquiétude. Si vous ne reconnaissez plus votre jeune, si vous êtes inquiets, parlez-en avec lui. Allez vers lui, entretenez le contact, parlez de ce que vous ressentez, écoutez ce qu'il vous dit et n'hésitez jamais à aller chercher de l'aide, pour vous et pour votre enfant. On ne consulte jamais « pour rien ». Tant mieux si on vous rassure : peut-on se plaindre d'aller vérifier et de ressortir avec de bonnes nouvelles ? Et si vos inquiétudes, celles de ses amis, des intervenants scolaires ou d'autres membres de son réseau s'avèrent justes, vous l'aurez amené à chercher de l'aide à un moment où la vie lui paraît vide de sens, trop souffrante ou sans espoir.

Il arrive que des parents aimants, engagés auprès de leur enfant, soient les derniers informés de son état de détresse. Vous savez maintenant qu'il cherche fort probablement à vous protéger de cette souffrance. S'efforcer de saisir le sens de ce que vit votre jeune est extrêmement aidant. Vous remettre en question est nécessaire. Découvrir comment on peut l'aider est indispensable. Mais ne vous laissez pas envahir par la culpabilité, par la peur de ne pas avoir été de bons parents. Nul n'est parfait : ni lui, ni vous, ni le meilleur thérapeute que vous puissiez rencontrer.

Ne cherchez pas à devenir le thérapeute de votre enfant, pas plus que le thérapeute ne saura se substituer à vous comme parents. Le lien entre votre enfant et vous est la base de la vie de votre jeune. Il a besoin de vous, de votre soutien et de votre amour. De votre côté, vous avez besoin de toute votre énergie pour trouver la juste distance qui vous permettra de l'encourager dans son cheminement, dans son désir de s'en sortir comme dans ses moments de découragement, et de résister à la tentation de le surprotéger et de l'étouffer.

Apprenez à prendre soin de vous, tant pour vous faire du bien que pour lui montrer le chemin. Cultivez vos petits bonheurs : ce sont eux qui vous permettent d'entretenir la petite flamme vivante en chacun de nous et de ne pas chavirer au cœur de la tempête. Apprenez-le-lui, il en aura toujours besoin.

Comme parents, ayez confiance en la vie, en votre jeune, en sa capacité et en la vôtre de surmonter la souffrance. Ne restez pas aux prises avec les inquiétudes qui peuvent vous tenailler. Parlez-en et consultez ceux qui peuvent vous aider.

Chaque être humain a en lui les ressources pour traverser des moments de grande noirceur. Puisse votre jeune y croire. Puissions-nous l'amener à y croire. De toutes ses forces. De toutes nos forces. Car prévenir le suicide est possible.

Témoignage d'une maman, aujourd'hui… grand-maman

par Danielle Smith

Au moment d'écrire ces lignes, ma petite-fille Arielle fête son premier anniversaire. En ce matin d'été de canicule, nous sommes installées à l'ombre d'un arbre centenaire au parc Lafontaine : elle est endormie dans sa poussette et moi, assise sur un banc à la contempler. Le vent est chaud et ajoute une note de surréalisme à ce moment magique que je suis en train de vivre. Ses petites mains dodues reposent avec confiance sur son corps. Elle dort à poings fermés. Ce sont des sentiments indescriptibles qui m'habitent ; un bonheur sans précédent de pouvoir vivre cet instant présent. Tout comme il y a un an, quand j'ai eu le très grand privilège de pouvoir la porter dans mes bras alors qu'elle avait à peine quelques heures de vie.

Pourtant, le 2 janvier 1998, nos vies avaient basculé. Mon fils Marc-André me lançait alors un important appel à l'aide, un dernier SOS qui a failli lui coûter la vie. J'avais pourtant vu des changements importants chez lui au cours des mois précédant son geste désespéré. Il arrivait tant bien que mal à s'endormir aux petites heures du matin et vivait pour la première fois de sa vie une situation d'échec à l'école. C'est d'ailleurs son renvoi de l'école qu'il fréquentait qui a servi de déclencheur. Je me suis souvenue d'un reportage que j'avais vu à la télé quelques semaines plus tôt et au cours duquel des parents expliquaient dans quel contexte leur fils Thomas avait mis fin à ses jours. Leur témoignage m'a indiqué le chemin à suivre et c'est en grande partie grâce à eux que nous avons su entreprendre ce périple atypique qui a permis à Marc-André de devenir le merveilleux jeune homme qu'il est aujourd'hui. De là l'importance, pour nous les parents, de partager notre expérience.

Ce mot se veut d'abord et avant tout un message d'espoir aux parents qui, tout comme moi, vivent des moments difficiles, inquiétants et déroutants. Ce sentiment d'impuissance qui nous habite alors que notre plus grand souhait serait simplement de pouvoir libérer notre jeune de ce mal de vivre, le convaincre que sa vie en vaut la peine. J'ai envie de vous dire : faites-vous confiance. Faites confiance à ce que vous ressentez et surtout n'hésitez pas un instant à aller chercher de l'aide.

Dans notre cas, nous avons eu la très grande chance d'être accompagnés par une thérapeute qui a su nous prendre par la main et nous guider avec tant de sagesse, de respect et d'affection. Nous avons vécu des moments d'une telle intensité dans son petit bureau que je suis sûre que ses murs en sont imprégnés. Je lui ai fait confiance, Marc-André lui a fait confiance, et elle lui a permis d'être le papa extraordinaire qu'il est aujourd'hui. Grâce à elle, il a su se découvrir et apprendre à vivre ses émotions et, surtout, à s'ouvrir aux autres. Encore grâce à elle, j'ai pu devenir la grand-maman que je suis, car elle a su me soutenir dans cette tourmente.

Du fond de notre cœur, Arielle, Marc-André et moi, nous lui disons merci et nous disons merci à la vie.

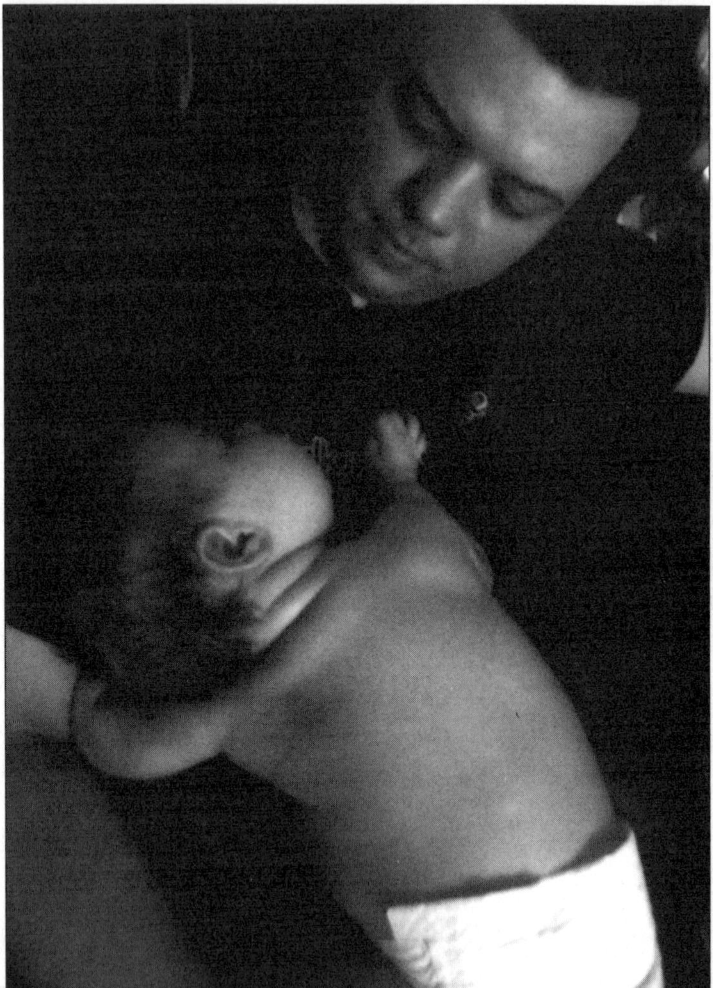

Allo Michèle !
Je te présente
ma fille Arielle !
Marc-André

Bibliographie

Amirali E.L. *Les troubles anxieux chez les enfants et les adolescents : incidence, symptômes et traitements.* Montréal : Formation continue de l'Université McGill et de l'Hôpital de Montréal pour enfants, 2010.

André C. et Muzo. *Petites angoisses et grosses phobies.* Paris : Seuil, 2002.

Association des dépressifs et des maniaco-dépressifs ou Revivre. *Les jeunes et la dépression/Les jeunes et la maniaco-dépression/Les troubles de l'humeur/Les troubles anxieux.* [dépliants]. Montréal : Revivre, 2002.

Association québécoise de prévention du suicide. En ligne : www.aqps.info

Association québécoise de suicidologie. *S'entraider... Pour la vie.* [dossier d'information]. Montréal : Association québécoise de suicidologie, 1995.

Association québécoise de suicidologie. *La prévention du suicide au Québec : vers un modèle intégré de services.* [mémoire présenté au ministère de la Santé et des Services sociaux]. Montréal : Association québécoise de suicidologie, 1990.

Bardet M. *Le suicide.* Paris : Milan, 1996. (Les essentiels Milan)

Baron C. *Les troubles anxieux expliqués aux parents.* Montréal : Éditions de l'Hôpital Sainte-Justine, 2001.

Bedwani C. « Psychose et dépression chez l'enfant et l'adolescent », in P. Lalonde, J. Aubut et F. Grunberg, *Psychiatrie clinique : une approche bio-psycho-sociale - Tome 2.* Montréal : Gaëtan Morin, 2001, pp. 1104-1120.

BEDWANI C. « Reconnaître les troubles de l'humeur chez les adolescents ». *Actualité médicale* 2002 23 (4) : 6-9.

BERGERON A. et E. VOLANT. « Le suicide et le deuil : une intervention pour la vie ». *Frontières* 1994 (2) : 1-62.

BRENT D.A. et al. « Risk factors for adolescent suicide : A comparison of adolescent suicide victims with suicidal inpatients ». *Archives of General Psychiatry* 1988 45 (6) : 581-588.

BRENT D. A. « Psychiatric risk factors for adolescent suicide : a case-control study ». *Journal of the American Academy of Child and Adolescent Psychiatry* 1993 32 (3) : 521-529.

BRENT D. A. « Personality disorder, tendency to impulsive violence, and suicidal behavior in adolescents ». *Journal of the American Academy of Child and Adolescent Psychiatry* 1993 32 (1) : 69-75.

BRENT D.A. et J.-J. MANN. « Familial pathways to suicidal behavior, understanding and preventing suicide among adolescent » *New England Journal of Medicine* 2006 355 (26) : 2719-2721.

CAGLAR L. et S. RAIMBAULT. *Adolescence et suicide : épidémiologie, psychodynamique, interventions*. Paris : ESF, 1991. (La vie de l'enfant)

CHAGNON F., J. HOULE et J. RENAUD. *Que savons-nous des éléments pouvant influencer le processus suicidaire chez les jeunes ?* Montréal, 2003. Projet d'intervention concertée sur le suicide chez les jeunes en difficulté. Rapport de recherche.

CLINIQUE MAYO. *La dépression : comprendre, identifier et traiter*. Saint-Constant : Éditions Lavoie Broquet, 2002.

CLOUTIER R. *Psychologie de l'adolescence*. Boucherville : Gaëtan Morin, 1996.

CONSEIL PERMANENT DE LA JEUNESSE. *Le point sur la délinquance et le suicide chez les jeunes*. Québec : Conseil permanent de la jeunesse, 1995.

DELAGRAVE M. *Ados : mode d'emploi. 2e éd.* Montréal : Éditions du CHU Sainte-Justine, 2005.

Dorais, M. *Mort ou fif: la face cachée du suicide chez les garçons.* Montréal: VLB, 2000.

Falardeau, M. *Huit clés pour la prévention du suicide chez les jeunes.* Montréal: Presses de l'Université du Québec, 2002.

Feinstein S. *Cerveau en construction : Pourquoi les ados ne raisonnent pas comme nous ?* Paris: Éditions Fabert, 2010.

Fondation québécoise des maladies mentales. *Tournées de sensibilisation à la dépression chez les jeunes dans les écoles secondaires du Québec.* Montréal: Fondation québécoise des maladies mentales, 1998.

Fournier C. « Jeunes en difficulté et résilience: au nom de l'espoir ». *Intervention* 2008 129: 85-91.

Fournier M. et J.-P. Maher. *La dépression chez les jeunes.* [Document vidéo]. Montréal: Productions Sogestalt, 1999. 52 min.

Frappier J.-Y., M. Lambin et D. Marra. « École et santé mentale I et II ». *Prisme* 1997 7 (2) et 7 (3-4).

Gagnon A. et al. *Les troubles de l'enfance et de l'adolescence.* Boucherville: Gaëtan Morin, 2001. (Démystifier les maladies mentales)

Garel P. « La dépression chez les adolescents ». *Notre-Dame* février 1995.

Garel P. « Adolescents en danger de suicide ». *Prisme* 1995 5 (4).

Grenier H. *Les événements de vie familiale, les réponses d'adaptation et l'adoption de conduites suicidaires chez les familles survivantes au suicide.* [Thèse de doctorat]. Québec: École de service social, Université Laval, 1994.

Groupe d'étude national sur le suicide au Canada. *Le suicide au Canada.* Ottawa: Santé Canada, 1994.

Guernon S., M. Clusiau et L. Richard. « La dépression chez les jeunes ». *Jeux de Société* [Émission de télévision, Canal Vie]. Montréal: Productions Pixcom, 2000.

HAWKINS E. « A tale of two systems : co-occuring mental health and substance abuse disorders treatment for adolescents » *Annual Review of Psychology* 2009 60 : 197-227.

JAFFE S.L. et D.R. SIMKIN. « Alcohol and drug abuse in children and adolescents » in M. Lewis (Ed.) *Child and Adolescent Psychiatry : A comprehensive textbook (3rd ed.)*. Philadelphia, Lippincott Williams & Wilkins, 2002, pp. 895-911.

LABBÉ B. et M. PUECH. Série : « *Les goûters philo* ». Toulouse : Milan. Une vingtaine de titres dont *Le bonheur et le malheur, L'Être et l'apparence, La violence et la non-violence, Libre et pas libre, Prendre son temps et perdre son temps*, etc.

LADOUCEUR R., L. BÉLANGER et E. LÉGER. *Arrêtez de vous faire du souci pour tout et pour rien.* Paris : Odile Jacob, 2003. (Guide pour s'aider soi-même)

LAFRANCE A. et al. *La beauté du monde : des jeunes témoignent de leur espoir.* Saint-Hubert : CLSC Saint-Hubert, 2002.

LAMBIN M. et H. GRENIER. « Le suicide à l'adolescence : un modèle de prévention en milieu scolaire ». *Prisme* 1997 7 (3-4) : 520-543.

LE HEUZEY, M.-F. *Suicide de l'adolescent.* Paris : Masson, 2001. (Le quotidien du médecin)

LEMPERIÈRE, T. *Dépression et suicide.* Paris : Masson, 2000.

MARCELLI D. et E. BERTHAUT. *Dépression et tentatives de suicide à l'adolescence.* Paris : Masson, 2001.

MINISTÈRE DE LA SANTÉ ET DES SERVICES SOCIAUX. *S'entraider pour la vie : proposition d'une stratégie québécoise d'action face au suicide.* Québec : Ministère de la Santé et des Services sociaux, 1998.

MINOIS G. et al. « Le suicide en Occident : de l'éloge à la condamnation ». *L'Histoire* 1995 (189) : 22-44.

MIRABEL-SARRON C. *La dépression, comment en sortir.* Paris : Odile Jacob, 2002. (Guide pour s'aider soi-même)

MORISSETTE P. *Le suicide : démystification, intervention, prévention.* Québec : Pierre Morissette, 1984.

Morissette P. « Hypothèse sur le comportement suicidaire en tant que communication interpersonnelle ». *Santé mentale au Québec* 1987 12 (1) : 14-19.

Pine D.S. « A neuroscience framework for pediatric anxiety disorders ». *Journal of Child Psychology and Psychiatry* 2009 48 (7) : 631-648.

Pommereau X. *L'adolescent suicidaire.* Paris : Dunod, 2001.

Pronovost J., et al. *Le dépistage précoce des adolescents suicidaires en milieu scolaire : indices comportementaux.* Québec : Conseil québécois de la recherche sociale, 1989.

Raymond S. *La prévention du suicide à l'école : document d'information.* Québec : Direction de l'adaptation scolaire et des services complémentaires, 1993.

Rondeau, Gilles et coll. *Les hommes : s'ouvrir à leurs réalités et répondre à leurs besoins.* Rapport du comité de travail en matière de prévention et d'aide aux hommes. Québec, 7 janvier 2004.

Saint-Jacques M.-C., S. McKinnom et P. Potvin. *Les problèmes de comportement chez les jeunes : comprendre et agir efficacement.* Beauport : Centre jeunesse de Québec, 2000.

Samy M. *Abus de substances et comorbidité chez les adolescents : attraction fatale.* Montréal : Formation continue de l'Université McGill et de l'Hôpital de Montréal pour enfants, 2010.

Sauvé C. *Apprivoiser l'hyperactivité et le déficit de l'attention.* 2e éd. Montréal : Éditions du CHU Sainte-Justine, 2007.

Schaffer D., A. Garleni et al. « Preventing teen age suicide : a critical review ». *Journal of the American Academy of Child & Adolescent Psychiatry* 1988 27 : 675-687.

Schneidman E. *Le tempérament suicidaire.* Bruxelles : De Bœck & Belin, 1999.

Séguin M. *Le suicide : comment prévenir, comment intervenir.* Montréal : Logiques, 1991. (Enfance, jeunesse et famille)

Séguin M. *Le suicide : le comprendre pour le prévenir.* Montréal : Editions au Carré, 2009.

SÉGUIN M. et F. ROY. *Intervenir à la suite d'un suicide - Programme de postvention en milieu scolaire.* Montréal: Éditions Logiques, 2005.

SÉGUIN M., A. BRUNET et L. LEBLANC. *Intervention en situation de crise et en contexte traumatique.* Montréal: Gaëtan Morin, 2006.

SIROIS A. « Quatre suicides par jour au Québec ». *La Presse* 9 février 2001.

ST-LAURENT D. et C. BOUCHARD. *L'épidémiologie du suicide au Québec: Que savons-nous de la situation récente ?.* Montréal: Institut national de santé publique du Québec, 2004.

ST-LAURENT D. et M. GAGNÉ. *Surveillance des suicides au Québec.* Montréal: Institut national de santé publique du Québec, 2007.

TOUSIGNANT M. et al. « Structure familiale, relations parents-enfants et conduites suicidaires à l'école secondaire ». *Santé mentale au Québec* 1988 13 (2): 79-93.

TREMBLAY, Gilles et Pierre L'HEUREUX. *La détresse des hommes.* Formation donnée à l'OPTSQ le 18 janvier 2010.

TREMBLAY R.E. « Le dépistage des difficultés d'adaptation sociale chez les garçons de milieux socio-économiques faibles: de la maternelle à la fin de l'école primaire », in R. Tremblay, et al., *Rapport de recherche au CQRS et au FCAR.* Montréal: Université de Montréal, Groupe de recherche sur l'inadaptation psychosociale chez l'enfant, 1991.

TREMBLAY R.E. *Prévenir la violence dès la petite enfance.* Paris: Odile Jacob, 2008.

TREPPNER P. *La dépression: savoir la reconnaître et la surmonter.* Paris: Vigot, 2003. (Coll. Santé: en savoir plus)

VERDIER E. et J.M. FRIDION. *Homosexualités et suicide: études, témoignages et analyses.* Paris: H & O Éditions, 2002.

WILLIAMS K. *Dépression et suicide.* Québec: Sciences et Culture, 1996.

Ressources

Organismes d'aide au Québec

REVIVRE : Association québécoise de soutien aux personnes souffrant de troubles anxieux, dépressifs ou bipolaires

5140, rue Saint-Hubert, Montréal (Québec) H2J 2Y3
Téléphone : (514) 529-3081
Ligne d'écoute, d'information et de références :
Montréal : (514) REVIVRE (738-4873)
Sans frais partout au Canada : 1 866 REVIVRE (738-4873)
revivre@revivre.org
www.revivre.org

Parmi ses services, l'Association offre une ligne d'écoute, d'information et de référence, des conférences, des groupes d'entraide, de la relation d'aide individuelle, un centre de documentation, un site Internet avec clavardage et forums de discussion, un programme Jeunesse destiné aux enfants et aux adolescents ainsi qu'à leurs parents. L'Association distribue gratuitement de la documentation sur les troubles anxieux, dépressifs et bipolaires et vend aussi des livres et des vidéocassettes sur la dépression et le trouble bipolaire. Un bulletin publié trois fois par année, *L'envolée*, est aussi distribué gratuitement à ses membres.

Urgence suicidaire

1-866-277-3553 (1-866-APPELLE)

Ligne d'écoute et de consultation partout au Québec. 24 heures par jour, 7 jours par semaine

Association québécoise de prévention du suicide (AQPS)
801 boul. Saint-Joseph Est, Montréal (Québec) H2J 1K5
Tél. : 514 528-5858 • Fax : 514 528-0958
info@aqps.info
www.aqps.info

Ligne d'écoute sans frais : 1 866 APPELLE (1-866-277-3553)

Cet organisme communautaire regroupe les organismes et les personnes travaillant à la prévention du suicide. À partir du site web, il est possible de consulter une liste des ressources en prévention et intervention du suicide au Québec.

Association canadienne pour la santé mentale
Division du Québec

911, rue Jean Talon Est, bureau 326, Montréal (Québec) H2R 1V5
Tél. : 514 849-3291 • Fax : 514 849-8372
info@acsm.qc.ca
www.acsm.qc.ca

L'Association canadienne pour la santé mentale - Division du Québec regroupe 10 filiales offrant des activités de promotion-prévention, soutien-entraide et recherche-développement. L'Association peut vous diriger vers la filiale de votre région.

Association canadienne pour la santé des adolescents

CHU Sainte-Justine – 7e étage, bloc 2
3175, chemin de la Côte-Sainte-Catherine
Montréal (Québec) H3T 1C5
Tél. : 514 345-4721 • Fax : 514 345-4778
acsacaah@globetrotter.net
www.acsa-caah.ca

L'Association canadienne pour la santé des adolescents s'adresse particulièrement aux intervenants, aux futurs intervenants et aux organismes qui s'intéressent à la santé, à l'éducation et au bien-être des adolescents. Entre autres activités, elle publie le bulletin *Pro Ado* qu'elle fait parvenir à ses membres sous format papier ou électronique. En consultant le site web de l'Association, il est possible d'accéder à quelques numéros de *Pro Ado* ainsi qu'à plusieurs textes traitant du développement de l'adolescent et de difficultés rencontrées à cette période de la vie. L'Association a aussi un site web pour les adolescents où ils retrouvent des informations sur la prise en charge de leur santé : www.jeunesensante.ca

Association québécoise des parents et amis de la personne atteinte de maladie mentale Rive-Sud (AQPAMM-RS)

1295, Chemin Chambly, Longueuil (Québec) J4J 34X1
(450) 677-5697
www.aqpamm.org

L'Association a pour mission de venir en aide aux familles et à l'entourage des personnes (enfants, adultes et aînés) souffrant d'un trouble de santé mentale transitoire ou grave et persistant, comme la schizophrénie, les troubles bipolaires (maniaco-dépression), la dépression, les troubles obsessionels-compulsifs, les trouble de personnalités limites (TPL), l'anxiété etc. Ses principaux objectifs sont les suivants : soutenir les familles et les proches, briser l'isolement des familles, développer des modes de soutien et d'entraide, favoriser la communication entre les membres de l'entourage, les personnes directement concernées par la maladie mentale et les différentes ressources d'aide et de traitement, promouvoir le rôle et les besoins des familles et de l'entourage dans l'organisation des services en santé mentale, travailler à diminuer les préjugés face à la maladie mentale.

Déprimés Anonymes

C.P. 215, Succursale R
Montréal (Québec) H2S 3K9
Ligne d'écoute : 514 278-2130
Fax : 514 278-5677
danonym@cam.org
www.deprimesanonymes.org

Service d'écoute téléphonique confidentiel, accessible de 8 h à minuit, 7 jours par semaine. Groupes d'entraide, information et référence aux services appropriés.

Fondation des maladies mentales

2120, rue Sherbrooke Est, bureau 401, Montréal (Québec) H2K 1C3
Téléphone : 514 529-5354
Téléphone sans frais : 1 888 529-5354
Fax : 514 529-9877
info@fondationdesmaladiesmentales.org
www.fondationdesmaladiesmentales.org

La Fondation informe les gens, finance la recherche et améliore le mieux-être des personnes atteintes de maladie mentale. Le site Internet contient plusieurs textes expliquant diverses maladies mentales ainsi que le *Répertoire provincial des ressources en maladies mentales.*

Gai écoute inc.

C.P. 1006, Succursale C, Montréal (Québec) H2L 4V2
Tél. (administration) : 514 866-6788 • Fax : 514 866-8157
courrier@gaiecoute.org
www.gaiecoute.org
Ligne d'écoute : 514 866-0103
Ligne d'écoute sans frais : 1 888 505-1010

Service d'écoute téléphonique et de référence. Confidentiel, anonyme et gratuit, ce service est accessible tous les jours de 8 h le matin à 3 h la nuit pour toutes les questions relatives à l'homosexualité. Pour les personnes qui le préfèrent, il est aussi possible d'utiliser le courriel pour obtenir de l'aide.

Jeunesse j'écoute

Ligne d'écoute : 1 800 668-6868

www.jeunessejecoute.ca

Service national de consultation professionnelle gratuit, confidentiel et anonyme s'adressant spécifiquement aux jeunes. Accessible 24 heures par jour, 7 jours par semaine, Jeunesse j'écoute offre des services d'évaluation, de soutien affectif, de thérapie brève, de renseignement et de référence vers des services locaux. Le site Internet permet de poser des questions à un conseiller et contient plusieurs textes informatifs pour les jeunes.

Suicide Action Montréal

Ligne d'écoute : 514 723-4000

Service d'écoute téléphonique. Groupe de soutien pour les personnes endeuillées suite à un suicide. Groupe d'information pour les proches de personnes suicidaires. Formation pour les intervenants.

Tel-jeunes

Ligne d'écoute sans frais : 1 800 263-2266

www.teljeunes.com

Service québécois d'intervention téléphonique et de référence pour les jeunes de 5 à 20 ans. Gratuit, anonyme et confidentiel. Accessible 24 heures par jour, 7 jours par semaine. Le site web contient plusieurs textes et forums de discussion sur des thèmes de première importance pour les jeunes.

Mammouth Magazine

Centre d'études sur le stress humain
(CESH) Hôpital Louis-H. Lafontaine

www.hlhl.qc.ca/centre-detudes-sur-le-stress-humain/mammouth-magazine.html

Magazine gratuit sur le web ayant pour mission d'améliorer la santé physique et mentale des individus en leur fournissant une information scientifique de pointe sur les effets du stress sur le cerveau et le corps.

Organismes d'aide en Europe

InfoSuicide (France)
www.infosuicide.org
Ligne d'appel : 01 45 39 40 00

Ce site se veut ouvert à l'échange d'informations entre tous ceux concernés par l'isolement et la prévention du suicide et tout particulièrement aux professionnels, aux chercheurs, aux étudiants, aux associations, aux institutions. Il se veut réagir à l'actualité : pour débattre, dialoguer, comprendre et agir. Infosuicide.org héberge également le site officiel de l'UNPS (Union Nationale de Prévention du Suicide).

SEPIA
Suicide, Écoute, Prévention, Intervention auprès des Adolescents (France)
www.sepia.asso.fr
Ligne d'appel : 0 800 88 14 34

L'association SEPIA a mis en place une structure destinée aux jeunes de 15 à 24 ans, à leurs parents et aux professionnels dont les objectifs sont de favoriser une prise de conscience par l'ensemble de la population en menant des actions de sensibilisation, de créer une ressource d'aide facilement accessible, d'intervention rapide, et mobile sur tout le département, de former les différents intervenants au dépistage et à l'intervention de crise face à un adolescent suicidaire, d'offrir un service gratuit et confidentiel de suivi sans étiquetage "psychiatrique" et de développer un réseau d'écoute et d'aide pour les jeunes en souffrance et leur famille.

Centre de prévention du suicide (Belgique)
www.preventionsuicide.be/view/fr
Ligne d'écoute : 0800 32 123

Le Centre de Prévention du Suicide propose une écoute téléphonique 24h/24, dans l'anonymat ; un Forum d'expression libre ; des entretiens individuels de crise après une tentative de suicide ; un accompagnement du deuil suite au suicide d'un proche soit en individuel, soit en groupe ;

un groupe de parole pour parents d'ados confrontés aux problématiques du suicide.

Association Stop Suicide (Suisse)
Rue des Savoises 15, 205 Genève
Tél : 022 320 55 67
www.stopsuicide.ch

L'Association Stop Suicide s'engage pour la prévention du suicide des jeunes dans la région romande. Combattant le tabou du suicide, elle met en place des programmes destinés aux jeunes et au grand public, visant à les équiper pour faire face au suicide.

ParsPas
Association valaisanne pour la prévention du suicide (Suisse)
Rue de Loèche 23, 1950 Sion
Tél : 027 322 21 81
www.parspas.ch

ParsPas, des personnes de tout bord, concernées ou sensibilisées à la détresse existentielle, des répondants qui reçoivent vos appels en toute confidentialité et une équipe pour recevoir les personnes endeuillées suite à un suicide.

Livres

Sur les relations parents-adolescents

BOISVERT, Céline. *Parents d'ados : de la tolérance nécessaire à la nécessité d'intervenir.* Montréal : Éditions de l'Hôpital Sainte-Justine, 2003.

DELAGRAVE, Michel. *Ados : mode d'emploi.* 2e éd. Montréal, Éditions du CHU Sainte-Justine, 2005.

FEINSTEIN, Sheryl. *Cerveau en construction : Pourquoi les ados ne raisonnent pas comme nous ?* Paris : Éditions Fabert, 2010.

Sur la santé mentale

ANDRÉ, Christophe et MUZO. *Petites angoisses et grosses phobies.* Paris : Seuil, 2002. 240 p.

ANDRÉ, Christophe. *Vivre heureux. Psychologie du bonheur.* Paris : Odile Jacob, 2003. 335 p.

CLINIQUE MAYO. *La dépression : comprendre, identifier et traiter.* Saint-Constant : Éd. Lavoie-Broquet, 2002. 216 p.

MIRABEL-SARRON, Christine. *La dépression, comment en sortir.* Paris : Éd. Odile Jacob, 2002. 254 p. (Collection Guide pour s'aider soi-même)

SAUVÉ, Colette. *Apprivoiser l'hyperactivité et le déficit de l'attention. 2e édition.* Montréal : Éditions du CHU Sainte-Justine, 2007.

Sur le bonheur et la capacité à surmonter les difficultés de la vie

LABBÉ, Brigitte et Michel PUECH, « Collection : Les goûters philo » 18 titres dont *Le bonheur et le malheur. L'être et l'apparence. La violence et la non-violence. Libre et pas libre. Prendre son temps et perdre son temps. etc.*, Toulouse : Éd. Milan. Environ 30 à 40 pages par titre.

LAFRANCE, André et coll. *La beauté du monde : des jeunes témoignent de leur espoir.* St-Hubert : CLSC Saint-Hubert, 2002. 207 p.

LELORD, François. *Le voyage d'Hector.* Paris : Odile Jacob, 2004.

Contes à lire aux enfants pour les aider à exprimer …

CARQUAIN, Sophie. *Cent histoires du soir.* Paris : Marabout, 2000. 416 p.

CARQUAIN, Sophie. *Petites histoires pour devenir grand.* Paris : Albin Michel, 2003. 303 p.

FERLAND, Francine. *Mathilde raconte : l'univers de l'enfant d'âge préscolaire.* Montréal : Éditions du CHU Sainte-Justine, 2010.

Guilmaine, Claudette. *Contes à l'usage des parents et autres adultes soucieux du bonheur des enfants.* Montréal: Éd. du CRAM, 2002. 175 p.

Laporte, Danielle. *Contes de la planète Espoir.* Montréal: Éditions de l'Hôpital Sainte-Justine, 2002. 104 p. (Collection Contes, nouvelles et autres écrits)

Laporte, Danielle. *Gregory, le petit garçon tout habillé de gris.* Montréal: Éditions de l'Hôpital Sainte-Justine, 2009. 32 p.

Romans pour adolescents

Bernard, Jean-François. *Il fait trop clair pour dormir.* Rosemère: Éd. Joey Cornu, 2003. 256 p.

Demers, Dominique. *Ta voix dans la nuit.* Boucherville: Québec Amérique Jeunesse, 2001. 217 p.

Desrosiers, Sylvie. *Le long silence.* Montréal: La courte échelle, 1996. 146 p.

Gagnon, Isabelle. *La fille qui rêvait d'embrasser Bonnie Parker.* Montréal: Editions du Remue-ménage, 2010.

Gavalda, Anna. *35 kilos d'espoir.* Paris: Bayard Jeunesse, 2002. 111 p.

Loignon, Nathalie. *Christophe au grand cœur.* Montréal: Dominique et Cie, 2000. 76 p.

Morpurgo M. *Seul sur la mer immense.* Paris: Gallimard Jeunesse, 2008.

Pelletier, Maryse. *Une vie en éclats.* Montréal: La courte échelle, 1997. 143 p.

Poitras, Anique. *La lumière blanche.* Boucherville: Québec Amérique Jeunesse, 1994. 223 p. (Titan Jeunesse)

Poitras, Anique. *La deuxième vie.* Boucherville: Québec Amérique Jeunesse, 1994. 158 p. (Titan Jeunesse)

Poitras, Anique. *La chambre d'Eden.* Boucherville: Québec Amérique Jeunesse, 1998. 2 vols. (Titan Jeunesse)

Robert, Jocelyne. *Full Sexuel, la vie amoureuse des adolescents.* Montréal: Editions de l'Homme, 2002.

Ouvrages parus dans la même collection

ACCOMPAGNER SON ENFANT PRÉMATURÉ
DE LA NAISSANCE À CINQ ANS
Sylvie Louis
ISBN 978-2-89619-085-0 2007/216 p.

ADOS : MODE D'EMPLOI
Michel Delagrave
ISBN 2-89619-016-3 2005/176 p.

L'AGRESSIVITÉ CHEZ L'ENFANT DE 0 À 5 ANS
Sylvie Bourcier
ISBN 978-2-89619-125-3 2008/220 p.

AIDE-MOI À TE PARLER !
LA COMMUNICATION PARENT-ENFANT
Gilles Julien
ISBN 2-922770-96-6 2004/144 p.

AIDER À PRÉVENIR LE SUICIDE - 2e ÉDITION
Michèle Lambin
ISBN 978-2-89619-196-3 2010/344 p.

L'ALLAITEMENT MATERNEL – 2e ÉDITION
Comité pour la promotion de l'allaitement maternel de l'Hôpital Sainte-Justine
ISBN 2-922770-57-5 2002/104 p.

APPRIVOISER L'HYPERACTIVITÉ ET LE DÉFICIT DE L'ATTENTION – 2e ÉDITION
Colette Sauvé
ISBN 978-2-89619-095-9 2007/132 p.

L'ASTHME CHEZ L'ENFANT
POUR UNE PRISE EN CHARGE EFFICACE
Sous la direction de Denis Bérubé, Sylvie Laporte et Robert L. Thivierge
ISBN 2-89619-057-0 2006/168 p.

L'ATTACHEMENT, UN DÉPART POUR LA VIE
Gloria Jeliu, Gilles Fortin et Yvon Gauthier
ISBN 978-289619-145-1 2009/132 p.

AU-DELÀ DE LA DÉFICIENCE PHYSIQUE OU INTELLECTUELLE
UN ENFANT À DÉCOUVRIR
Francine Ferland
ISBN 2-922770-09-5 2001/232 p.

Au fil des jours... après l'accouchement
L'équipe de périnatalité de l'Hôpital Sainte-Justine
ISBN 2-922770-18-4 2001/96 p.

Au retour de l'école...
La place des parents dans l'apprentissage scolaire - 2e édition
Marie-Claude Béliveau
ISBN 2-922770-80-X 2004/280 p.

Comprendre et guider le jeune enfant
À la maison, à la garderie
Sylvie Bourcier
ISBN 2-922770-85-0 2004/168 p.

De la tétée à la cuillère
Bien nourrir mon enfant de 0 à 1 an
Linda Benabdesselam et autres
ISBN 2-922770-86-9 2004/144 p.

Le développement de l'enfant au quotidien
Du berceau à l'école primaire
Francine Ferland
ISBN 2-89619-002-3 2004/248 p.

Le diabète chez l'enfant et l'adolescent
Louis Geoffroy, Monique Gonthier et les autres membres de l'équipe de la Clinique du diabète de l'Hôpital Sainte-Justine
ISBN 2-922770-47-8 2003/368 p.

La discipline un jeu d'enfant
Brigitte Racine
ISBN 978-2-89619-119-2 2008/136 p.

Drogues et adolescence - 2e édition
Réponses aux questions des parents
Étienne Gaudet
ISBN 978-2-89619-180-2 2009/128 p.

Dyslexie et autres maux d'école
Quand et comment intervenir
Marie-Claude Béliveau
ISBN 978-2-89619-121-5 2007/296 p.

En forme après bébé
Exercices et conseils
Chantale Dumoulin
ISBN 2-921858-79-7 2000/128 p.

En forme en attendant bébé
Exercices et conseils
Chantale Dumoulin
ISBN 2-921858-97-5 2001/112 p.

Enfances blessées, sociétés appauvries
Drames d'enfants aux conséquences sérieuses
Gilles Julien
ISBN 2-89619-036-8 2005/256 p.

L'enfant adopté dans le monde (en quinze chapitres et demi)
Jean-François Chicoine, Patricia Germain et Johanne Lemieux
ISBN 2-922770-56-7 2003/480 p.

L'enfant malade
Répercussions et espoirs
Johanne Boivin, Sylvain Palardy et Geneviève Tellier
ISBN 2-921858-96-7 2000/96 p.

L'enfant victime d'agression sexuelle
Comprendre et aider
Frédérique Saint-Pierre et Marie-France Viau
ISBN 978-2-89619-237-3 2010/232 p.

Enfin je dors... et mes parents aussi
Evelyne Martello
ISBN 978-2-89619-082-9 2007/120 p.

L'épilepsie chez l'enfant et l'adolescent
Anne Lortie, Michel Vanasse et autres
ISBN 2-89619-070-8 2006/208 p.

L'estime de soi des adolescents
Germain Duclos, Danielle Laporte et Jacques Ross
ISBN 2-922770-42-7 2002/96 p.

L'estime de soi des 6-12 ans
Danielle Laporte et Lise Sévigny
ISBN 2-922770-44-3 2002/112 p.

L'estime de soi, un passeport pour la vie – 2e édition
Germain Duclos
ISBN 2-922770-87-7 2004/248 p.

Et si on jouait?
Le jeu durant l'enfance et pour toute la vie - 2e édition
Francine Ferland
ISBN 2-89619-035-X 2005/212 p.

Être parent, une affaire de cœur – 2e édition
Danielle Laporte
ISBN 2-89619-021-X 2005/280 p.

Famille, qu'apportes-tu à l'enfant ?
Michel Lemay
ISBN 2-922770-11-7 2001/216 p.

La famille recomposée
Une famille composée sur un air différent
Marie-Christine Saint-Jacques et Claudine Parent
ISBN 2-922770-33-8 2002/144 p.

Favoriser l'estime de soi des 0-6 ans
Danielle Laporte
ISBN 2-922770-43-5 2002/112 p.

Le grand monde des petits de 0 à 5 ans
Sylvie Bourcier
ISBN 2-89619-063-5 2006/168 p.

Grands-parents aujourd'hui
Plaisirs et pièges
Francine Ferland
ISBN 2-922770-60-5 2003/152 p.

Guide Info-Famille
Organismes-Livres-Sites Internet-dvd
Centre d'information du CHU Sainte-Justine
ISBN 978-2-89619-137-6 2008/600 p.

Guider mon enfant dans sa vie scolaire – 2e édition
Germain Duclos
ISBN 2-89619-062-7 2006/280 p.

L'hydrocéphalie : grandir et vivre avec une dérivation
Nathalie Boëls
ISBN 2-89619-051-1 2006/112 p.

J'ai mal à l'école
Troubles affectifs et difficultés scolaires
Marie-Claude Béliveau
ISBN 2-922770-46-X 2002/168 p.

Jouer à bien manger
Nourrir mon enfant de 1 à 2 ans
Danielle Regimbald, Linda Benabdesselam, Stéphanie Benoît et Micheline Poliquin
ISBN 2-89619-054-6 2006/160 p.

Les maladies neuromusculaires chez l'enfant et l'adolescent
Sous la direction de Michel Vanasse, Hélène Paré, Yves Brousseau et Sylvie D'Arcy
ISBN 2-922770-88-5 2004/376 p.

Mon cerveau ne m'écoute pas
Comprendre et aider l'enfant dyspraxique
Sylvie Breton et France Léger
ISBN 978-2-89619-081-2 2007/192 p.

La motivation scolaire, un passeport pour l'avenir
Germain Duclos
ISBN 978-2-89619-235-9 2010/184 p.

Musique, musicothérapie et développement de l'enfant
Guylaine Vaillancourt
ISBN 2-89619-031-7 2005/184 p.

Le nanisme
Se faire une place au soleil dans un monde de grands
Nathalie Boëls
ISBN 978-2-89619-138-3 2008/184 p.

Parents d'ados
De la tolérance nécessaire à la nécessité d'intervenir
Céline Boisvert
ISBN 2-922770-69-9 2003/216 p.

Les parents se séparent...
Pour mieux vivre la crise et aider son enfant
Richard Cloutier, Lorraine Filion et Harry Timmermans
ISBN 2-922770-12-5 2001/164 p.

Pour parents débordés et en manque d'énergie
Francine Ferland
ISBN 2-89619-051-1 2006/136 p.

Prévenir l'obésité chez l'enfant
Une question d'équilibre
Renée Cyr
ISBN 978-289619-147-5 2009/144 p.

Raconte-moi une histoire
Pourquoi? Laquelle? Comment?
Francine Ferland
ISBN 2-89619-116-1 2008/168 p.

Responsabiliser son enfant
Germain Duclos et Martin Duclos
ISBN 2-89619-00-3 2005/200 p.

Santé mentale et psychiatrie pour enfants
Des professionnels se présentent
Bernadette Côté et autres
ISBN 2-89619-022-8 2005/128 p.

La scoliose
Se préparer à la chirurgie
Julie Joncas et collaborateurs
ISBN 2-921858-85-1 2000/96 p.

Le séjour de mon enfant à l'hôpital
Isabelle Amyot, Anne-Claude Bernard-Bonnin, Isabelle Papineau
ISBN 2-922770-84-2 2004/120 p.

La sexualité de l'enfant expliquée aux parents
Frédérique Saint-Pierre et Marie-France Viau
ISBN 2-89619-069-4 2006/208 p.

Tempête dans la famille
Les enfants et la violence conjugale
Isabelle Côté, Louis-François Dallaire et Jean-François Vézina
ISBN 2-89619-008-2 2004/144 p.

Le trouble de déficit de l'attention
avec ou sans hyperactivité
Stacey Bélanger, Michel Vanasse et coll.
ISBN 978-2-89619-136-9 2008/240 p.

Les troubles anxieux expliqués aux parents
Chantal Baron
ISBN 2-922770-25-7 2001/88 p.

Les troubles d'apprentissage :
comprendre et intervenir
Denise Destrempes-Marquez et Louise Lafleur
ISBN 2-921858-66-5 1999/128 p.

Votre enfant et les médicaments :
informations et conseils
Catherine Dehaut, Annie Lavoie, Denis Lebel, Hélène Roy et Roxane Therrien
ISBN 2-89619-017-1 2005/332 p.

Transcontinental

Imprimé au Canada par
Transcontinental Métrolitho